COMO FALAR MELHOR EM INGLÊS

COMO FALAR MELHOR EM INGLÊS

ESTRATÉGIAS 2

Denise Santos

Ampla experiência na área do ensino de língua estrangeira, tendo atuado como professora e coordenadora de inglês em escolas e cursos de línguas no Brasil; como pesquisadora na área de ensino de estratégias na aprendizagem de línguas estrangeiras nas Universidades de Oxford e Reading (Reino Unido), como professora e autora de livro sobre o ensino de português como língua estrangeira no Brasil, Estados Unidos e Reino Unido. Denise tem ativa participação em conferências nacionais e internacionais e possui inúmeras publicações acadêmicas (em livros, jornais e revistas especializados no Brasil e no exterior), bem como livros didáticos e paradidáticos na área do ensino de língua estrangeira. É de sua autoria a série *Take Over* (Editora Lafonte) e de sua coautoria (com Amadeu Marques) a série *Links: English for Teens* (Editora Ática), ambas aprovadas, respectivamente, no PNLD 2012 e PNLD 2011. Mais informações sobre a autora podem ser encontradas em www.denisesantos.com.

© 2012 Denise Santos

Capa e projeto gráfico: Città Estúdio
Editoração eletrônica: Città Estúdio
Supervisão Editorial: Faccioli Editorial
Revisão: Sandra Garcia Cortés

```
Dados  Internacionais  de  Catalogação  na  Publicação  (CIP)
       (Câmara  Brasileira  do  Livro,  SP,  Brasil)

    Santos, Denise
       Como falar melhor em inglês / Denise Santos. --
    Barueri, SP : DISAL, 2012.

       ISBN 978-85-7844-097-8

       1. Inglês - Estudo e ensino I. Título.

12-00279                                         CDD-420.7
```

Índices para catálogo sistemático:

1. Inglês : Estudo e ensino   420.7

Todos os direitos reservados em nome de:
Bantim, Canato e Guazzelli Editora Ltda.
Alameda Mamoré 911 – cj. 107
Alphaville – BARUERI – SP
CEP: 06454-040
Tel. / Fax: (11) 4195-2811
Visite nosso site: www.disaleditora.com.br
Televendas: (11) 3226-3111
Fax gratuito: 0800 7707 105/106
E-mail para pedidos: comercial@disal.com.br
Nenhuma parte desta publicação pode ser reproduzida, arquivada ou transmitida de nenhuma forma ou meio sem permissão expressa e por escrito da Editora.

A Neiton Machado de Oliveira (em memória), por me convencer de que eu tenho uma voz.
E a Branca Falabella Fabrício, por me inspirar na busca de novas formas de usar essa voz para ensinar e aprender.

SUMÁRIO

APRESENTANDO A COLEÇÃO 8

PARTE 1: FUNDAMENTOS

As habilidades linguísticas e o uso de estratégias 12
Um pouco de história 13
O que são, afinal, estratégias? 14
Pesquisas recentes: focos e resultados 16
O que sabemos sobre estratégias de fala 19
Palavras finais: Recado da autora para o leitor 23

PARTE 2: RECURSOS

Estratégias de fala 26
1. Esclarecendo o significado de uma palavra 29
2. Esclarecendo o nome de algo em inglês 34
3. Esclarecendo a pronúncia de uma palavra 39
4. Solicitando repetição do que foi dito 43
5. Esclarecendo o que foi dito 47
6. Monitorando o entendimento do interlocutor 51
7. Observando rotinas conversacionais: como fazer pedidos 56
8. Respeitando normas de polidez: aceitando e recusando ofertas 61
9. Expressando ideias potencialmente desagradáveis 64
10. Iniciando e terminando uma conversa telefônica 69
11. Estabelecendo contato com um interlocutor 74
12. Usando comunicação não verbal para se comunicar 78
13. Observando a pronúncia de palavras que costumam causar dificuldades para os brasileiros 83
14. Lendo textos em voz alta 88
15. Usando marcadores do discurso 92
16. Mantendo, alocando e tomando o turno 97
17. Expressando hesitação 102
18. Usando *hedges* 107
19. Usando *backchannelling* 111
20. Criando envolvimento na interação 115
21. Criando envolvimento através de perguntas 120
22. Criando envolvimento através de reações positivas 125
23. Criando envolvimento através do uso de *too* e *either* 130
24. Expressando concordância e discordância 134

- **25.** Pedindo, dando e justificando opiniões 139
- **26.** Expandindo e conectando ideias 143
- **27.** Expressando certeza, incerteza e falta de conhecimento 149
- **28.** Expressando interesse 153
- **29.** Expressando surpresa 157
- **30.** Realizando reparos conversacionais 162
- **31.** Usando diferentes alternativas para expressar ideias similares 167
- **32.** Variando as respostas afirmativas e negativas 171
- **33.** Considerando potenciais dificuldades do interlocutor ... 176
- **34.** Monitorando dificuldades pessoais: gramática 182
- **35.** Monitorando dificuldades pessoais: vocabulário 187
- **36.** Usando o interlocutor como modelo 191
- **37.** Preparando-se para falar 195
- **38.** Fazendo automonitoramento durante a fala 200
- **39.** Fazendo autoavaliação depois da fala 205
- **40.** Selecionando, aplicando e avaliando as estratégias apropriadas numa fala 210

PARTE 3: COMPLEMENTOS

Respostas dos exercícios 218
Índice dos termos do glossário 233
Fontes de referência 235
Bibliografia e sugestões de leituras complementares 236

APRESENTANDO A COLEÇÃO

A coleção ESTRATÉGIAS é composta por quatro volumes:

- COMO LER melhor em inglês
- COMO ESCREVER melhor em inglês
- COMO OUVIR melhor em inglês
- COMO FALAR melhor em inglês

O objetivo da coleção é apresentar e discutir procedimentos que podem auxiliar o usuário de inglês a fazer uso mais competente dessa língua em suas quatro habilidades (leitura, escrita, audição e fala). Nesta coleção, tem-se em mente um usuário da língua inglesa que pode variar entre aquele que tem um conhecimento básico dessa língua e aquele que tem um conhecimento mais amplo, podendo até mesmo ser professor de inglês. Os leitores com menor proficiência na língua inglesa terão acesso, através da coleção, a inúmeras formas de lidar com dificuldades no uso da língua estrangeira, desenvolvendo recursos facilitadores para a sua comunicação oral (ao falar, ao ouvir) e escrita (ao ler, ao escrever), bem como recursos de apoio para sua aprendizagem dessas quatro habilidades linguísticas. Os com maior proficiência na língua inglesa poderão usar a coleção como fonte de informações recentes no âmbito de *learner strategies*, podendo incorporar tais informações tanto para seu próprio desenvolvimento pessoal quanto para sua capacitação profissional (no caso de o leitor ser professor de língua inglesa). Nesse sentido, a coleção oferece ampla gama de sugestões de atividades para implementação em sala de aula.

Tendo os objetivos descritos acima em mente, cada um dos quatro volumes que compõem esta coleção é dividido em três partes, conforme detalhes a seguir:

- FUNDAMENTOS: Esta parte apresenta informações gerais acerca do que se sabe atualmente sobre estratégias diante dos resultados de pesquisas recentes na área. Aqui se discutem questões básicas a respeito de estratégias: como elas são definidas, o que envolvem, o que sabemos sobre seu uso e sua aprendizagem, seus benefícios, as dificuldades a elas atreladas. Esta parte inicial é composta por uma seção mais geral (sobre estratégias em caráter mais amplo) e uma seção mais específica (sobre a habilidade em destaque no livro). Desta forma, neste volume, há considerações específicas sobre estratégias relacionadas com a habilidade da fala.

- RECURSOS: Esta parte contém a apresentação e discussão detalhada de 40 estratégias relativas à habilidade focalizada no livro. Em cada uma delas, parte-se sempre de uma situação específica de uso do inglês para se apresentar uma potencial dificuldade nesse contexto de uso. A partir dessa dificuldade, apresentam-se a estratégia e suas características, e em seguida as formas de implementação (quer dizer, o que precisa ser feito, pensado ou dito para pôr tal estratégia em uso), além das vantagens, dificuldades e benefícios associados à estratégia em foco. Cada uma das 40 seções que compõem esta parte inclui exercícios para aplicação e prática da estratégia em foco, bem como sugestões de atividades suplementares.

- COMPLEMENTOS: Esta parte oferece subsídios adicionais para ampliar o conhecimento e a prática das estratégias apresentadas no livro. Ela contém 4 seções: (1) Fontes de referência: sugestões de *sites* que o leitor pode utilizar para praticar as estratégias apresentadas no livro; (2) Bibliografia e sugestões de leituras adicionais sobre o assunto tratado na obra; (3) Índice de termos do glossário, com a relação dos termos técnicos utilizados na obra. No decorrer do texto, esses termos são destacados na cor, e suas definições são dadas na margem da página; (4) Respostas dos exercícios.

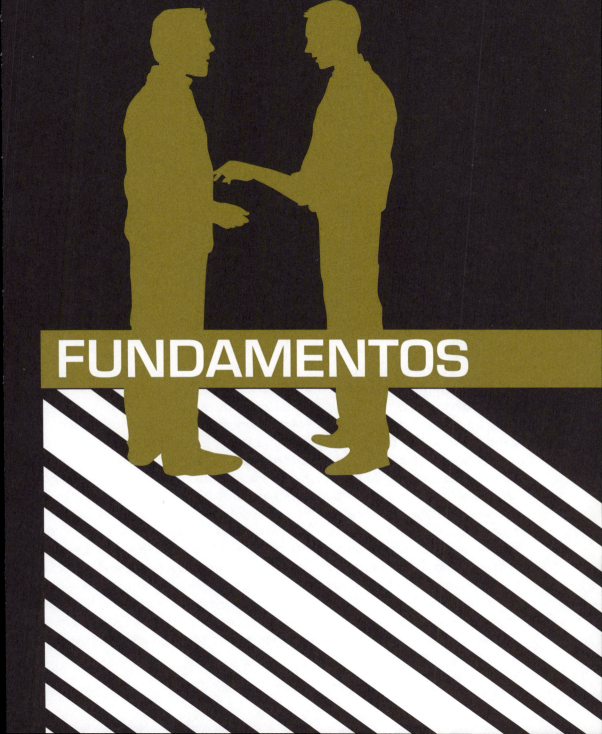

AS HABILIDADES LINGUÍSTICAS E O USO DE ESTRATÉGIAS

Há algumas décadas o ensino de inglês vem sendo organizado ao redor das quatro habilidades linguísticas (*reading*, *writing*, *listening* e *speaking*). Essa abordagem é traduzida na maioria dos livros didáticos e nas aulas de inglês através de atividades que envolvem "prática" de leitura, de escrita, de audição, de expressão oral, mas não se costuma oferecer ao aprendiz oportunidades de "como aprender" a ler, a escrever, a ouvir e a falar em inglês, isto é, não se costuma ensinar estratégias para melhor aprendizagem e aplicação das quatro habilidades.

No Brasil, a habilidade de leitura costuma ser uma exceção nesse quadro mais geral de negligência ao desenvolvimento das estratégias. Desde 1998, com a publicação dos Parâmetros Curriculares Nacionais para o ensino de língua estrangeira, vem-se dando destaque à leitura, incluindo atenção especial à prática de algumas estratégias relacionadas com essa habilidade. No entanto, o que se nota é que, mesmo quando há práticas de estratégias nesse cenário, estas tendem a vir desacompanhadas de um apoio mais sólido que leve o aprendiz a entender os benefícios que o uso de uma estratégia pode trazer, tanto para uma atividade específica quanto para futuras situações de comunicação e/ou aprendizagem.

Por exemplo, é comum vermos em livros didáticos atividades que pedem ao aluno para fazer uma leitura rápida inicial de um texto (*skimming*) antes de fazer uma leitura mais detalhada. Mas raramente essas atividades incluem passos que estimulem tais aprendizes a refletir, por exemplo: *Por que e para que devo fazer uma leitura rápida inicial? Até que ponto esta leitura pode me auxiliar no entendimento do texto? Em que ocasiões uma leitura rápida inicial pode ser benéfica ao leitor? Há situações em que uma leitura rápida inicial é inapropriada ou mesmo impossível?* O mesmo acontece com o uso de *brainstorming* ao escrever, o reconhecimento de palavras-chaves (*key words*) ao ouvir, ou a prática de pedidos de esclarecimentos ao falar. Essas estratégias são comumente trabalhadas nas aulas de inglês atualmente, mas raramente se dá oportunidade ao aluno de refletir sobre elas: haveria situações de escrita em que *brainstormings* não são aconselháveis? Como fazer para saber quais de fato são as *key words* num *listening*? Os pedidos de esclarecimento devem variar em função de condições contextuais, tais como nível de formalidade da conversa ou relação entre os participantes?

São questões como essas que esta coleção contempla, a fim de instrumentalizar o aprendiz de língua inglesa para saber decidir, implementar e avaliar as estratégias apropriadas em diferentes contextos de produção e compreensão oral e escrita em inglês.

Um pouco de história

A publicação, em 2007, de um livro chamado *Language Learner Strategies: Thirty Years of Research and Practice* (organizado por Andrew Cohen, da Universidade de Minnesota, e Ernesto Macaro, da Universidade de Oxford) indica que o interesse e o debate a respeito de estratégias não são recentes. Ao longo do tempo – e como acontece em qualquer área de pesquisa –, acadêmicos vêm desenvolvendo enfoques e entendimentos diversos a respeito da noção de estratégias. Para melhor situar o conceito nos tempos atuais, é importante rever abordagens e crenças do passado e entender o que mudou (e por quê) ao longo dos anos.

A noção de estratégias, no contexto da aprendizagem de língua estrangeira, surgiu no século passado, em meados dos anos 70, e ganhou ímpeto nos anos 80. A ideia que originou tal movimento estava pautada na premissa de que "good language learners" agem e pensam de forma diferente dos "not so good language learners". Consequentemente, a observação das características desses aprendizes mais bem-sucedidos deveria levar à identificação de estratégias por eles usadas, e esses resultados, por sua vez, deveriam ser interpretados como práticas a serem implementadas por todos os aprendizes.

Desta forma, os primeiros estudos na área procuraram listar as *learning strategies* usadas por bons aprendizes. Este objetivo levou ao desenvolvimento de diversas taxonomias, as quais eram frequentemente organizadas ao redor de aspectos cognitivos (como *repetition*, *note-taking*, *deduction*, *inferencing*), metacognitivos (como *selective attention*, *advance preparation*, *self-evaluation*, *self-monitoring*) e socioafetivos (como *cooperation*, *asking others for clarification*).

Com o passar do tempo, porém, concluiu-se que o uso de determinadas estratégias, ou a frequência desse uso, não estava necessariamente associado ao melhor desempenho de diferentes aprendizes. Percebeu-se que alguns aprendizes não tão bem-sucedidos faziam uso de estratégias, às vezes com frequência, mas simplesmente não tinham desempenhos satisfatórios de uma forma mais geral na sua aprendizagem.

Pesquisas subsequentes revelaram que resultados positivos no processo de aprendizagem não estão relacionados a "se" ou "com que frequência" certas estratégias são implementadas, mas sim a "como", "por que" e "para que" os aprendizes usam estratégias. No cenário das pesquisas atuais, questões cruciais são: As estratégias usadas existem em que situações? Elas apoiam que tipo de tarefas? Elas se combinam com outras estratégias? Se sim, de que forma? Há combinações de estratégias que parecem ser mais benéficas em certas situações do que em outras? Como os aprendizes mais bem-sucedidos tomam decisões para aplicar ou descartar certas estratégias?

E, de forma fundamental, procura-se entender: como podemos definir e caracterizar o termo "estratégias"? Trataremos desta questão a seguir, antes de apresentar outros resultados de pesquisas recentes.

O que são, afinal, estratégias?

Ao longo dos anos, várias definições foram dadas para a noção de estratégias. Vejamos algumas delas:

> *Learning strategies are the behaviours and thoughts that a learner engages in during learning that are intended to influence the learner's encoding process.* (Weinstein and Mayer, 1986)

> *Learning strategies are techniques, approaches or deliberate actions that students take in order to facilitate the learning and recall of both linguistic and content area information.* (Chamot 1987:71)

> *The term learner strategies refers to language learning behaviours learners actually engage in to learn and regulate the learning of a second language.* (Wenden 1987:6)

> *Specific actions taken by the learner to make learning easier, faster, more enjoyable, more self-directed, more effective and more transferable to new situations.* (Oxford 1990:8)

> *Those processes which are consciously selected by learners and which may result in action taken to enhance the learning or use of a second or foreign language, through the storage, retention, recall, and application of information about that language.* (Cohen 1998:4)

Como se pode perceber acima, acadêmicos tendem a divergir no que se refere à definição e caracterização de estratégias. Mas não se espante, isso não é anormal – essas discordâncias costumam mesmo acontecer em qualquer área de pesquisa, e elas são bem-vindas; afinal, discordâncias geram debates que, por sua vez, levam a novos – e frequentemente melhores – entendimentos sobre o assunto estudado.

Retornando às definições acima, repare que as discordâncias giram em torno de diferentes aspectos. Um desses aspectos envolve o caráter observável ou não das estratégias. Para alguns acadêmicos, estratégias são definidas como *comportamento* (sendo, portanto, observáveis); para outros, são tidas como *processos mentais* (não observáveis). Há ainda outros estudiosos que as concebem no âmbito mais funcional das *técnicas*.

Outro aspecto que leva a divergências entre os que investigam estratégias refere-se ao nível de consciência associado ao seu uso: enquanto alguns estudiosos acham que as estratégias ocorrem num nível *inconsciente*; outros pregam que elas são aplicadas de forma *consciente*.

Pesquisadores destacam também o fato de que, enquanto algumas estratégias envolvem *aprendizagem* da língua estrangeira (por exemplo, a leitura detalhada de um texto para aprendizagem de novo vocabulário), outras envolvem *uso* dessa língua (por exemplo, a previsão do conteúdo de um texto antes de sua leitura).

Para conciliar tais dilemas, adota-se neste livro uma definição abrangente que caracteriza estratégias como *ações* (que podem ser tanto mentais quanto físicas, ou as duas coisas ao mesmo tempo). De fato, esta é a abordagem de definições mais recentes, como a reproduzida a seguir:

> *Learning strategies are procedures that facilitate a learning task.*
> (Chamot, 2005:112)

Nesta obra, entende-se, também, que inicialmente as estratégias são ativadas consciente e intencionalmente, mas ao longo do tempo, e através da prática de uso, muitas delas passam a ser automáticas e inconscientes.

Finalmente, esta obra apoia tendências atuais que designam estratégias como *learner strategies* e não apenas como *learning strategies*. A nomenclatura *learning strategy* coloca na aprendizagem o foco de aplicação das estratégias, o que é adequado mas limitador. As estratégias atuam não apenas no âmbito da aprendizagem de uma língua, mas também no âmbito do uso dessa língua, e nos dois âmbitos ao mesmo tempo. O termo *learner strategy* dá conta dessa amplitude, e mais: põe o aprendiz no centro e no controle do uso das estratégias, fazendo com que ele seja agente de suas decisões estratégicas.

Duas noções adicionais costumam estar presentes nas caracterizações mais recentes sobre estratégias: *contexto* e *situação-problema*. Como esclarecido anteriormente, entende-se atualmente que *learner strategies* são ativadas e implementadas dentro de um contexto específico de uso da língua. No caso de uma situação que envolva leitura, elementos contextuais incluem o texto propriamente dito, o objetivo da leitura, o nível de proficiência do leitor, seu interesse pelo que é lido, se o leitor lê o texto pela primeira vez ou não, entre outros. Condições similares existem em situações de fala (o que falamos, com quem, sobre o quê, nossos propósitos comunicativos etc.), de escuta (o que escutamos, por que, para que, em que circunstâncias etc.) e de escrita (o que escrevemos, para quem, com que objetivo etc.). Tudo isso deve ser levado em consideração ao se descreverem e analisarem as estratégias ativadas em cada uma dessas situações.

Outro fator associado à ocorrência de *learner strategies* é a percepção, por parte do aprendiz, de que o contexto envolve algum nível de dificuldade, o que lhe cria uma espécie de problema. Num contexto de leitura ou de compreensão oral, o problema pode ser algo mais imediato como o não entendimento de uma palavra, ou pode ser algo mais amplo que envolva aprendizagem de inglês de uma forma mais geral, tal como o desenvolvimento do vocabulário. Num contexto de produção oral ou escrita, o problema pode estar relacionado com a dificuldade de expressar uma ideia ou sentimento naquele momento, ou pode estar relacionado a um questionamento do aprendiz sobre como estar atento a fatores contextuais em outras situações de fala ou escuta.

Concluindo, as palavras-chaves na definição e caracterização de estratégias adotadas neste livro são: contexto, *learner strategy*, situação, problema, ação, reflexão.

Pesquisas recentes: focos e resultados

Como visto acima, sabe-se atualmente que aprendizes bem-sucedidos conhecem os potenciais benefícios associados ao uso de certas estratégias e que consideram sua aplicação de forma contextualizada. Em outras palavras, esses aprendizes não usam determinada estratégia "num vácuo", mas optam pela sua aplicação diante de um certo contexto de uso da língua (ao ler, escrever, falar ou ouvir).

É importante realçar que uma estratégia não é "boa" ou "má" por si só. Ela "pode ser" adequada num dado momento de comunicação ou aprendizagem, e portanto só pode ser entendida dentro de um contexto de uso específico da língua. Uma leitura rápida inicial de um texto, por exemplo, não é potencialmente útil (e, portanto, não é aconselhável) quando temos pouco tempo para achar uma informação específica em um texto ou quando lemos um romance por prazer e/ou entretenimento e não queremos saber o que vai acontecer no final do texto.

Numa conversa, o uso de perguntas para promover o envolvimento do interlocutor pode ser apropriado se a situação permitir que se façam tais perguntas. Numa conversa com alguém hierarquicamente superior a nós, não é aconselhável que façamos perguntas demais ao nosso interlocutor. Em situações mais informais, ou em que o nível de relação dos participantes seja mais simétrico (isto é, sem maiores diferenças de poder interacional), é sempre uma boa ideia fazer perguntas para promover o envolvimento dos participantes na interação.

Ao assistir a um filme em inglês num cinema, não é apropriado que usemos vocalizações (repetições do que ouvimos), em voz alta, porque há outras pessoas à nossa volta que certamente não vão apreciar tal "barulho". No entanto, a estratégia de vocalizar o que ouvimos é um recurso importante para desenvolver nossa habilidade de ouvir em inglês, e tal estratégia deve ser implementada, por exemplo, quando ouvimos um programa de rádio no carro, e estamos na dúvida quanto ao que acabamos de ouvir. Tal "repetição em voz alta" pode ser bastante útil para esclarecer uma dúvida quanto ao que foi ouvido.

O mesmo acontece com estratégias de *writing*: a mesma estratégia pode ser apropriada numa situação, e inapropriada em outra. O uso de revisão no texto que escrevemos a partir da observação de textos similares pode ser uma estratégia útil quando temos tempo extra para rever com cuidado algo que escrevemos previamente, ou se estamos escrevendo algo que não deve conter problemas de conteúdo ou de forma (por exemplo, uma *application letter* para um emprego ou uma vaga em uma escola ou universidade). No entanto, tal estratégia não será tão apropriada numa situação de escrita mais informal (um bilhete para um amigo, por exemplo) ou quando não temos tempo ou recursos para tal revisão (por exemplo, ao escrever no metrô uma mensagem de texto respondendo a uma pergunta urgente). Em suma, um usuário eficiente da língua inglesa precisa estar apto a tomar decisões estratégicas ao ler, falar, ouvir e escrever nessa língua, avaliando quais estratégias são e não são apropriadas num dado momento comunicativo.

Resultados de pesquisas recentes indicam que aprendizes bem-sucedidos pensam e conversam sobre as estratégias aplicadas durante a aprendizagem e o uso do inglês. Além disso, percebe-se que tais aprendizes costumam avaliar o uso das estratégias que estão sendo e que foram usadas, criando novos planos de ação (que deverão incluir a implementação de novas estratégias) se algo não funciona bem.

O foco de pesquisas atuais é projetado para o melhor entendimento das características acima, bem como para um melhor entendimento do que atualmente é descrito na literatura como a *orchestration of strategies* desenvolvida por aprendizes bem-sucedidos. Essa orquestração pode ocorrer em sequência, criando o que se conhece como *strategy chains;* ou pode ocorrer com o uso simultâneo de várias estratégias, criando *strategy clusters*. Não é sempre fácil fazer a distinção entre os dois tipos de usos, mas acredita-se que, por exemplo, a estratégia "ativando conhecimento prévio" é desejável em toda e qualquer situação de produção e compreensão oral e escrita, em combinação com outras estratégias. Acredita-se, também, que, quanto mais desafiadora for a atividade, mais estratégias o leitor deverá ativar a fim de ser bem-sucedido na tarefa.

Os pontos discutidos nesta seção refletem o interesse no desenvolvimento de estratégias no contexto do ensino e aprendizagem de línguas estrangeiras, mas a questão fundamental é: é possível ensinar e aprender estratégias? Resultados de pesquisas recentes apontam que sim. Mais do que possível, tal ensino é mesmo desejável por duas razões. Primeiramente, como dito acima, entende-se que os alunos com maior repertório e controle de uso de estratégias têm melhor desempenho ao aprender uma língua estrangeira. Segundo, estudos na área sugerem que um aprendiz de língua estrangeira não necessariamente transfere seu conhecimento sobre estratégias em língua materna para sua aprendizagem de uma língua estrangeira. Em outras palavras, um aluno brasileiro que sabe quando e como fazer inferências ao ler em português não saberá necessariamente aplicar essa mesma estratégia na sua leitura de textos em inglês. O mesmo acontece com, por exemplo, a atenção para *key words* ao ouvir, o uso de hesitação ao falar, ou a preocupação com as necessidades do leitor ao escrever: essas estratégias podem ser bem utilizadas na língua materna, mas seu uso em língua estrangeira precisa ser trabalhado até ficar automatizado. Portanto, devemos ensinar e aprender sobre estratégias relativas ao uso da língua inglesa se queremos formar e nos tornar usuários mais competentes dessa língua!

Para aprender sobre estratégias, e sobre como usá-las de forma eficaz, é importante ter conhecimento de um repertório de opções: quanto mais estratégias um aprendiz conhece, melhor. Tal conhecimento é o primeiro passo para se criarem oportunidades de prática, que incluam aplicação, reflexão e discussão de estratégias.

O QUE SABEMOS SOBRE ESTRATÉGIAS DE FALA

Tratamos até agora de estratégias de uma forma mais geral, e aqui faremos algumas considerações específicas sobre *speaking strategies*. Para compreendermos melhor como essas estratégias se definem e se caracterizam, é importante entendermos como a noção de *speaking* tem sido entendida através dos tempos.

Os primeiros estudos sobre produção oral adotaram uma abordagem que focalizava a "forma" dessa produção quanto a aspectos relativos à noção de fluência, entre elas: *speech rate* (número de sílabas por segundo), *pause length*, *filled pauses*, *repetitions*, *corrections*. A partir da observação de que fluência não é, por si só, um critério que dê conta integralmente da qualidade de uma fala (afinal, pode-se ser "fluente" mas falar incorreta ou inapropriadamente; ou pode-se ser "fluente" mas falar uma série de bobagens), pesquisadores da área passaram a usar convencionalmente dois outros critérios na avaliação de *speaking*: acuidade (por exemplo, percentual de orações sem erros, uso apropriado de verbos ou plurais ou da concordância verbal) e complexidade (variedade de itens lexicais e tempos verbais utilizados numa fala, uso de subordinação etc.).

O trio "*fluency-accuracy-complexity*" tem sido, ao longo dos tempos, um conjunto de critérios muito frequentemente associado à avaliação da produção oral em inglês (por exemplo, em exames internacionais de proficiência e em entrevistas de processo seletivo para empregos ou para instituições educacionais). De fato, esses critérios são abrangentes e focam importantes aspectos da produção oral de um falante de inglês como língua estrangeira.

Mas há um problema ao se avaliar a fala com base apenas no trio "*fluency-accuracy-complexity*". Essas três categorias envolvem aspectos *formais* da produção oral e minimizam (ou até ignoram) aspectos *sociais* relacionados ao ato de falar. Uma pessoa pode ser fluente, acurada e complexa na sua fala, mas pode ser ao mesmo tempo inconveniente, mal-educada, inapropriada. Ou pode ser fluente, acurada e complexa quando fala sozinha (numa palestra, por exemplo), mas pode ter dificuldade para engajar-se em conversa com outras pessoas (por exemplo, para iniciar uma conversa, expressar emoções ao falar, fazer perguntas ao interlocutor).

Em 1980, os linguistas Michael Canale e Merrill Swain propuseram o influente modelo de "competência comunicativa" (*communicative competence*, em inglês) a fim de contemplar esse dilema. De acordo com os linguistas, competência comunicativa envolveria três áreas:

- competência gramatical: conhecimento e habilidade de uso da gramática;
- competência sociolinguística: conhecimento e habilidade de uso de normas socioculturais (por exemplo, o que é apropriado dizer ou não ao cumprimentar um desconhecido);
- competência estratégica: conhecimento e habilidade de uso de recursos disponíveis para lidar com quebras na comunicação, o mesmo que *communication strategies*.

Esse modelo nos interessa porque ele considera a importância das estratégias para a comunicação e dá a elas um *status* equivalente às noções de gramática e de adequação sociocultural. Mas como esse conceito se define exatamente e o que envolve?

O termo *communication strategies* foi cunhado por Larry Selinker em 1972 em seu famoso artigo "Interlanguage". Nesse texto, ele destaca a importância das *communication strategies* no desenvolvimento linguístico do aprendiz, atribuindo ao conceito uma função compensatória ao lidar com a ausência de algum aspecto de competência linguística ao se comunicar.

Em 1977, a linguista Elaine Tarone delineou uma tipologia que se tornou muito influente. De acordo com essa tipologia, *communication strategies* envolveriam cinco áreas estratégicas:

- desistência (evitação do tópico, abandono da mensagem);
- paráfrase (aproximação, invenção de palavra, circunlóquio);
- transferência consciente (tradução literal, mudança de língua);
- pedido de ajuda;
- mímica.

Ao longo dos anos, notou-se que o modelo de Tarone é abrangente, mas não é exaustivo. Ele não leva em conta, por exemplo, mecanismos para envolvimento do interlocutor (fazer perguntas, fazer comentários, reagir ao que é dito etc.) ou monitoramento do entendimento do interlocutor.

Numa recente revisão da literatura sobre *"oral communication strategies"*, Yasuo Nakatani e Christine Goh (2007) concluem que as pesquisas na área tendem a adotar uma abordagem psicolinguística (com foco nos processos mentais que subjazem a fala ao nos depararmos com um problema linguístico ou discursivo) ou uma abordagem interacional (com foco nos mecanismos adotados por falantes para negociar sentido). Mais especificamente, esta revisão aponta que a contribuição dos estudos psicolinguísticos está nas complexas taxonomias de estratégias desenvolvidas e na conclusão de que a adoção de certas estratégias está relacionada a características individuais dos falantes, sua proficiência na língua estrangeira e ao tipo de tarefa conversacional. Da mesma forma, de acordo com os estudos que focam aspectos interacionais, o uso de *communication strategies* está relacionado a essas condições. Além desses resultados, esses estudos também indicam que há uma relação entre o uso dessas estratégias e o processo de aprendizagem de seus usuários. No livro *Communication strategies: psycholinguistic and sociolinguistic perspectives* (1997), Gabriele Kasper e Eric Kellerman mostram que *communication strategies* têm impacto positivo na aprendizagem de línguas estrangeiras, auxiliando os aprendizes a desenvolver sua expressão oral em aspectos relativos à negociação de significado, controle sobre os recursos linguísticos e cognitivos disponíveis, aumento da produção oral, acesso ao desconhecido e manutenção do fluxo da conversa.

Obviamente, os estudos sobre essas estratégias têm contextos diferentes (as línguas estrangeiras abordadas variam, podendo ser o inglês ou outras; os aprendizes têm idades diferentes; os objetivos de leitura dos aprendizes variam etc.) e essas diferenças afetam os resultados das investigações. Como esclarecido nos comentários gerais da seção anterior, atualmente há uma tendência de se atrelarem os resultados de uma pesquisa aos contextos específicos em que tal estudo foi encaminhado. Quando falamos de estratégias, é importante ter em mente que *contexto* e *estratégias* estão integrados todo o tempo.

PALAVRAS FINAIS: RECADO DA AUTORA PARA O LEITOR

Este livro apresenta e discute algumas estratégias de produção oral (*speaking*) com o intuito de auxiliá-lo a se tornar um "falante estratégico em inglês" — ou, no caso de você ser professor de inglês, de enriquecer o seu repertório de informações sobre *speaking strategies* e paralelamente contribuir com ideias para aprimoramento das suas aulas de produção oral em inglês, de forma que seus alunos tornem-se *strategic speakers*.

O ato de falar é complexo e envolve muitas outras dimensões além de aspectos físicos e biológicos ao redor da "articulação de sons e palavras", e um falante estratégico precisa estar atento a essas dimensões. Como explica o linguista norte-americano John Gumperz (1999:454),

Speaking [...] is not just a matter of individuals' encoding and decoding of messages. To interact [...] is to engage in an ongoing process of negotiation, both to infer what others intend to convey and to monitor how one's contributions are received.

Para tornar-se um falante mais apto, mais capaz de tomar decisões imediatas no momento da fala, considerando as suas necessidades e as de seu interlocutor, você pode desenvolver algumas estratégias. Isso é uma boa notícia. No entanto, é importante realçar que esse desenvolvimento estratégico requer muita prática, muitos erros, muitos acertos, muita reflexão sobre o que se diz, por que, como, quais as consequências de tudo isso.

Um entendimento das estratégias a seu dispor facilitará tal prática, e este livro tem o objetivo de apresentar e discutir as estratégias de fala mais importantes, a fim de que você e seus alunos "apropriem-se" delas: para tal, deve-se ler sobre elas, experimentá-las em diferentes situações de produção oral, refletir sobre elas, adaptá-las, tomar posse delas.

Este livro apresenta as estratégias de forma isolada por questões pedagógicas: esta organização é necessária para que você tenha um entendimento dos "elementos" dentro do conjunto "estratégias de produção oral". Mas, sempre que possível, fazem-se conexões entre as estratégias, e estimula-se essa "orquestração de estratégias". Acredito que este livro pode instrumentalizá-lo a tomar importantes decisões ao falar ou ao ensinar sobre produção oral em inglês, de forma que você e seus alunos tornem-se falantes autônomos e competentes em língua inglesa.

PARTE 2

RECURSOS

ESTRATÉGIAS DE FALA

Overlaps são turnos de fala que se sobrepõem um ao outro, isto é, que ocorrem simultaneamente.

Latches são turnos de fala contínuos, que se produzem em sequência, sem lapso de tempo entre um e outro.

Codeswitching é o uso de duas línguas, ou de duas variantes linguísticas, em uma mesma comunicação.

Paralinguagem é o que "acompanha" a linguagem, adicionando sentido ao que é dito. Em discurso oral paralinguagem inclui gestos, olhares, posicionamento corporal, entonação, tom de voz, entre outros.

Propósito comunicativo (*communicative purpose*, em inglês) é um conceito normalmente associado à identificação de um gênero textual; o propósito comunicativo de um texto pode ser entreter, informar, persuadir, entre outros.

Processos cognitivos envolvem processamento mental, como retenção, agrupamento, identificação, ensaio e recuperação de informação.

Processos metacognitivos envolvem "cognição sobre cognição", ou seja, planejamento, monitoramento e avaliação de processos cognitivos.

Nesta parte serão discutidas quarenta estratégias de produção oral, e cada estratégia será trabalhada na seguinte sequência: parte-se de uma situação que envolve algum desafio para o falante e apresenta-se então o *script* da interação durante tal situação. Em seguida discute-se a estratégia propriamente dita, tanto especificamente sobre a sua utilização para lidar com o desafio da situação, como em termos gerais sobre aplicabilidade, benefícios e riscos associados ao uso da estratégia. A essa discussão seguem-se exercícios e sugestões de atividades extras.

As situações de fala apresentadas procuram ser variadas e verossímeis, e as interações reproduzidas apresentam uma vasta gama de textos que ilustram produção oral em inglês, tais como *scripts* de cenas de filmes e seriados de TV; transcrição de entrevistas, discursos e conversas informais; *scripts* de diálogos em livros didáticos de inglês; diálogos em histórias em quadrinhos; transcrições de interações em sala de aula (envolvendo, por exemplo, apresentação oral dos alunos, correção do trabalho de casa, conversas paralelas, debates). A maioria dessas interações faz parte do arquivo pessoal da autora, tendo sua origem em aulas observadas e transcritas para sua tese de doutoramento (Santos, 2004). Há nesta seção, também, transcrições de interações de sala de aula disponíveis em outras fontes (nesses casos, como em todos os outros mencionados neste parágrafo, a fonte é indicada após a transcrição). Há também os casos em que as interações representam *scripts* produzidos pela autora com base na observação de e/ou participação em situações de comunicação oral (face a face ou pelo telefone) em inglês (nesses casos, a fonte é indicada como "Interação baseada em observação e posterior anotação da autora"). Nos poucos casos em que não há indicação de fonte, as interações foram criadas pela autora para ilustração de uma estratégia neste livro.

Uma dificuldade atrelada à transcrição dessas interações envolve as convenções usadas para tais transcrições. Ao transcrever uma interação oral, pode-se optar por incluir ou não muitos detalhes, tais como duração das pausas, repetições, hesitações, indicação de overlaps e latches, indicação de codeswitching, uso de paralinguagem, dúvidas do transcritor. Tudo isso afeta, claro, a qualidade da transcrição e a facilidade da sua leitura. Há uma relação inversa entre esses dois aspectos: quanto mais detalhada a transcrição, mas difícil se torna a sua leitura, especialmente para quem não está acostumado com tantos detalhes. Neste livro, optou-se por um "meio-termo", para permitir que o leitor possa fazer uma leitura fluida das transcrições ao mesmo tempo em que tenha acesso a informações importantes sobre a interação. Optou-se, também, por manter os erros gramaticais que os falantes tenham cometido, a fim de se preservar ao máximo a integridade do que foi dito. As convenções para transcrição usadas neste livro são:

=	indica falas contíguas *(latches)*
/	indica início de sobreposição de falas *(overlaps)*
(?)	indica que o trecho omitido na transcrição é incompreensível
[…]	indica que parte da transcrição foi omitida
itálico	indica que há uso de português no meio da fala em inglês *(codeswitching)*
negrito	indica ênfase

Usam-se convenções ortográficas para se indicar perguntas (?), exclamações (!), reticências (...), pequenas pausas (,) e pausas maiores (.)

Aspectos não verbais são indicados entre parênteses.

Os participantes são indicados pelos seus nomes, pelos personagens que representam, ou por pseudônimos (no caso das transcrições em sala de aula, a fim de manter a anonimidade desses participantes). As transcrições de sala de aula podem também identificar os professores e os alunos de uma forma não individualizada (T, S1, S2 etc., indicando Teacher, Student 1, Student 2 etc.).

Da mesma forma que há diversidade nos assuntos, fontes e propósitos comunicativos das interações, há também variedade nos tipos de exercícios propostos nesta parte do livro, evitando-se mecanização e abordagem simplista. Ao fazer os exercícios, o leitor/falante de inglês deve ter a preocupação de executá-los da forma proposta, pois a intenção não é criar oportunidades para falar em um sentido mais estrito de "articular sons e palavras" mecanicamente, mas sim de aplicar a estratégia. Parte-se, pois, da premissa de que esses exercícios auxiliarão o leitor a ficar consciente dos processos cognitivos e metacognitivos que podem apoiar sua produção oral, bem como da preocupação que se deve ter com as expectativas, dificuldades e

> **Ato de fala** é a ação desempenhada quando algo é dito, por exemplo, ao se dizer *"Why don't we go out tonight?"*, constrói-se uma sugestão através dessa sequência de palavras.

necessidades de seus interlocutores ao se negociar sentido durante um ato de fala.

A composição deste livro procurou partir de estratégias mais básicas (no sentido de serem de mais fácil entendimento e mais ampla aplicação) para em seguida apresentar outras de maior complexidade. Isso não significa que a ordem de apresentação das estratégias tem alguma relação com sua importância. Não existem estratégias "mais" ou "menos" importantes de uma forma geral: o que há (e isso será repetidamente enfatizado) são estratégias "mais apropriadas" e "menos apropriadas" a um dado contexto de produção oral, e um falante estratégico saberá selecionar tais estratégias, e aplicá-las, de forma competente.

Ao ler esta parte do livro, o leitor deve ter sempre em mente que as estratégias estão relacionadas entre si e, ao falarmos, frequentemente usamos mais de uma estratégia ao mesmo tempo, ou sequencialmente (uma após a outra). O leitor pode seguir a ordem apresentada ou pode preferir ler sobre as estratégias numa ordem de sua escolha. Como as estratégias são relacionadas entre si, procurou-se sempre que possível evidenciar as relações entre elas ao discuti-las. O leitor pode, também, decidir retomar estratégias já lidas (reler sobre elas, refazer alguns exercícios) ao ler sobre outra estratégia que se relaciona com elas.

Em suma, como indica o título dessa parte, espera-se que aqui o leitor encontre informações e prática sobre "recursos" que podem ajudá-lo a falar em inglês de forma mais competente.

1» ESCLARECENDO O SIGNIFICADO DE UMA PALAVRA

A situação

Imagine a situação: numa aula de inglês, a turma está corrigindo um exercício de vocabulário em que os alunos devem fazer a correspondência entre expressões de tempo contidas numa lista (*at midnight, at dawn*, entre outras) e trechos em frases com o mesmo significado (*at twelve o'clock at night, some time between 1 a.m. and 4 a.m.*, entre outros). A interação acontece predominantemente em inglês, mas o significado da palavra *dawn* causa dificuldade para alguns alunos.

A interação

1	**S1**	what's dawn?
2	**S2**	at dawn é at dawn, is *madrugada*
3	**S1**	*madrugada*?
4	**S3**	letter a is dawn, because dawn is *madrugada*, one a.m. and four a.m. is dawn
5	**T**	okay, let's let's talk a little bit about this
6	**S1**	teacher, dawn é *madrugada*?
7	**T**	yes

Arquivo pessoal da autora.

A estratégia

Ao querer esclarecer o significado da palavra *dawn*, o Student 1 usou três estratégias diferentes: na linha 1, usou a expressão comumente usada nessas situações (*what's* + palavra desconhecida); na linha 3, repetiu a tradução proposta pelo colega na linha 2, com entonação de pergunta, pedindo confirmação; na linha 6, usou uma mistura de português e inglês (*codeswitching*).

Em termos gerais, a sequência de estratégias foi bem-sucedida, pois, afinal, o Student 1 conseguiu esclarecer o significado de *dawn*. No entanto, é importante notar que esse aluno não ficou satisfeito com a resposta dos colegas nas linhas 2 e 4, e formulou mais um pedido de esclarecimento especialmente dirigido à professora (linha 6), e foi esse pedido final que lhe deu a certeza do significado da palavra.

Língua-alvo, também conhecida como L2, é a língua que se aprende.

Interlocutor é a pessoa que participa de uma conversa com outra(s) pessoa(s).

Se considerarmos a aplicabilidade das estratégias utilizadas pelo Student 1, vale ressaltar que as duas primeiras estratégias na sequência acima (uso de *what's* + palavra desconhecida e repetição do que foi dito com entonação de pergunta) são potencialmente mais úteis do que a terceira estratégia (*codeswitching*) para se pedirem esclarecimentos sobre o significado de uma palavra em inglês: afinal, esta última estratégia só vai funcionar em cenários como o acima, em que outros participantes da interação entendem a língua portuguesa.

Desta forma, no processo de aprendizagem da língua inglesa, é importante saber desde cedo como esclarecer, em inglês, o significado de palavras desconhecidas na língua-alvo. A primeira questão a ser considerada é que a solução de uma dúvida tem início com um pedido de esclarecimento. Tal pedido pode ser expresso de diferentes maneiras, como vemos nos exemplos a seguir, em que [x] significa "palavra desconhecida":

- What's [x]?
- What does [x] mean?
- I'm not sure what [x] means.
- Can you tell me what [x] means?

Os usos das estruturas acima podem gerar diferentes respostas ou reações, dependendo das situações em que ocorrerem. Em sala de aula (como no exemplo acima), podem ocorrer traduções para o português diante de tais pedidos de esclarecimento; em turmas com maior proficiência linguística, a interação pode se desenvolver em inglês e gerar necessidade de novos pedidos de esclarecimento. Em situações em que os interlocutores não falem português, o esclarecimento terá de ser desenvolvido em inglês, e pode requerer confirmações como as seguintes:

- Hum, let me see if I understood. Is [x] something similar to [y]?
- Okay. So [x] is something that [...].
- I'm not sure I got it. Is [x] [...]?

Para registrar o entendimento, expressões como as listadas a seguir podem ser utilizadas:

- Oh, I see, [x] is [...]
- Now I understand.
- Of course.
- Really? I didn't know that.

O importante, nessas e em outras situações de produção oral em inglês, é saber estabelecer uma noção de continuidade na conversa: o pedido de esclarecimento gerará uma resposta e essa resposta, por sua vez, provavelmente vai gerar uma reação específica a ela. Essa reação pode ser mínima (*Oh, I see./Thanks./Ah!/Okay.*) e ser imediatamente seguida por um retorno ao assunto anterior. Mas ela também poderá ser mais extensa e levar a interação a novos rumos acerca do significado da palavra original ou de outras, novas, que surgirão na conversa. Portanto, ao empregar esta estratégia, deve-se cuidar para que os pedidos de esclarecimento não se tornem uma sequência de pedidos de novos esclarecimentos que levem os interlocutores a perder o foco da conversa original.

Dois detalhes finais sobre o esclarecimento de significados de palavras desconhecidas em inglês: um falante de inglês estratégico saberá identificar quais palavras precisam ter seus sentidos compreendidos numa interação e não pedirá esclarecimento sobre toda e qualquer palavra desconhecida. Além disso, um falante estratégico saberá usar o dicionário como fonte de referência caso necessário e possível. Dicionários *on-line* (por exemplo, <http://dictionary.reference.com/>) têm a vantagem de incluir a pronúncia, em áudio, das palavras procuradas. Outras boas fontes de referência são dicionários não convencionais, tais como:

- <http://www.urbandictionary.com/>. Neste dicionário, quem escreve as definições são os visitantes do *site*! Se considerarmos que uma mesma palavra pode ter sentidos diferentes para pessoas diferentes, podemos concluir que a ideia é muito boa. Além disso, vale notar que o *site* é muito útil para explorarmos definições de palavras novas na língua, expressões idiomáticas, gírias, entre outros.
- <http://www.whatdoesthatmean.com/>. Como no *site* acima, aqui os usuários dão suas definições. Neste *site* você pode deixar sua pergunta sobre o significado de alguma palavra ou expressão.

Aplique a estratégia

1 > a. O trecho a seguir é parte de um famoso discurso feito pelo ativista político norte-americano Martin Luther King, Jr. Leia o texto e, ao ler, sublinhe as palavras cujo significado você não sabe mas gostaria de saber. Se quiser ouvir o discurso ao mesmo tempo que lê, vá ao *site* indicado.

I have a dream that one day this nation will rise up and live out the true meaning of its creed: "We hold these truths to be self-evident, that all men are created equal."

I have a dream that one day on the red hills of Georgia, the sons of former slaves and the sons of former slave owners will be able to sit down together at the table of brotherhood.

I have a dream that one day even the state of Mississippi, a state sweltering with the heat of injustice, sweltering with the heat of oppression, will be transformed into an oasis of freedom and justice.

I have a dream that my four little children will one day live in a nation where they will not be judged by the color of their skin but by the content of their character.

Disponível em: <http://www.americanrhetoric.com/speeches/mlkihaveadream.htm>. Acesso em: 13 out. 2011.

b. Oralmente, como se estivesse conversando com outra pessoa, peça esclarecimento sobre o significado das palavras que você sublinhou no texto.
c. Consulte um dicionário para verificar os significados das palavras desconhecidas e, ao lê-los, reaja expressando entendimento ou produza novos pedidos de esclarecimento.

2 > a. As falas a seguir foram retiradas de uma cena de um seriado de TV. Na cena em questão, os personagens estão perdidos e um deles escreve uma palavra no chão, em letras bem grandes. As falas estão fora de ordem. Numere-as de acordo com a sequência:
(1) Personagem 1 pede esclarecimento sobre o significado da palavra escrita no chão.
(2) Personagem 2 esclarece o significado.
(3) Personagem 3 reage à resposta.

(   ) That's help spelled backwards so that the helicopters can read it from the air!

(   ) Ah...what's doofus spelled backwards?

(   ) What's "PLEH?"

Seriado de TV *Friends - Season 3, Episode 17 – The One Without the Ski Trip*, transcrição da autora.

b. Justifique sua resposta ao exercício anterior com base em elementos do texto.
_____
_____
_____

Sugestões adicionais

- Visite um jornal *on-line* e leia (ou veja o vídeo de) um artigo recente (para uma lista de jornais *on-line*, visite o *site* http://www.onlinenewspapers.com/). Ao ler ou ver a notícia, anote algumas palavras cujo significado você desconhece. Em seguida, produza oralmente formas de pedir esclarecimento sobre tais palavras. Uma boa forma de finalizar essa atividade é ir a um dicionário *on-line* e verificar o significado das palavras listadas.
- Visite o *site* http://www.buzzfeed.com/scott/whats-a-browser. Nele você pode ver o vídeo de uma enquete nas ruas de Nova York em que o entrevistador quer verificar se os entrevistados sabem o que *browser* significa. Observe, na entrevista, como o entrevistador faz suas perguntas.
- Se você dá aulas de inglês, pratique a estratégia dividindo a turma em grupos e pedindo que um membro do grupo fale sobre um tema de sua escolha. Cada um dos outros membros do grupo deve pedir esclarecimento sobre uma palavra usada pelo falante primário, e reagir confirmando ou não seu entendimento. Ao final da atividade, o grupo faz uma lista com as palavras destacadas na conversa e seus significados. As listas dos alunos podem ser exibidas no mural da sala.

Falante primário é o falante principal numa conversa. A categoria falante primário pode flutuar entre diferentes participantes durante uma mesma interação.

2» ESCLARECENDO O NOME DE ALGO EM INGLÊS

A situação

Imagine um cenário em que duas pessoas conversam em inglês. Uma dessas pessoas usa o inglês como segunda língua, e no meio da conversa falta-lhe o vocabulário para dizer algo relevante ao que está sendo dito. Como proceder?

A interação a seguir, retirada do seriado de TV *Modern Family* (*Season 1, Episode 3 – Come Fly With Me*), ilustra uma situação semelhante à descrita acima. No trecho abaixo, a personagem Gloria, que é falante nativa de espanhol, conversa com seu marido norte-americano Jay.

A interação

1 **Gloria** Men need their hobbies. Manny's father had many hobbies like hiking in the
2   desert, that kind of skiing where they drop you from the, how do you say in
3   English? [*Makes helicopter sounds*
4 **Jay**   Helicopter.
5 **Gloria** Yes. Once on a dare, he even boxed with an alligator.
6 **Jay**   Wrestle, you wrestle... you can't box with alligators.
7 **Gloria** You sure?
8 **Jay**   How would they get the gloves on their little claws?
9 **Gloria** Aren't they like tiny little hands?
10 **Jay**   No! Okay, now I forgot what we were talking about.

Disponível em: <http://www.tvfanatic.com/quotes/shows/modern-family/episodes/come-fly-with-me/#ixzz1ORIvCiwl>. Acesso em: 5 jun. 2011.

A estratégia

Ao usar a expressão *How do you say in English* (linhas 2-3) para esclarecer como se diz uma palavra-chave de seu relato em inglês, a personagem fez bom uso da estratégia. Além de usar a expressão propriamente dita, ela apoiou o uso da expressão imitando o som do objeto cujo nome ela procurava. Tal apoio era necessário porque dizer *How do you say in English?* não basta se você quer saber como dizer algo em inglês.

Em aulas de inglês, é comum usarmos essa expressão desde cedo no ensino e na aprendizagem da língua, e geralmente a usamos numa pergunta em que também adicionamos o nome em português do objeto em questão. Por exemplo, *How do you say "helicóptero" in English? How do you say "abacaxi" in English?* Como é esperado que haja outros falantes de português nas nossas aulas de inglês, essas perguntas funcionam porque nossos interlocutores entendem o que é "helicóptero" ou "abacaxi".

No entanto, não podemos contar com esse entendimento da língua portuguesa toda vez que falamos inglês. Haverá situações em que teremos de lançar mão de outros recursos linguísticos e/ou paralinguísticos a fim de esclarecer o nome de algo em inglês.

Recursos linguísticos incluem o uso de uma das expressões a seguir:

- What's the word in English for [*explica-se/descreve-se o objeto*], por exemplo: What's the word in English for that big round hat some men wear on special occasions?
- What's this in English? [*apontando para um objeto*]
- What's this called? [*apontando para um objeto*]
- What do you call that? [*apontando para um objeto*]

Recursos paralinguísticos incluem onomatopeias das palavras procuradas (como no exemplo acima, em que a personagem imitou o som de um helicóptero), desenhos ou mímicas. Esses recursos podem ser usados isoladamente, mas normalmente eles são acompanhados por uma das expressões listadas acima (incluindo *How do you say in English?*).

A aplicação dos recursos discutidos nesta seção pode apresentar algumas dificuldades: nem sempre teremos o objeto desejado por perto para poder apontar para ele; nem sempre teremos disponibilidade de instrumentos para desenhar; nem sempre conseguiremos usar circunlóquio ao descrever um objeto. Neste ponto o leitor pode estar se perguntando se vale a pena "inventarmos" palavras ao sentirmos necessidade de vocabulário que não temos, ou de que não nos lembramos.

Bem, vale a pena arriscar, se não houver como esclarecer, ou após tentativas de esclarecimento malsucedidas. De qualquer forma, ao aprender uma língua estrangeira haverá necessariamente ocasiões em que inventaremos palavras ou expressões sem mesmo saber que estamos inventando! Foi o que aconteceu com a personagem Gloria na situação inicial (linha 5, a linha em que ela disse "*Yes. Once on a dare, he even boxed with an alligator.*"). O uso

---

Inglês como segunda língua refere-se ao inglês falado por um não falante nativo em cenários em que a língua inglesa é o idioma principal para comunicação.

Falante nativo é a pessoa que adquire uma determinada língua na infância e continua a usá-la ao longo de sua vida, possuindo um nível de proficiência e intuição em relação a essa língua superior ao de outros falantes.

Palavra-chave (*key word*, em inglês) é um termo cuja compreensão é essencial para o entendimento de um texto.

Onomatopeia é a palavra que reproduz o som que descreve, por exemplo, *click, boo, thump*.

Circunlóquio refere-se ao uso de várias palavras para expressar uma ideia, por exemplo, "objeto de duas lâminas usado para cortar papel" (ao invés de "tesoura").

Falso amigo é a palavra de outra língua que se parece com uma do português, mas não significa o que parece. Por exemplo, *comprehensive* é um falso amigo em inglês.

inadequado de *boxed* gerou correção imediata por parte do seu interlocutor, o que por sua vez gerou um debate sobre a diferença entre *boxing* e *wrestling* e até mesmo sobre a anatomia dos jacarés! (linhas 6-9) Como visto no final da interação (linha 10), o uso "inventado" fez os interlocutores perderem o fio da meada da conversa, o que é sempre indesejável.

Em situações de incerteza sobre o uso de certo vocabulário é sempre importante observar a reação dos interlocutores: se eles sinalizarem que não entenderam o que você disse (verbalmente, ou não verbalmente, através de expressões faciais de dúvida), você provavelmente cometeu algum equívoco, tal como: inventou algo que não existe, usou um falso amigo ou empregou uma palavra em contexto inadequado. Exemplos desses casos seriam: dizer *"I'm piffing"*, querendo dizer que se está pifando; dizer *"I need the data"* quando você precisa da data de algo, e não de informações gerais sobre o assunto; dizer *"congratulations"* para dar os parabéns pelo aniversário de alguém.

Finalmente, vale lembrar que o esclarecimento do nome de algo e o conhecimento de uma nova palavra devem, idealmente, ser acompanhados pela aprendizagem de tal vocabulário; se isso não acontece, temos de repetir sempre os mesmos pedidos de esclarecimento! Portanto, é aconselhável apoiar esta estratégia em estratégias de aprendizagem de vocabulário: faça listas com as novas palavras; escreva-as em cartões, em inglês de um lado e em português do outro; faça *slides* com o novo vocabulário e inclua animações, com o clique que traz o vocabulário propriamente dito seguido de um clique com a tradução ou exemplos de uso. O importante é usar repetidamente esse novo vocabulário a fim de registrá-lo!

Aplique a estratégia

1 > a. O trecho a seguir reproduz uma cena do filme *Lost in Translation*, em que o personagem norte-americano Bob usa diversas estratégias a fim de esclarecer como se diz "hospital" em japonês. Leia o trecho e liste as estratégias usadas.

Bob tries to get a taxi, finally one stops and they get in. He tries to explain "hospital", he does pantomime, draws a first aid cross, but the DRIVER doesn't understand. Charlotte is enjoying Bob's effort. Finally he finds a Park Hyatt matchbook and calls the hotel number.

BOB	How do you say "hospital" in Japanese?
RECEPTION (O.S.)*	Excuse me?
BOB	Hospital?

RECEPTION (O.S.)	One moment, please.
	She transfers call, it rings.
CONCIERGE (O.S.)	Concierge desk, may I help you?
BOB	Yes, can you tell me how to say "hospital" in Japanese?
CONCIERGE	"Hospital" in Japanese? Hosupitari.
BOB	Hosupitari?

    He tells the Driver who looks at him funny. Bob says it again - faster, with a Japanese accent. The driver nods excitedly and drives off.

*O.S.: *off-screen*, isto é, sem aparecer na tela.
Disponível em: <http://www.dailyscript.com/scripts/lost-in-translation-script.html>. Acesso em: 5 jun. 2011.

---

b. Sem olhar o *script* acima, responda: como o personagem Bob pergunta "Como se diz hospital em japonês?".

c. Confira sua resposta no *script*, e pense: essa pergunta é feita de forma similar em português e em inglês?

2 > a. O trecho abaixo é uma cena do filme *Love Actually*, em que um personagem britânico (Colin) acaba de conhecer três americanas num bar nos Estados Unidos. Leia o diálogo e explique o humor da cena.

Stacey, American Dreamgirl	*[points to beer bottle]* What do you call that?
Colin	Uh, Bottle.
Stacey, American Dreamgirl, Jeannie, American Angel, Carol-Anne, American Goddess	*[giggling, mimicking accent]* BOHT-el!
Jeannie, American Angel	*[points to straw]* What about this?
Colin	Uh, straw.
Stacey, American Dreamgirl, Jeannie, American Angel, Carol-Anne, American Goddess	*[mimicking accent]* Strohw!
Carol-Anne, American Goddess	*[points to table]* What about this?
Colin	Uh, table.
Stacey, American Dreamgirl, Jeannie, American Angel, Carol-Anne, American Goddess	*[starting to repeat]* Tab - Oh, the same. It's the same.
[Colin nods apologetically]	

Disponível em: <http://www.imdb.com/title/tt0314331/quotes>. Acesso em: 23 jul. 11.

_____

_____

_____

_____

_____

_____

b. Sem olhar o *script* acima, responda: como a personagem Stacey pergunta "Como você chama aquilo?".

_____

c. Confira sua resposta no *script*, e pense: essa pergunta é feita de forma similar em português e em inglês?

_____

Sugestões adicionais

- Olhe ao seu redor e tente nomear todos os objetos que vê. Faça uma lista em português que inclua os objetos cujos nomes você não conhece em inglês. Tente formular pedidos de esclarecimentos dos nomes de tais objetos de formas diferentes, mas sem usar português na sua pergunta. Se possível, pratique a sequência acima conversando com outra pessoa (falante nativo ou não nativo de inglês).
- Use a estratégia desta seção para rever seu vocabulário sobre termos que têm formas diferentes nas variantes linguísticas britânica e americana do inglês. Para tal, use uma referência na *web* (por exemplo, o *site* <http://esl.about.com/library/vocabulary/blbritam.htm>) e faça perguntas oralmente para esclarecer os nomes de termos na outra variante (por exemplo, How do we say "candy" in British English? / What's "ill" in American English?). Se possível, pratique a sequência acima conversando com outra pessoa.
- Como esta estratégia envolve aprendizagem de novo vocabulário, procure formas de praticar e consolidar essa aprendizagem. No *site* <http://wvde.state.wv.us/strategybank/VocabularyStrategies.html>, você encontra muitas sugestões de como isso pode ser feito.

Variantes linguísticas são as diferentes formas em que uma mesma língua é falada, dependendo de diferenças regionais, sociais, de idade, entre outros. Do ponto de vista linguístico, todas as variantes são igualmente legítimas e não há uma que seja "melhor" do que a outra.

3» ESCLARECENDO A PRONÚNCIA DE UMA PALAVRA

A situação

Muitas vezes, ao falar em inglês, precisamos usar uma palavra de cuja pronúncia não temos certeza. O que fazer numa situação assim? Há alguma estratégia que possa nos ajudar a lidar melhor com essas ocasiões? O trecho a seguir, retirado do filme *Meet the Parents*, ilustra uma interação em que um dos falantes se vê numa situação semelhante.

A interação

1	**Dina Byrnes**	Now Greg, you have a very unique last name. Um, we were curious, how
2		do you pronounce it?
3	**Greg Focker**	Oh, just like it's spelled. F-O-C-K-E-R.
4	**Dina Byrnes**	F-Focker.
5	**Jack Byrnes**	Hmm, Focker. Hmm.

Disponível em: < http://www.script-o-rama.com/movie_scripts/m/meet-the-parents-script-transcript.html>. Acesso em: 14 out. 2011.

A estratégia

A personagem Dina estava certa ao tentar esclarecer a pronúncia do sobrenome *Focker*: em primeiro lugar, porque obviamente é bom saber pronunciar o nome do namorado de sua filha (como era o caso no filme em questão); em segundo lugar, porque a pronúncia do sobrenome *Focker* poderia, hipoteticamente, confundir-se com a pronúncia de uma palavra tabu em inglês (trocando-se o "o" em *Focker* por um "u"). Portanto, é aconselhável perguntar *How do you pronounce…?* ou *What's the pronunciation of…?* se você tem dúvida de como pronunciar uma palavra que vai se tornar frequente em suas conversas; ou se você teme que, ao pronunciar a palavra, possa estar dizendo algo que não deve!

Um detalhe óbvio, mas importante: por definição, quando pedimos esclarecimento sobre a pronúncia de uma palavra, partimos da premissa de que não sabemos pronunciá-la. Então não podemos incluir tal palavra no pedido! No exemplo acima, a personagem lidou

Palavra tabu (*taboo word*, em inglês) é um termo considerado vulgar, ofensivo, desrespeitoso pelos membros de um grupo.

Pronomes são palavras que substituem os substantivos (por exemplo, *I, you, they* etc.; *mine, yours, theirs* etc.; *myself, yourself, themselves* etc.; *another, nobody* etc.) ou os acompanham, dando-lhes informações adicionais (por exemplo, *my, your, their* etc.; *this, that* etc.; *few, many* etc.).

Face é a autoimagem pública de uma pessoa.

com essa dificuldade mencionando o sobrenome e descrevendo-o (*you have a very unique last name*, linha 1) e em seguida pedindo esclarecimento sobre sua pronúncia usando o pronome *it* (*Um, we were curious, how do you pronounce it?*, linhas 1-2). Outra alternativa seria soletrar a palavra cuja pronúncia é pedida (nesse caso, *how do you pronounce F-O-C-K-E-R?*) ou simplesmente dizer *How do you pronounce your last name?*

O uso desta estratégia, como quaisquer outras, envolve algumas decisões. A primeira delas é se devemos ou quando devemos esclarecer a pronúncia de algo. No exemplo acima, você tomou conhecimento de duas boas razões para isso. Outras razões que podem levar um falante a pedir esclarecimento sobre a pronúncia de uma palavra são, por exemplo, interesse pessoal ou o fato de a palavra em foco ser uma palavra-chave no contexto da fala. Mas não se pode pedir tais esclarecimentos sobre todas as palavras que usamos; afinal, tais pedidos geram "quebras" na conversa que podem desviar a atenção dos falantes do tópico principal.

No caso de o pedido de esclarecimento de pronúncia envolver uma situação delicada, é uma boa ideia usar uma estratégia adicional, como fez a personagem Dina: ela apoiou o seu pedido de esclarecimento com uma justificativa (*you have a very unique last name. Um, we were curious*, linha 1), mas note também que há uma hesitação (*Um*) no meio de tal justificativa. Esses dois recursos (a justificativa e a hesitação) procuram minimizar as consequências desagradáveis de uma pergunta que tem o potencial de ameaçar a face do ouvinte, e também dão ao falante mais tempo para avaliar a melhor forma de se posicionar na situação (mais sobre isso nas seções "Expressando ideias potencialmente desagradáveis" e "Expressando hesitação").

Pedidos de esclarecimento de pronúncia envolvem não apenas o "pedido" propriamente dito (assunto tratado até agora nesta seção), mas também a resposta a tal pedido e potencialmente uma reação a tal resposta. Para se responder ao pedido, o interlocutor deve pronunciar a palavra em foco e não soletrá-la (como fez o personagem Greg na interação reproduzida acima). Ao soletrar o nome (linha 3), ele não respondeu à pergunta de Dina, o que levou a personagem a pedir novo esclarecimento, desta vez pronunciando ela mesma a palavra Focker de forma hesitante (linha 4).

Para se reagir a um esclarecimento sobre a pronúncia de uma palavra, também como nas estratégias discutidas anteriormente neste livro, pode-se confirmar o entendimento verbalmente (*ok, uh-huh, ah!*, etc.) ou não verbalmente através de um movimento de cabeça e/ou expressão facial; pode-se repetir a palavra e/ou já usá-la numa sentença; podem-se pedir novos esclarecimentos se assim for necessário (*Like this?/Have I pronounced it correctly?/Have I said it right?*).

Como em outras situações de *speaking*, ao usar esta estratégia é importante manter a costura conversacional, procurando não deixar solto o que é dito, mas, sim, incorporar esses novos elementos ao que foi dito e ao que está para ser dito (como fizeram os personagens no diálogo reproduzido acima).

Um lembrete final a respeito desta estratégia: nunca se esqueça de que você pode (e deve!) usar dicionários *on-line* ou impressos a fim de verificar a pronúncia de uma palavra. Os dicionários impressos frequentemente incluem a transcrição fonética de seus verbetes. Para entender tal descrição, você deve consultar a lista de símbolos que normalmente aparece no início dos dicionários. Em dicionários *on-line* você tem acesso à pronúncia de uma palavra através de um clique. Por exemplo, em <http://dictionary.reference.com/>, basta clicar no símbolo do alto-falante para ouvir a pronúncia da palavra pesquisada. Uma forma adicional para desenvolver sua sensibilidade e conhecimento sobre a pronúncia da língua inglesa é observar como falantes nativos pronunciam termos potencialmente problemáticos. Trataremos desse assunto na seção "Observando a pronúncia de palavras que costumam causar dificuldades para os brasileiros".

> **Costura conversacional** é a produção de elementos integrados, mutuamente dependentes, na construção de uma conversa, fazendo com que a interação se configure numa teia de elementos interligados.

Aplique a estratégia

1 > Leia o trecho a seguir em voz alta. Ao ficar em dúvida sobre a pronúncia de uma palavra, peça esclarecimento sobre sua pronúncia (como se você estivesse pensando em voz alta, conversando com você mesmo) e verifique a pronúncia num dicionário *on-line* ou convencional. Retorne ao texto e comece a leitura do início, repetindo os procedimentos.

International Phonetic Alphabet

The International Phonetic Alphabet (IPA) is an alphabetic system of phonetic notation based primarily on the Latin alphabet. It was devised by the International Phonetic Association as a standardized representation of the sounds of spoken language. The IPA is used by foreign language students and teachers, linguists, speech pathologists and therapists, singers, actors, lexicographers, artificial language enthusiasts (conlangers), and translators.

Disponível em: <http://en.wikipedia.org/wiki/International_Phonetic_Alphabet>. Acesso em: 8 jun. 2011.

2 > **a.** Reescreva o diálogo a seguir, em seu bloco de notas, inserindo pedidos de esclarecimentos sobre a pronúncia das palavras sublinhadas.

A Guess who I saw today!
B Who?
A Bob!
B What Bob?
A The Bob we met in <u>Edinburgh</u> last year.
B Ah! Bob <u>Cullen</u>.

b. Produza outros diálogos, substituindo as palavras sublinhadas acima por nomes de lugares e sobrenomes cujas pronúncias causam dificuldade (por exemplo, Plymouth, Gloucester, Windsor, Kansas, Iowa para nomes de lugares; Reagan, Moore, Thompson para sobrenomes). Para verificar as pronúncias dessas palavras, consulte o *site* <http://inogolo.com/> ou <http://www.pronouncenames.com/>.

Sugestões adicionais

- A Internet oferece inúmeras fontes de informações sobre a pronúncia da língua inglesa. A seguir apresentamos algumas sugestões para pesquisa:
    - No *site Howjsay* <http://www.howjsay.com/>, você pode ouvir a pronúncia de milhares de palavras. Para tal basta escrever a palavra pesquisada e em seguida você ouve sua pronúncia.
    - Em <http://www.soundsofenglish.org/> você encontra tudo o que precisa saber sobre os sons da língua inglesa, incluindo descrições (por escrito e de forma visual) de como esses sons são produzidos, além de vídeos e áudios ilustrativos.
    - No *site* <http://www.uiowa.edu/~acadtech/phonetics/#> você tem acesso a animações com sons e descrições passo a passo do movimento articulatório necessário para se pronunciar todos os sons do inglês americano.
    - O *site Sounds Familiar* <http://www.bl.uk/learning/langlit/sounds/> é produzido pela British Library e nele você pode ler e ouvir sobre acentos e dialetos no Reino Unido.
- Se você dá aulas de inglês, visite o *site* <http://www.teachingenglish.org.uk/try/activities/whats-pronunciation> para uma sugestão de atividade sobre o assunto. No *site* <http://www.bbc.co.uk/worldservice/learningenglish/grammar/pron/> você encontra explicações sobre a pronúncia da língua inglesa (em vídeo, em áudio, por escrito) e muitas atividades, incluindo *quizzes*, que você pode usar para praticar esse assunto com seus alunos.
- Visite o *site* <http://www.innocentenglish.com/best-funny-jokes/english-is-tough-stuff-a-funny-poem-about-pronouncing-english-words.html> para ler um poema divertido sobre a dificuldade de pronúncia de muitas palavras de inglês. Tente ler o poema em voz alta. Em caso de dúvida sobre a pronúncia de uma palavra, consulte um dicionário impresso ou *on-line*.

> **Acentos** são as formas em que diferentes variantes linguísticas são pronunciadas.
>
> **Dialetos**: são variações regionais ou sociais de uma mesma língua no que se refere a pronúncia, vocabulário e gramática.

4» SOLICITANDO REPETIÇÃO DO QUE FOI DITO

A situação

Muitas vezes, em interações orais em inglês, não compreendemos o que foi dito por nosso interlocutor – seja porque ele (ou ela) falou rápido ou baixo demais, seja porque usou vocabulário que não conhecemos, seja porque não estávamos totalmente ligados no que estava sendo dito, ou qualquer outra razão. Uma situação típica que ilustra esse cenário ocorre em restaurantes, quando os atendentes dão informações sobre os pratos do dia, ou sobre os molhos disponíveis, ou sobre ingredientes e características de um prato que nos interessa.

A interação

1	**Cenário**	Um restaurante na Inglaterra, uma mesa com alguns brasileiros
2		*(quatro residentes na Inglaterra, dois visitantes; todos falantes de*
3		*inglês, mas com diferentes níveis de proficiência)*
4	**Garçonete**	*(dirigindo-se a uma das pessoas da mesa para anotar o último*
5		*pedido)* So do you want any sauces or any sides with your steak?
6	**Brasileiro 1**	*(visitante no Reino Unido)* What???
7	**Garçonete**	Do you want sauces? Like peppercorn, parsley and cream, barbecue?
8	**Brasileiro 1**	No, no.
9	**Garçonete**	*(leaving)* OK.
10	**Brasileiro 2**	*(residente no Reino Unido)* Pô, cara, você assim quase mata a gente
11		de vergonha.
12	**Brasileiro 1**	*(surpreso)* Mas por quê? O que que eu fiz?

Interação baseada em observação e posterior anotação da autora.

A estratégia

Ao solicitar repetição (linha 6) do que havia sito dito pela garçonete, o falante tomou a decisão certa. Na interação acima, era mesmo necessário pedir repetição do que a garçonete disse (linha 5), já que a situação exigia que o brasileiro/visitante desse uma resposta à pergunta feita (que não tinha sido compreendida). No entanto, o falante escolheu um recurso linguístico inadequado à situação para pedir tal repetição. A palavra *what,* de

Entonação refere-se aos movimentos de subida e descida feitos pela voz ao se falar.

forma isolada, não é apropriada num contexto mais formal, pois pode soar rude – o que de fato aconteceu na interação. Tal sensação tornou-se mais intensa devido à entonação utilizada na sua produção: o falante fez uso de uma entonação ascendente, até apropriada para se articular a pergunta, mas a ascendência foi forte demais, fazendo com que a pergunta fosse produzida (e percebida pelos participantes mais proficientes em inglês) de forma um pouco agressiva.

Os leitores mais céticos podem estar se perguntando neste momento: "Mas o falante cumpriu seu objetivo comunicativo, não foi? Afinal, ele conseguiu a repetição de que precisava!" Bem, de fato ele obteve tal repetição e pôde então dar continuidade à conversa. No entanto, a forma e o tom da sua pergunta podem ter gerado na atendente uma reação negativa àquele falante com consequências também negativas à interação: impaciência, desprezo, ou mesmo raiva. Tais sentimentos podem ter sido ainda intensificados através do uso do "*no, no*" mais adiante (linha 8), desacompanhado de "*thanks*" (mais detalhes em "Respeitando normas de polidez: aceitando e recusando ofertas").

O fato de a pergunta equivocada ter sido produzida por um estrangeiro (o que certamente foi percebido pela atendente) pode ter atenuado a percepção negativa do pedido de repetição. Afinal, um falante nativo com bom senso não esperará que um estrangeiro fale inglês respeitando todas as normas de polidez recomendáveis em tal língua. Mas nem todos os falantes nativos terão esse bom senso – e não é à toa que muitas vezes os estrangeiros são tidos como rudes, diretos demais, agressivos em sua fala e inconvenientes! Portanto, é aconselhável melhorar nossas formas de interagir oralmente – e saber quando e como pedir repetições é uma estratégia importante!

Em inglês, devem-se usar as seguintes formas para se pedir repetição do que foi dito:

- (I'm) sorry?
- Excuse me?
- Pardon me?
- Sorry, what did you say?
- Can you say that again, please?
- Can you repeat that, please?
- Sorry, what was that?
- Sorry, I missed that.
- Sorry, I missed what you said about…
- Sorry, I missed the first/final part.
- I'm sorry, I don't understand.
- Sorry, I'm not following you.
- Sorry, I didn't catch that.

Como nas estratégias já discutidas até agora, há alguns pontos importantes a serem considerados quando solicitamos repetição do que foi dito. Em primeiro lugar, é aconselhável adicionar **marcas de polidez** no pedido (tais como *please* ou *sorry*). Em segundo lugar, é importante estar atento à costura conversacional: o pedido de repetição deve gerar uma resposta, o que, por sua vez, deve levar o falante original a fazer um comentário (*I see.; Ah! I get it!*) ou a elaborar sua resposta deixando claro seu entendimento (no caso acima, o Brasileiro 1 poderia ter dito algo como *No, no sauces, thank you.*). Caso o não entendimento persista após a repetição, uma solução é pedir nova repetição variando-se a forma. Por exemplo, o falante acima poderia ter dito *Sorry, I still don't get what you said*, se ele não tivesse compreendido a pergunta da garçonete na segunda vez.

Um ponto a ser considerado é que não se pode pedir repetições infinitamente, e em caso de não entendimento após algumas tentativas ou deve-se mudar o assunto ou, mais drasticamente, dar fim à conversa. Voltaremos a esses pontos em outras estratégias, tais como "Esclarecendo o que foi dito", "Monitorando o entendimento do interlocutor" e "Usando diferentes alternativas para expressar ideias similares".

> **Marcas de polidez** são elementos que contribuem para a adoção do Princípio da Polidez, por exemplo, uso de *please, excuse me, sorry* ou de entonação e gestos adequados.

Aplique a estratégia

1 > a. Imagine que você esteja preenchendo o formulário a seguir para outra pessoa que está a seu lado. Para tal, você tem de perguntar as informações, obter as respostas e preencher o formulário com tais respostas. Escreva em seu bloco de notas um diálogo simulando tal interação e nele inclua pedidos de repetição, respostas a esses pedidos e reações às respostas.

Title: ( ) Miss ( ) Mrs ( ) Ms ( ) Mr ( ) Other. Please specify: _____

Last Name: _____

First Name: _____

Address: _____

City/State: _____

Zip Code: _____

Phone number (Day): _____

(Evening): _____

E-mail: _____

b. Leia seu diálogo em voz alta (se possível, dramatize-o com outra pessoa) e grave tal leitura. Em seguida, ouça a gravação e avalie: o diálogo contém pedidos de repetição, respostas e reações apropriadas? Justifique suas respostas.

2 > a. Selecione um pequeno vídeo *on-line* (por exemplo, uma das reportagens em <http://edition.cnn.com/video/>). Pause o vídeo quando você necessitar de repetição do que foi dito. Em seguida, solicite tal pedido oralmente, volte um pouco o vídeo e reveja o trecho que você não compreendeu. Repita os procedimentos em outros pontos do vídeo, procurando variar a forma de pedir repetição.

b. Avalie seu uso da estratégia na tabela abaixo:

Você sabe...	Muito bem ☺	Bem 😐	Não muito bem. Preciso praticar mais ☹
... identificar quando deve pedir repetição?			
... pedir repetição adequadamente?			
... pedir repetição de diferentes formas?			
... reagir às respostas dadas na repetição?			

Sugestões adicionais

- No *site* <http://www.eslgold.com/speaking/asking_repetition.html> você encontra exemplos de expressões para pedido de repetição em inglês, além de diálogo ilustrativo com áudio.
- Se você dá aulas de inglês, proponha role plays sobre situações em que pedidos de repetição sejam frequentes: conversas numa festa em que o som está muito alto; conversas em família em que um dos familiares não escuta bem; conversas em que muitas pessoas falam ao mesmo tempo e fica mais difícil compreender o que está sendo dito.

Role plays são situações imaginárias em que membros de um grupo atuam como se fossem participantes dessas situações. O uso de *role plays* é comum em aulas de inglês na criação de cenários em que os aprendizes têm de improvisar seu comportamento e participação usando a língua inglesa.

5» ESCLARECENDO O QUE FOI DITO

A situação

Numa aula de inglês, alunos e professora se preparam para iniciar uma tarefa oral após a leitura de um texto sobre uma percussionista chamada Evelyn. Como os alunos já leram o texto, é esperado que saibam algumas informações sobre Evelyn. A tarefa oral requer que eles simulem uma entrevista com a percussionista, e que um deles faça o papel de um jornalista e o outro, de Evelyn. Uma aluna não entendeu bem a tarefa, e ela precisa esclarecer o que foi pedido. Qual seria a melhor maneira de pedir tal esclarecimento?

A interação

1	T	so you're going to be a journalist
2	S1	it need to be true?
3	T	sorry?
4	S1	need to be true?
5	T	what do you mean if it needs to be true?
6	S1	like er where do you live? In Africa
7	T	the answer is on the text, so you have to see
8	S1	needs to be true?
9	T	it needs to be according to the text
10	S1	but it needs to be true?
11	T	if it says on the text that she lives in Africa, then Africa is the answer to
12		'where do you live'. Yes?
13	S2	I =
14	S3	= for example, about =
15	S1	= but it needs to be true?
16	T	I don't understand your question, try to explain
17	S1	it needs to be true?
18	T	to be true…
19	S1	yes
20	T	the answer is, I don't understand. Gustavo, did you understand my explanation?
21		*(Asks another student to rephrase the explanation)*

Arquivo pessoal da autora.

A estratégia

Há aspectos positivos no uso da estratégia "Esclarecendo o que foi dito" por parte da Aluna 1. Primeiramente, a decisão de usar a estratégia (isto é, de pedir esclarecimento sobre o que foi dito) merece elogio – afinal, muitos alunos preferem permanecer no não entendimento a expor sua dúvida à turma. Desta forma, é positiva a intervenção da aluna na linha 2. É também apropriada a resposta da aluna (linha 4) ao pedido de repetição feito pela professora na linha 3. No entanto, já na linha 5 observa-se que o impasse ocorre não porque a professora não entende o que a aluna diz, mas sim porque não está claro o que ela quer dizer com "it needs to be true". A aluna usa um recurso também louvável na linha 6 ao tentar explicar o que ela quer dizer em inglês através de um exemplo. No entanto, o impasse continua, e a aluna não consegue articular seu pedido de forma diferente, repetindo a mesma forma ou formas muito similares outras quatro vezes (nas linhas 8, 10, 15 e 17.

O exemplo acima mostra que repetir um pedindo de esclarecimento que não é bem-sucedido da mesma forma e inúmeras vezes provavelmente não vai garantir que o interlocutor entenda qual é a sua dúvida. Na interação acima, a professora teve de pedir o auxílio de outro aluno (linha 20) para parafrasear o que ela havia dito originalmente, e assim prosseguir no encaminhamento da tarefa.

Em outras palavras, e como visto em outras seções deste livro, é interessante variar as formas de se fazer uso desta estratégia. Para pedir esclarecimento do que foi dito em inglês você pode usar uma das formas a seguir:

- What do you mean by...?
- Do you mean [this] or [that]?
- Did you say that...?
- You mean that... Is that right?
- Could you explain what you mean by...?
- Could you clarify that, please?
- Could you give me/us an example?
- Could you be more explicit?
- Could you be more specific, please?
- You'd like me to... Is that right?
- I'm not sure I understood...
- Let me see if I got this right: you said that...

Ao pedir esclarecimentos em situações mais informais (em família, entre amigos), você pode lançar mão de formas mais simples como *What?* Ou *Huh?*. No entanto, é aconselhável usar essas formas com cautela, porque elas podem sinalizar falta de educação se forem usadas em contextos inapropriados, como vimos na seção anterior.

Assim como nas outras estratégias já discutidas, ao se pedir esclarecimento do que foi dito, além da variação das formas usadas, é importante estar atento para necessárias confirmações (ou não) do entendimento do esclarecimento. E como em outras estratégias, também é necessário garantir a costura da conversa, não deixando o esclarecimento "ficar no ar".

É importante lembrar que, em interações orais, esclarecimentos não envolvem apenas o que é dito por nossos interlocutores. Eles podem envolver também o que nós próprios falamos. Vamos tratar desse assunto na proxima seção.

Aplique a estratégia

1 > No seu bloco de notas, amplie os diálogos abaixo, inserindo pelo menos dois pedidos de esclarecimento em cada um deles. Estes devem ser acompanhados por confirmações (ou não) de entendimento.

Diálogo 1

A I can't find my car keys.
B I've seen them somewhere in the kitchen.

Diálogo 2

A *(talking about a newspaper article)* This is really interesting.
B What is it about?
A It's about this guy who's spent his childhood on a goats farm in Africa and who has turned out to be the father of the current president of the United States!

2 > Para cada uma das citações a seguir, imagine diálogos entre você e o/a autor/a da citação. Nos diálogos use pedidos e confirmações de eslarecimento.

The most important things are the hardest to say, because words diminish them.

Stephen King

> Learn from yesterday, live for today, hope for tomorrow. The important thing is not to stop questioning.

Albert Einstein

> Some people go to priests; others to poetry; I to my friends.

Virginia Woolf

Sugestões adicionais

- Para ler mais sobre a estratégia, visite os seguintes *sites*: <http://compellingconversations.com/blog/2010/09/20/conversation-tip-9-clarifying-questions/>; <http://www.effective-public-speaking.com/clarification/menu.php> e <http://www.nald.ca/library/learning/cclb/language/lesson10/lesson10.pdf>.
- Se você dá aulas de inglês, peça a seus alunos que criem diálogos em situações que potencialmente vão requerer pedidos de esclarecimentos, por exemplo: interações entre pais e filhos; médicos e pacientes; professores e alunos. Nessas atividades insista no uso de expressões variadas, bem como no uso de confirmações (ou não) de entendimento.
- Mais ideias para aulas (incluindo sugestões de *handouts* e procedimentos) podem ser encontradas em: <http://www.eastsideliteracy.org/tutorsupport/Work/Work_Clarify.htm>.

6» MONITORANDO O ENTENDIMENTO DO INTERLOCUTOR

A situação

Você tem algo a dizer a outra pessoa, mas não sabe exatamente como expor o seu pensamento em palavras: afinal, você sabe que o que tem a dizer não será agradável de ser ouvido. Você quer "dar o seu recado" e ver-se livre disso: para tal, fala bem depressa e não vai direto ao assunto, tratando dele indiretamente. Mas como garantir que seu interlocutor entende o que você quer dizer se você não é direto? Há alguma estratégia que possa ser usada em casos como esse?

A interação

1	**Ginger Littlejohn**	What I'm about to say is that what I'm about to say may sound
2		unpleasant, y'know, and all that, but look here, y'know, dammit. I
3		mean, the better man has won. Not, um, that I'm saying that I'm
4		the better man, I wouldn't say that for a moment, awful bad luck on
5		you and all but still, when you come to think of it I mean look here,
6		y'know. Dammit. Do you see what I mean?
7	**Adam Symes**	Not quite. Is it something about Nina?
8	**Ginger Littlejohn**	Yes, it is.

Filme *Bright Things*, cena disponível em: <http://www.youtube.com/watch?v=rJFAffoUWYw>. Acesso em: 14 out. 2011.

A estratégia

Com tantas evasivas, e na velocidade em que o trecho acima foi dito (foram 76 palavras ditas em 16 segundos!), realmente: o uso da estratégia fez-se necessário. O personagem precisava mesmo monitorar o entendimento do seu interlocutor, isto é, verificar se ele havia entendido o que tinha sido dito. Tal monitoramento é feito através da pergunta *Do you see what I mean?* (linha 6) e gera uma resposta que confirma a adequação do uso da estratégia. Afinal, Adam Symes responde tal pergunta com outra pergunta (linha 7), pedindo confirmação de seu entendimento, o que é feito em seguida pelo falante original (linha 8).

No exemplo acima, o monitoramento do entendimento do interlocutor fez-se necessário porque o assunto da fala era bastante embaraçoso (voltaremos a esse ponto na seção "Expressando ideias potencialmente desagradáveis"), já que os dois participantes disputavam o amor da mesma mulher. No entanto, a necessidade desse monitoramento não está restrita a situações que envolvem tensões como as vividas pelos personagens da interação acima.

O monitoramento do entendimento do interlocutor pode ser necessário em inúmeras outras situações, tais como:

- Uma apresentação oral, ou aula, ou palestra, em que o falante principal trata de temas complexos ou novos para sua plateia;
- Uma interação em que um ou mais participantes não está atento ao que está sendo dito;
- Uma situação em que o falante principal está com dificuldade de se expressar, seja porque o assunto é difícil, seja porque ele ou ela não tem o vocabulário necessário para comunicar o que quer;
- Uma situação em que fatores externos podem dificultar o entendimento do interlocutor, por exemplo: uma conversa num restaurante ou festa barulhenta; uma conversa telefônica cujo sinal não é forte, causando cortes na linha; uma conversa pelo computador em que não se vê o interlocutor e há um longo silêncio entre uma fala e outra, gerando dúvida se o que foi dito foi compreedido.

Há diversas formas de monitorar o entendimento do interlocutor, e é aconselhável a variação de formas para implementar a estratégia:

- Do you know what I mean?
- Are you following me?
- OK so far?
- Does that make sense?
- Are you with me?
- Do you understand?
- Is that clear?
- Am I being clear?
- Do you get what I'm saying?
- Do you know what I'm talking about?

Diante de perguntas como as acima, o interlocutor terá de se posicionar verbal ou não verbalmente (através de expressões faciais, por exemplo). Esse posicionamento, por sua vez, pode gerar encaminhamentos diversos. Num monólogo (como uma aula ou uma palestra), é provável que o falante principal continue sua fala após confirmação de entendimento. Uma expressão de não entendimento, nesse caso, deve levar a um assunto subsidiário, fazendo-se os esclarecimentos necessários antes do retorno ao assunto principal do monólogo. Num diálogo, o uso desta estratégia pode fazer com que o turno da fala passe para outra pessoa, como aconteceu no exemplo acima. De fato, poderíamos dizer que o personagem Ginger Littlejohn usou a estratégia com dupla intenção: monitorar o entendimento de Adam Symes e também sinalizar que já havia terminado a sua fala, e estava, desta forma, passando o turno para seu interlocutor.

> **Turno da fala** é a oportunidade de falar durante uma interação.

Assim como com outras estratégias, uma questão importante sobre monitoramento do entendimento do interlocutor é saber identificar quando esta estratégia deve ser usada. Para tal, a regra básica é colocar-se no lugar de seu interlocutor e tentar, ao mesmo tempo em que você fala, perguntar a si mesmo: "Estou sendo claro? Estou dando exemplos do que digo? Meus interlocutores conhecem as pessoas ou o assunto sobre o qual estou falando? Estou usando alguma palavra que pode ser desconhecida pelos meus interlocutores? Estou usando a pronúncia adequada, de forma que meus interlocutores entendam o que eu digo?" Ao telefone, você pode se perguntar: "Tenho certeza de que meu interlocutor está do outro lado da linha? Tenho certeza de que ele ouve o que eu digo?"

Caso suas perguntas a si mesmo gerem respostas negativas, é aconselhável usar uma das formas sugeridas acima para verificar o entendimento do interlocutor. Mas, claro, é importante não abusar de tais formas. Você não deve perguntar *Do you see what I mean?* ou algo semelhante ao final de cada frase, porque isso seria irritante e contraproducente. É também importante se lembrar da importância do ritmo e da ênfase adequados: ditas pausadamente e com ênfase nos pronomes, expressões como *Am I being clear?*, *Am I clear?* ou *Do you understand?* podem ser entendidas como uma ameaça.

Finalmente, é bom lembrar que esta estratégia está intrinsecamente relacionada com a estratégia discutida na seção anterior. Ela também tem importantes conexões com outras estratégias a serem discutidas posteriormente, tais como: "Expressando ideias potencialmente desagradáveis", "Criando envolvimento na interação" e "Considerando potenciais dificuldades do interlocutor".

Aplique a estratégia

1 > O trecho a seguir contém o *script* de uma cena no filme *The Usual Suspects* em que o policial Dave Kujan interroga um suspeito. Identifique, no trecho, os elementos usados pelo policial para monitorar o entendimento do interlocutor.

[to Verbal]
Dave Kujan First day on the job, you know what I learned? How to spot a murderer. Let's say you arrest three guys for the same killing. You put them all in jail overnight. The next morning, whoever's sleeping is your man. You see, if you're guilty, you know you're caught, you get some rest, you let your guard down. You follow me?
Verbal No.
Dave Kujan Let me get right to the point. I'm smarter than you and I'm gonna find out what I want to know and I'm gonna get it from you whether you like it or not.

Disponível em: <http://www.moviequotesandmore.com/usual-suspects-quotes.html#1>.
Acesso em: 22 jun. 2011.

2 > **a.** Veja a cena do filme *Rush Hour* em que o agente do FBI, representado pelo ator Chris Tucker, recebe o agente chinês Lee (Jackie Chan) no aeroporto. A cena está disponível em <http://www.youtube.com/watch?v=BauukKCff0o>. Ao ver a cena, observe: como o agente monitora o entendimento do chinês?

b. Avalie o uso da estratégia: O agente americano fez bom uso da estratégia? O que deu errado?

c. Por que o chinês não avisou que sabia falar inglês?

Sugestões adicionais

- Selecione algumas expressões idiomáticas em português (por exemplo, "Cada macaco no seu galho", "Estar com a pulga atrás da orelha", "Rodar a baiana"). Escreva tais expressões em pedaços de papel. Sorteie um papel e faça de conta que tem de explicar oralmente (em inglês) o significado da expressão. Pense num interlocutor ao falar e use estratégias de monitoramento de entendimento do interlocutor sempre que necessário. Se possível, grave sua fala e, ao ouvir a gravação, avalie seu uso da estratégia: você a empregou nos pontos adequados? Você variou sua forma de empregar a estratégia?
- Se você dá aulas de inglês, crie oportunidades de prática desta estratégia, pedindo a seus alunos que descrevam eventos que lhes aconteceram recentemente, ou que deem detalhes sobre seus *hobbies*, ou que descrevam uma foto ou desenho para outros alunos desenharem. Se tiver oportunidades de convidar falantes nativos de inglês para conversar com seus alunos, peça-lhes que falem a esses convidados sobre assuntos tipicamente brasileiros (festas populares, comidas, lugares etc.) e que monitorem o entendimento do interlocutor sempre que necessário, especialmente quando tratarem de detalhes que devem ser desconhecidos pelo interlocutor.

7» OBSERVANDO ROTINAS CONVERSACIONAIS: COMO FAZER PEDIDOS

A situação

Você está de férias em um país em que se fala inglês. Num certo dia, você tem de passar no supermercado para fazer umas compras e em seguida ir ao correio para enviar alguns cartões-postais. No supermercado, você observa a interação entre um cliente e a caixa, e acha curiosa a forma usada pela caixa para cobrar do cliente a quantia devida. No correio, você resolve observar como a atendente faz o pedido de pagamento: há similaridades com a forma usada pela caixa do supermercado? Há diferenças? Ao voltar para o seu hotel, você se pergunta se a observação das conversas entre falantes nativos pode ter alguma utilidade para o desenvolvimento de sua própria habilidade de conversar em inglês.

A interação

Situação 1: No correio

Cliente *(entregando uma carta ao atendente, iniciando sua interação)* Can I send this by special delivery, please?
Atendente *(após pegar e pesar a carta)* That's five twenty two, please.

Situação 2: No supermercado

Caixa *(para o cliente)* That's fourteen twenty nine, then, please.
Cliente *(pegando o cartão para pagar e preparando-se para inseri-lo na máquina de pagamento)* OK
Caixa *(referindo-se ao cartão de fidelidade do supermercado)* Do you have a Nectar card?
Cliente No, I don't.

Interações baseadas em observação e posterior anotação da autora.

A estratégia

A observação de interações entre falantes nativos, apesar de não ser uma estratégia diretamente envolvida com produção oral, é uma estratégia importante para o desenvolvimento dessa habilidade.

Ao observar a situação 1, podemos notar o uso de *please* duas vezes. Um brasileiro pode achar estranho tal uso; afinal em português dificilmente ouviríamos "por favor" (e duas vezes!) em situação semelhante. Podemos analisar as duas falas com mais cuidado para verificar se há algo em comum entre elas que leve ao uso de *please* tanto pelo cliente quanto pela atendente. A fala do cliente tem a função clara de um pedido, mas a fala da atendente do supermercado pode ser, à primeira vista, descrita apenas como o anúncio do preço, o que caracterizaria as duas falas de forma bastante diferente! No entanto, ao dizer *That's five twenty two*, a atendente cumpre duas funções ao mesmo tempo: ela diz quanto é o custo da remessa mas também pede ao cliente que pague o valor devido. O mesmo acontece na situação (2), em que a caixa anuncia o valor total da compra e pede o pagamento ao dizer *That's fourteen twenty nine, then, please*. Portanto, a análise das duas cenas leva-nos a concluir que o uso de *please* está associado a pedidos em inglês.

Apesar de a amostragem ser pequena (afinal, são apenas duas pequenas interações), a conclusão é adequada. Em inglês, o uso de *please* deve ser incorporado a quaisquer pedidos, como que fazendo parte deles. Nessas horas, pensar em português não ajuda. Não adianta dizer que "em português eu não digo 'por favor' nessas situações", porque na realidade a palavra *please* nesses casos não pode ser comparada diretamente com a expressão "por favor". Apesar de haver uma correspondência entre esses termos, seus usos diferem nas duas línguas. Se você for à padaria e disser "Três pãezinhos, por favor. Bem clarinhos, por favor. Aqueles ali, por favor." as pessoas à sua volta vão achar você meio estranho! No entanto, em inglês, dizer *"Can I have three loaves of bread, please. The light ones, please. Yes, those over there, please!"* funcionaria perfeitamente!

É importante ressaltar o fato de que usos linguísticos, sua frequência e consequente aceitabilidade como "normal" e "adequada" entre os falantes de uma língua são convenções socioculturais atreladas a uma língua. Um falante de português que não usa "*please*" em pedidos em inglês comete um equívoco semelhante ao falante de inglês que usa "por favor" excessivamente em português. Em ambos os casos, há o que se chama na literatura de sociopragmatic failure, um termo que se refere a percepções diferenciadas em diferentes grupos sociais sobre o que é considerado "comportamento linguístico apropriado" (Thomas, 1983:99).

Sociopragmatic failure é uma falha na comunicação ocasionada quando os participantes têm definições diferenciadas sobre o que é considerado apropriado ao interagir. Por exemplo, um brasileiro que dá um tapinha no ombro de alguém que acabou de conhecer comete um *sociopragmatic failure* num contexto anglófono, já que essa prática não é apropriada em tal grupo social.

> **Princípio da Polidez** é um princípio adotado por participantes de uma interação com o objetivo de indicar mútuo respeito e permitir que a conversa flua tranquilamente.

Há uma grande dificuldade ligada ao entendimento de normas e expectativas de usos linguísticos, pois elas podem variar entre falantes sob vários aspectos: geográfica, socioeconômica, profissionalmente, entre outros. Desta forma, é conveniente estar atento a como falantes de uma região, ou de um grupo socioeconômico, ou representantes de diferentes profissões, sexo e idade, por exemplo, fazem seus pedidos. Tais escolhas estão atreladas ao que se conhece na literatura como o Princípio da Polidez.

De acordo com a linguista Robin Lakoff em seu livro *Language and Woman's Place* (1973), os falantes devem estar atentos a três máximas a fim de seguir esse Princípio:

1. Não impor.
2. Dar opções.
3. Fazer o interlocutor se sentir bem.

Na situação 1 acima, o uso de *can* atende à máxima 1. De certa forma, a palavra *please* também cumpre essa função nos três pedidos ilustrados nas duas situações.

Um exemplo de atenção à máxima 2 em um pedido seria, por exemplo, *Would you like me to buy the sugar or do you prefer to do it yourself?* Para atender à máxima 3, um falante poderia dizer *Can you organize those photos in an album? I'm sure no one can do that better than you!* Obviamente não precisamos usar todas as máximas em todos os pedidos que fazemos; mas o desrespeito às três máximas ao mesmo tempo, ao se fazer um pedido, desobedeceria ao Princípio da Polidez e geraria uma má interpretação por parte do interlocutor.

Em outras palavras, é importante lembrar sempre que, ao falar, as pessoas não inventam palavras ou sequências de palavras. O que elas fazem é lançar mão de recursos linguísticos e paralinguísticos aceitos no seu grupo social, lembrando que o uso desses recursos (o que se fala, como se fala) é de certa forma rotineiro e portanto previsível. A observação de falantes nativos e seus usos dessas rotinas conversacionais, atentando para outros elementos contextuais (onde, entre quem, como, por que etc. a conversa ocorre) pode ser muito útil para aprendizes de inglês. Não há contraindicações: quanto mais você observar esses usos, e refletir sobre eles, incorporando suas conclusões aos seus próprios usos da língua inglesa, melhor para você! Se não for possível observar interações face a face, use a Internet, veja *chat shows* e entrevistas na TV e até mesmo filmes e seriados. Estes, quando bem escritos, refletem normas e expectativas presentes em situações autênticas de fala.

Aplique a estratégia

1 > Reescreva os diálogos a seguir, tornando o pedido mais adequado de acordo com padrões sociolinguísticos da língua inglesa.

   a. Num restaurante, a conta totaliza US$ 22. O cliente pede ao atendente que digite US$ 25 na máquina do cartão de crédito para incorporar a gorjeta.

      Waiter Okay…Your total is…22 dollars, please.
      Client   Put 25.

   b. Você atende ao telefone, mas não entende o que a outra pessoa disse.

      Caller   Hi. This is Mary Carter from Hampshire Insurance. I'm calling about an accident involving a Ford Fiesta on the 24th of October.
      You   Repeat what you said.

2 > O que você diria nas seguintes situações:

   a. Você está na bilheteria do cinema, e quer dois ingressos para ver *Hangover II* às 2:30.

   b. Você tem uma dúvida a respeito do trabalho de casa e pergunta ao seu professor de inglês se ele pode repetir as instruções.

   c. Você vai viajar na próxima semana. Você pergunta à sua vizinha se ela pode regar suas plantas enquanto você estiver ausente de casa.

   d. Você pede a seu amigo para lembrá-lo sobre o nome da pessoa que acaba de entrar na sala.

3 > a. No *link* <http://www.youtube.com/watch?v=L8HOaB1fOqA&NR=1> há uma cena do filme *Falling Down* em que o personagem representado por Michael Douglas vai a um restaurante de *fast food*. Observe a cena e anote as formas usadas pelo personagem para fazer seus pedidos.

b. Avalie as formas usadas pelo personagem: elas observaram as máximas do Princípio da Polidez?

_____
_____
_____
_____

Sugestões adicionais

- Para ler mais sobre rotinas conversacionais, leia o livro *Conversational routines in English: Convention and creativity* de autoria de Karin Aijmer, publicado pela Pearson em 1996.
- O vídeo em <http://www.wiziq.com/tutorial/29606-How-to-Make-Requests-An-English-Grammar-Lesson-Part-2> contém mais informações sobre como fazer pedidos em inglês; no *site* <http://www.better-english.com/vocabulary/politerequests1.htm> você encontra exercícios sobre o assunto.
- No *link* <http://learnenglishkids.britishcouncil.org/en/songs/quiet-please> você ouve a música *Quiet, please!* dirigida a crianças. A música tem vocabulário básico (objetos escolares, imperativos) e inclui pedidos com *please*.
- Faça uma busca na Internet pela locução "can you please" e visite alguns desses *links*. Observe o uso da expressão nos diferentes contextos e considere em que tipos de *sites* ela costuma ser usada (*Blogs? Discussion forums?* Jornais?).
- A sugestão acima pode ser ampliada da seguinte forma: busque "*can you explain*" e "*can you explain please*". Identifique quais são pedidos e quais são perguntas sobre a capacidade/habilidade do interlocutor em saber explicar.

8>> RESPEITANDO NORMAS DE POLIDEZ: ACEITANDO E RECUSANDO OFERTAS

A situação

Você está visitando a Inglaterra. Num mesmo dia, ocorrem algumas situações em que a pessoa com quem você fala lhe oferece algo. Nessas situações você não encontra problemas: entende o que foi oferecido e responde aceitando ou recusando as ofertas. Um pensamento ocorre-lhe mais tarde: "Será que em língua inglesa situações como essas tendem a ser realizadas linguisticamente da mesma forma que em português? Ou será que elas atendem ao Princípio da Polidez de forma diferente do que em português?"

A interação

1 **Situação 1: Numa loja**
2 **Shop assistant** Would you like a bag?
3 **You** Yes.

4 **Situação 2: Num restaurante**
5 **Waiter** Would you like some wine?
6 **You** No.

Interação baseada em observação e posterior anotação da autora.

A estratégia

Nas situações acima, o falante brasileiro cumpriu seu objetivo comunicativo de expressar aceitação ou recusa de uma oferta. No entanto, ao dizer apenas "*yes*" e "*no*" esse falante cometeu deslizes do ponto de vista sociopragmático. Ao se aceitar uma oferta em inglês, nunca se diz apenas "*yes*": usa-se sempre *Yes, please*, como se o *please* fizesse parte do *yes*.

A reação de tentar entender o uso de *Yes, please* traduzindo tal expressão literalmente e comparando usos de aceitações de ofertas nas duas línguas é inapropriada. Como vimos, o que é tido como "apropriado" e "esperado" numa língua não necessariamente coincide com normas e expectativas em outra língua. Da mesma forma que "sim, por favor" não funciona em português,

Sociopragmático refere-se a normas de uso de linguagem, e a como essas normas são seguidas e interpretadas em situações de comunicação.

o uso de "hugs" ou "kisses" (pensando-se nas saudações "abraços" e "beijos" ao se finalizar, por exemplo, um *e-mail* em português) não é apropriado em inglês.

Recusar ofertas dizendo-se apenas "*no*" também não é apropriado em inglês. Se quisermos recusar algo, devemos dizer *No, thank you* ou *No, thanks*. Retomando-se as máximas do Princípio da Polidez discutidas na seção anterior, podemos concluir que *please* (em *yes, please*) atende à ideia de "Não impor", enquanto *thank you* (em *no, thank you*) atende à ideia de fazer o interlocutor se sentir bem.

Neste ponto você pode estar se perguntando se, para aceitar ou recusar ofertas em inglês só podemos dizer *yes, please* ou *no, thanks*, respectivamente. A resposta a essa pergunta é não. Para aceitar ofertas e recusar, há diversas opções, conforme os exemplos a seguir:

How to accept offers	How to decline offers
• Yes, please. • Yes, that's great! • Yes, that would be lovely. • That would be good, thanks.	• No, thanks. • No, thank you. • No, I'm allright, thanks. • I'm fine, thank you. • I'm good, thank you.

Outra pergunta que você pode estar se fazendo é se *yes* e *no* podem ser usados isoladamente em alguma situação. A resposta aqui é *yes* (sem *please*, porque essa resposta não envolve aceite de oferta). Em outras palavras, *yes* e *no* podem, sim, ser usados sem o respectivo apoio de *please* ou *thanks* em situações que não envolvam ofertas (por exemplo, *Did you go to the cinema by car? Yes./ Do you know her name? No*). Nesses casos, em situações informais, pode-se dizer também *Yep* (ao invés de *yes*) ou *nope* (ao invés de *no*). Essas são formas comuns em conversas entre amigos ou qualquer outra interação com pequeno nível de formalidade.

Nesta seção discutimos normas de polidez associadas à aceitação ou recusa de ofertas. Na próxima seção estenderemos a discussão sobre o Princípio da Polidez ao examinar a estratégia "Expressando ideias potencialmente desagradáveis".

Aplique a estratégia

1 > Para cada uma das ofertas a seguir, responda em voz alta usando *Yes, please!* Ou *No, thanks*, dependendo do seu interesse.

a. Would you like some water?
b. Some tea?
c. How about some mango juice?
d. Do you need some help with this exercise?

2 > O diálogo a seguir está embaralhado. Desembaralhe as falas.

a. (   ) **Friend 2:** Black.

b. (   ) **Friend 2:** Some coffee would be lovely, thanks.

c. (   ) **Friend 2:** Yes, please. I can't say no to biscuits…

d. (   ) **Friend 1:** Hi Pete. Would you like something to drink?

e. (   ) **Friend 1:** Would you like some biscuits?

f. (   ) **Friend 2:** No, thanks.

g. (   ) **Friend 1:** How do you like your coffee?

h. (   ) **Friend 1:** Some sugar?

Sugestões adicionais

- No *site* <http://www.myenglishpages.com/site_php_files/communication-lesson-offers.php> você pode ler mais sobre como fazer, aceitar e recusar ofertas em inglês.
- O *site* <http://www.eslgold.com/speaking/accepting_refusing.html> também contém informações extras sobre o tema, e inclui gravação em áudio de alguns diálogos ilustrativos.
- Vá ao *Google images* e faça uma busca por "*food and drink*". Vá olhando algumas imagens e fazendo diálogos em voz alta: *Some fruit? No, thanks; Would you like some soup? Yes, please.*
- Se você dá aulas de inglês, prepare *slides* em PowerPoint com imagens de comidas e bebidas e utilize-os para praticar como fazer, recusar e aceitar ofertas em inglês em sala de aula: em pares, os alunos simulam diálogos como os da sugestão anterior.
- Para aumentar (em quantidade e qualidade) seu repertório de maneiras de aceitar e recusar ofertas em inglês, anote diferentes formas de se realizar essas funções linguísticas ao ver interações em inglês (em filmes, anúncios, seriados de TV, entre outros) na TV ou no computador.

9>> EXPRESSANDO IDEIAS POTENCIALMENTE DESAGRADÁVEIS

A situação

A situação a seguir é uma cena do filme *Social Network:* uma conversa entre o presidente de uma universidade e um aluno da mesma instituição. O aluno vem falar com o presidente para fazer uma reclamação sobre um outro aluno. O presidente manifesta discordância com a alegação do aluno e, em seguida, o aluno manifesta discordância com a interpretação do presidente.

Considere o cenário acima sob as duas perspectivas: a do aluno e a do presidente. A fim de expressar ideias potencialmente desagradáveis (reclamação e discordância), os dois participantes devem ou podem se comportar (linguística e paralinguísticamente) de diferentes formas?

A interação

1	**Larry Summers**	I don't see this as a University issue.
2	**Tyler Winklevoss**	Of course it's a University issue. There's a code of ethics and an honor code and he violated both.
3		
4	**Larry Summers**	You enter into a code of ethics with the University, not with each other.
5		
6	**Tyler Winklevoss**	I'm sorry President Summers, but what you just said makes no sense to me all.
7		
8	**Larry Summers**	[*sarcastically*] I'm devastated by that.

Disponível em: <http://www.moviequotesandmore.com/social-network-quotes-2.html>. Acesso em: 2 ago. 2011.

A estratégia

Acertou se você pensou que os participantes, por serem detentores de poder interacional diferente, se comportariam de formas diferentes para expressar "ideias desagradáveis" (a reclamação e a discordância).

Para entender melhor as razões por trás dessas diferenças, é preciso examinar o conceito de atos ameaçadores de face (*face-threatening acts*, em inglês). Para entender esse conceito precisamos retomar o conceito de face. Como vimos, a face de uma pessoa envolve a autoimagem de uma pessoa, incluindo a sua autopercepção nos âmbitos social e emocional e também a imagem que essa pessoa espera que os outros tenham dela. Existem dois tipos de face:

- face positiva: envolve a necessidade de conexão com os outros, de ser aceito como membro de um certo grupo, de saber que compartilha necessidades comuns com outros;
- face negativa: envolve a necessidade de liberdade de ação e independência de uma pessoa.

Atos ameaçadores de face são atos de fala que estabelecem algum tipo de ameaça a um dos interlocutores. Por exemplo, uma ordem é um ato ameaçador da face negativa do ouvinte, pois ameaça seu desejo de independência, de liberdade de ação, de não receber imposições dos outros. Uma crítica é um ato ameaçador da face positiva do ouvinte, pois afeta sua necessidade de ser benquisto pelo grupo. Ao pedir desculpas, um falante comete um ato ameaçador de sua própria face positiva, pois ao admitir que cometeu um erro ele/a corre o risco de ter sua imagem no grupo afetada negativamente. Ao aceitar fazer algo que não deseja, um falante tem sua face negativa (isto é, seu desejo de independência) ameaçada.

A fim de garantir a preservação de suas faces negativa e positiva, interlocutores fazem uso de diversas estratégias de polidez. Por exemplo, para se minimizar um ato ameaçador da face negativa do ouvinte, podem-se usar hedges como *maybe, perhaps* ou *just*. Para se minimizar um ato ameaçador da face positiva do ouvinte, pode-se evitar o uso de *you* (por exemplo, ao invés de dizer *I think you've made a mistake here*, diz-se, *I think there is a mistake here*).

A escolha das estratégias de polidez apropriadas numa interação está associada a noções de poder entre falantes e ouvintes. No caso do exemplo acima, obviamente o presidente da universidade detém um poder interacional mais intenso do que o aluno, e esse poder lhe permite cometer atos ameaçadores de face de forma direta, o que não acontece com o aluno, conforme os comentários a seguir:

Poder interacional é um poder relativo entre participantes de uma interação. Esse poder varia de interação para interação e não é detido de forma fixa por um indivíduo. Uma pessoa pode ter poder interacional superior a outros em uma situação de trabalho, mas não em outras situações. O mesmo acontece entre familiares, vizinhos, na escola etc.

Atos ameaçadores de face são as falas ou ações que ameaçam a autoimagem pública de uma pessoa, por exemplo, uma ordem ameaça a face do ouvinte; um pedido de desculpa ameaça a face do falante.

Hedges: são um tipo de *mitigating device*: palavras ou expressões que têm a função de suavizar ou enfraquecer o impacto do que é dito.

Atos ameaçadores de face: Discordâncias	Estratégia de polidez
Larry Summers I don't see this as a University issue.	Nenhuma; ele vai direto ao assunto.

Atos ameaçadores de face: Discordâncias	Estratégia de polidez
Tyler Winklevoss Of course it's a University issue. There's a code of ethics and an honor code and he violated both.	A primeira parte da discordância (a insistência começada com *Of course*) reforça a ameaça à face do ouvinte, mas o personagem minimiza a ameaça com a justificativa que propõe na segunda frase.
Larry Summers You enter into a code of ethics with the University, not with each other.	Nenhuma.
Tyler Winklevoss I'm sorry President Summers, but what you just said makes no sense to me all.	Uso de *hedges* (*I'm sorry, but*), particularização da não compreensão (*makes no sense to **him**, not necessarily to everyboby*).
Larry Summers [*sarcastically*] I'm devastated by that.	Nenhuma. Ao contrário, ele intensifica a ameaça através do uso de sarcasmo.

Sob o ponto de vista do aprendiz de inglês, é prudente ser indireto em casos que envolvam atos ameaçadores de face. Afinal, é mais seguro ser indireto do que direto demais e correr o risco de "destruir" a face do ouvinte!

A lista a seguir apresenta alguns recursos linguísticos que podem apoiar a introdução de um ato ameaçador de face, mas vale sempre ter em mente que esses recursos devem ser usados levando-se em consideração elementos contextuais, tais como as características do evento (se é formal ou informal; se ocorre frequentemente; onde ocorre etc.) e dos partipantes (relações de poder entre eles; idade; aspectos de hierarquia etc.).

- Excuse me, I'm afraid…
- Excuse me, there seems to be something wrong with…
- Look, I'm sorry to trouble you, but…
- I'm sorry to have to say this but…
- I'm sorry to bother you, but…
- We've got a bit of a problem here, you see…
- Don't get me wrong, but…
- Perhaps you could…?
- Do you think you could…?
- I wonder if you could…
- Would you mind (doing)…?
- Maybe you forgot to...
- I think you may have forgotten to...
- There may have been a misunderstanding but…
- Don't get me wrong, but I think we should...
- Wouldn't it be a good idea to/ not to…

Aplique a estratégia

1 > **a.** Para cada uma das situações abaixo, marque qual alternativa contém a fala mais apropriada.

Situação	Opção de fala (1)	Opção de fala (2)
No trabalho, você deixa cair água na mesa de um colega, molhando alguns papéis. Quando seu colega se aproxima, você diz:	Hi! I accidentally messed up some of your documents. I hope it's not too bad for you.	I'm so sorry I've dropped some water on your table; I've cleaned up everything but I'm afraid some papers are still wet…
Você divide o apartamento com uma pessoa. Pela segunda vez na semana, você encontra o banheiro molhado ao entrar para tomar banho.	Look, I've said this several times already, and won't say it again, but can you please control where you spill water, the whole bathroom is a mess!	I just walked into the bathroom and there's a big puddle on the floor; if it was you, is it possible to clean it before I shower? I have the same problem sometimes as well, that shower just doesn't keep the water in!
Seu colega de trabalho ficou de terminar um relatório que vocês estão escrevendo juntos, mas ao ler o texto final você não ficou muito satisfeito.	I just had a read of what you wrote for our presentation, and it looks good. I've made a few suggestions, do you want to have a read and see what you think?	I hope this isn't the final version, because it's horrible. You've had 3 weeks to write it and this is all you could come up with?
Você combinou com um colega de trabalho de se encontrar para um café no dia seguinte, mas está com o trabalho atrasado e gostaria de cancelar o encontro. Você sabe que seu colega desmarcou outro compromisso para poder sair com você.	Listen, I'm really sorry but is it ok to postpone our coffee for another time? It turns out I have a lot more work to do than I imagined. I know you cancelled a prior arrangement for this, so I really hope it doesn't affect your plans too much.	Hey, sorry to say this last minute but I'm going to have to cancel our meeting today. Hope you find a replacement as good as me! Speak soon.

b. Retorne às opções escolhidas, sublinhando as estratégias de polidez que as tornam mais apropriadas às situações.

2 > Leia o cartum e responda:

Disponível em: <http://www.garfield.com/comics/vault.html?yr=2010&addr=100301>. Acesso em: 25 jul. 2011.

a. Como você descreveria o sentimento do personagem no terceiro quadrinho? Justifique sua resposta com base no conceito de "face".

_____
_____

b. Imagine um cenário do seu dia a dia (uma conversa entre colegas de trabalho, por exemplo) em que você tem de responder um cumprimento. A forma utilizada por Garfield para responder ao cumprimento de seu dono seria apropriada no seu contexto imaginário?

_____

c. No contexto acima, haveria outras formas mais apropriadas de você indicar que não quer ser perturbado?

_____

Sugestões adicionais

- Para ler mais sobre atos ameaçadores de face, visite o *site* <http://logos.uoregon.edu/explore/sociolling/politeness.html>. No *site* <http://www.coerll.utexas.edu/methods/modules/pragmatics/01/facethreatening.php> você pode assistir a uma explicação em vídeo sobre o assunto, seguida da discussão de exemplos.
- Veja o vídeo em <http://www.youtube.com/watch?v=pHCG_ml3Ja4>. Nele você assiste (com legendas) a um professor de inglês falando sobre maneiras de se darem respostas negativas de maneira educada.
- No *site* <http://www.eslfast.com/robot/topics/dailylife/dailylife12.htm>, você pode ler e ouvir dois diálogos em que o cliente reclama com o cabeleireiro. Avalie as formas usadas para expressar descontentamento e suas consequências na interação.
- Assista em <http://www.eslpod.com/website/show_podcast.php?issue_id=2764356> formas de como dar notícias sobre saúde e expressar condolências.

10» INICIANDO E TERMINANDO UMA CONVERSA TELEFÔNICA

A situação

Você está estudando nos Estados Unidos e recentemente deu um pacote de café brasileiro para um professor que, apesar de apreciar a bebida, nunca tinha tomado café *made in Brazil*. Poucos dias depois de ter dado o presente, o telefone da sua casa toca; você atende, é o mesmo professor. Vocês têm uma breve conversa pelo telefone, mas ao final da conversa você não entende bem o que aconteceu: está com a impressão de que o professor ou não disse para que telefonou, ou não está muito bem da cabeça naquele dia. Mais grave ainda, acha que o professor foi rude ao terminar a conversa, dando um fim abrupto ao telefonema. O que aconteceu? Foi isso mesmo ou você deixou de usar alguma estratégia que poderia tê-lo levado a um melhor entendimento da situação?

A interação

1. *(Phone rings)*
2. **You** Hello.
3. **Caller** Hi. Can I speak with [*your name*], please?
4. **You** Speaking.
5. **Caller** Oh hi. Listen, that coffee you gave to me is really really good.
6. **You** Oh I'm glad you enjoyed it.
7. **Caller** Honestly it's really nice. Thanks again for that.
8. **You** No problem, glad you liked it.
9. **Caller** OK then. Will you be in class tonight?
10. **You** Yes, sure.
11. **Caller** All right then. I'll see you later.
12. **You** (*surprised, hesitantly*) OK… See you….
13. **Caller** Bye now.
14. **You** (*very confused*) Bye…

Interação baseada em observação e posterior anotação da autora.

A estratégia

O espanto da pessoa que recebeu o telefonema está relacionado com sua falta de conhecimento sobre rotinas conversacionais em conversas telefônicas em inglês. Se tivesse tal conhecimento, o falante brasileiro teria participado da interação de forma mais competente, sem sentir o estranhamento que o levou a não compreender qual era o assunto principal do telefonema. Mas de que conhecimento estamos tratando aqui?

O quadro abaixo resume a sequência (e minissequências) que tipicamente caracteriza uma conversa telefônica em inglês. Na coluna à direita vê-se como o diálogo acima se encaixa em tal caracterização:

ABERTURA ↓	Sequência da chamada e resposta → Sequência da identificação → Sequência do cumprimento → Sequência de *how are you*	Linhas 1-2 Linhas 3-4 Linha 5 (*hi*) (ausente)
ASSUNTO PRINCIPAL ↓		Linhas 5 (from *Listen*) -8
FECHAMENTO	Pré-fechamento → (Recapitulação) → (Pré-fechamento) → Fechamento	(ausente) (ausente) Linhas 9-12 Linhas 13-14

O estranhamento que a conversa causou ao falante brasileiro está pautado em diferenças interculturais sobre as formas convencionadas (e, portanto, tidas como "normais" e apropriadas) para se iniciar uma conversa telefônica. No Brasil, costuma-se inserir um longo preâmbulo antes de se iniciar o assunto principal. Na situação acima, o falante brasileiro entendeu a conversa sobre o café como preâmbulo (e não como assunto principal); portanto, esperava que, após tal conversa, o professor fosse ao assunto que o levou a fazer o telefonema. Como o tema "café" era o assunto principal e não o preâmbulo, o aluno ficou com a impressão de que o telefonema teve fim antes de chegar ao assunto principal.

Mal-entendidos como este estão relacionados com nossas expectativas culturais com relação a rotinas conversacionais, como já discutido. A boa notícia é que há mais semelhanças do que diferenças entre as sequências conversacionais em conversas telefônicas em inglês e no português brasileiro. As formas de se fazer o *opening* são semelhantes, e os *closings* também (mas os *closings* dos brasileiros tendem a ser mais longos, fazendo às vezes mais de uma recapitulação, e estendendo as sequências de pré-fechamento e fechamento). Em inglês, o pré-fechamento é geralmente composto de dois turnos, em que se diz *OK (then), All right (then)* com entonação descendente. O fechamento propriamente dito também é normalmente composto por dois turnos, e caracteriza-se pelo uso de *good bye, bye (bye), bye now*.

É importante lembrarmo-nos dessas sequências – e fazer uso delas – ao iniciar e fechar conversas em inglês. Muitas vezes os livros didáticos que usamos não retratam todos esses passos, e o que se vê geralmente nesses materiais são diálogos iniciados e fechados abruptamente, não sendo, portanto, realísticos. Para ter uma melhor impressão de como essas conversas acontecem em inglês, o ideal é observar conversas entre falantes nativos. Isso não sendo possível, procure observar cenas em filmes e/ou seriados de TV que envolvem conversas telefônicas.

Nesta seção tratamos de como iniciar e fechar conversas pelo telefone; na próxima seção vamos explorar uma estratégia semelhante: como se aproximar de um interlocutor e iniciar uma conversa.

Aplique a estratégia

1 > Leia os diálogos a seguir e escreva suas respostas no seu bloco de notas.

Diálogo 1

1. (*ring*)
2. **Recipient** Hello
3. **Caller** Hi Ida?
4. **Recipient** Yeah
5. **Caller** Hi, this is Carla
6. **Recipient** Hi Carla
7. **Caller** How are you?
8. **Recipient** Okay
9. **Caller** Good
10. **Recipient** How about you?
11. **Caller** Fine. Don wants to know...

Adaptado de Schegloff, E. The routine as achievement, in *Human Studies* 9: 115. 1986.

Diálogo 2

1 **Caller** …so if you can do that you'll do me a great favour
2 **Me** No problem at all, I'll do that.
3 **Caller** Thanks, Mrs Santos! (brief pause) Right then
4 **Me** OK
5 **Caller** Speak to you soon then
6 **Me** OK
7 **Caller** Bye now
8 **Me** Bye

Conversa telefônica entre a autora e o agente imobiliário que lhe telefonou para pedir um favor.

    a. No Diálogo 1, identifique os seguintes componentes:
Sequência da chamada e resposta ⟶ Sequência da identificação ⟶ Sequência do cumprimento ⟶ Sequência de *how are you*.
    b. No Diálogo 2, identifique quais desses componentes fazem parte da interação:
Pré-fechamento ⟶ (Recapitulação) ⟶ (Pré-fechamento) ⟶ Fechamento

2 > O diálogo a seguir foi retirado de um livro de inglês para estrangeiros. Leia o diálogo e responda:

1 **A** Hello. 276694.
2 **B** Hello. Can I speak to Jo, please?
3 **A** This is Jo speaking.
4 **B** Oh! Hi, Jo. This is Pat. I'm just ringing to check that Sunday is still OK for
5   tennis.
6 **A** Yes, that's fine.
7 **B** Great! See you on Sunday at 10. Bye!
8 **A** Bye!

Soars, Liz & John, *Headway Elementary*. Oxford: Oxford University Press, 1993. p. 122.

    a. Com relação aos elementos componentes da abertura de conversas telefônicas em inglês, quais estão presentes no diálogo? Quais estão ausentes?

    b. Com relação aos elementos componentes do fechamento de conversas telefônicas em inglês, quais estão presentes no diálogo? Quais estão ausentes?

    c. Como fazer para "melhorar" o diálogo acima, tornando-o mais plausível? O que poderia ser acrescentado, retirado ou modificado?

Sugestões adicionais

- Se você dá aulas de inglês, selecione algumas transcrições de conversas ao telefone em livros didáticos. Peça a seus alunos para comentarem e melhorarem o *script* tendo como base o esquema de sequências conversacionais discutido nesta seção.
- Uma boa leitura sobre *openings* em conversas telefônicas no contexto do ensino de inglês pode ser feita em Wong, Jean. "Applying" conversation analysis in applied linguistics: Evaluating dialogue in English as a second language textbooks. *International Review of Applied Linguistics (IRAL)* 40(1), p. 37-60, 2002. Para ler sobre uma sugestão prática para a sala de aula, preparada pela mesma autora do artigo acima, ver <http://exchanges.state.gov/media/oelp/teaching-pragmatics/wong3.pdf>.
- Para mais informações sobre o assunto, bem como listagens de expressões para iniciar e fechar conversas em geral, e exercícios extras, visite os *sites* <http://www.eslgold.com/business/useful_expressions/closing_conversation.html>; <http://www.bbc.co.uk/worldservice/learningenglish/radio/specials/1210_how_to_converse/page3.shtml> (este *link* inclui áudio) e <http://esl.wikidot.com/speaking01>.

11» ESTABELECENDO CONTATO COM UM INTERLOCUTOR

A situação

Você está com um amigo brasileiro em um restaurante nos Estados Unidos. O restaurante está cheio e seu amigo quer chamar o garçom. Ele faz tal chamado por duas vezes, quando o garçom passa por perto em direção a outras mesas. No entanto, as tentativas de estabelecer contato com o garçom não são bem-sucedidas, pois ele não percebe que está sendo chamado. Seu amigo lhe pergunta se ele está tentando chamar o garçom de forma adequada.

A interação

1 **Seu amigo** (*chamando o garçom que passa um pouco atrás*) Hi!
2   (*para você*) Acho que ele não me ouviu.
3   (*alguns segundos depois, quando o garçom se aproxima*) Hi!
4   (*para você*) Por que será que ele não me responde?

Interação baseada em observação e posterior anotação da autora.

A estratégia

Há vários aspectos a serem abordados na discussão desta estratégia. Comecemos pela decisão do falante de usar a estratégia: tal decisão foi correta diante do seu desejo de falar com o garçom. No entanto, a implementação da estratégia foi equivocada. Para chamar o garçom, o brasileiro (um carioca) traduziu literalmente uma forma comum de se dirigir a outras pessoas no Rio de Janeiro: através do uso de "Oi!". Ao usar a tradução literal (*Hi!*), o falante não atingiu seu interlocutor porque ele, diante da movimentação do restaurante, não estava com a atenção especialmente dirigida ao falante: ou o garçom não ouviu o chamado ou, se ouviu, provavelmente não associou o uso de *Hi!* a um pedido de aproximação feito pelo cliente. Em outras palavras, mesmo que tenha ouvido o chamado, ele possivelmente imaginou que o cliente estava cumprimentando alguém em outra mesa.

Em inglês, *hi* tem a função de realizar cumprimentos informais, mas não tem a função (como "oi" tem em certos contextos no Rio de Janeiro) de chamar uma pessoa para iniciar uma interação. Ao usar a tradução literal de um termo em outra língua não há garantias de que se vá realizar a mesma função comunicativa. Corre-se o risco, como aconteceu nesse caso, de cometer o que se chama de pragmalinguistic failure, isto é, o uso de uma forma linguística traduzida "ao pé da letra" para outra língua em que tal expressão não expressa a mesma intenção. Outros exemplos de *pragmalinguistic failure* seriam: dizer *Health!* (pensando-se em "Saúde!") ao se fazer um brinde, ao invés de *Cheers!*; dizer *Congratulations* para se desejar parabéns pela comemoração de um aniversário. Apesar de em português dizermos "Parabéns!", a tradução literal não funciona em inglês: nesses casos, diz-se *Happy birthday!*

"Pensar em português" pode gerar esses problemas ao se falar em inglês. No caso acima, para chamar o garçom, o brasileiro deveria ter dito algo como *Excuse me, can you help us here please?* (Note-se o uso de *please*, *excuse me* e *can* como marcas de polidez para suavizar o ato ameaçador da face negativa do garçom que um chamado envolve).

Para chamar a atenção de um estranho, ou numa situação como esta no restaurante, deve-se sempre iniciar a fala em inglês com *Excuse me*. Essa recomendação vale, por exemplo, para se aproximar de alguém na rua e pedir informações (*Excuse me, where is London Road?/ Excuse me, can you tell me what time it is?*). Ao fazermos tais pedidos de informação a um estranho, não devemos usar entonação ascendente, para não soarmos agressivos e invasivos na nossa tentativa de contato. Não devemos, também, tocar a pessoa com quem falamos, pois os falantes de inglês tendem a ter sua space bubble maior que a dos brasileiros (voltaremos a tratar de questões paralinguísticas na próxima seção).

Outras situações vão requerer outras estratégias (verbais e não verbais) para se estabelecer contato com um interlocutor. Vejamos duas delas:

Pragmalinguistic failure é um problema linguístico que ocorre na interface entre o que é dito e o que se pretende dizer, quando um falante inadequadamente transfere recursos usados na sua língua materna a fim de expressar uma intenção em língua estrangeira.

Space bubble é a área ao redor de uma pessoa que seus interlocutores não devem "invadir" para não criar desconforto a quem fala. Essa área varia de cultura para cultura.

Com quem você quer estabelecer contato	O que você diz	Comentários adicionais
Um amigo que você encontra na rua acidentalmente	Hey, how's it going? Long time no see! What a surprise!	Uma situação informal como essa permite maior contato físico como um tapinha no ombro, um abraço, ou mesmo um beijo, se você for uma mulher. O tom das expressões também pode ser mais efusivo.

Uma pessoa a quem você acabou de ser apresentado/a numa festa, antes de se criar um "hiato" na comunicação	This party is lovely, isn't it? Have you seen [Mary] already? So, [where do you work?]	Nessa situação, são apropriados assuntos sobre o contexto imediato (nesse caso, a festa) ou sobre pessoas e/ou fatos de cujo conhecimento os interlocutores compartilham (no caso, *Mary*). Há a possibilidade de iniciar um assunto novo, e para tal o uso de *so* inicial é recomendável.

Ao estabelecer contato com um interlocutor é importante evitar perguntas ou comentários que sejam ameaçadores de face (por exemplo, *How much do you earn?, Why are you here?, Your suit is dirty.*). Comentários pessoais (por exemplo, *I like your haircut*) são apropriados apenas quando você conhece a pessoa. Na dúvida, fique restrito a tópicos neutros como *the weather, the view, the furniture*.

Atenção a convenções paralinguísticas também é importante ao se estabelecer contato com um interlocutor: mantenha contato visual, use tom de voz amigável, sorria. Tudo isso vai fazer com que a sua aproximação seja mais bem recebida.

Aplique a estratégia

1 > A seguir listamos algumas formas inadequadas para se estabelecer contato com interlocutores. Para cada uma delas, responda: qual é o problema? Como a aproximação poderia ser melhorada?

a. Chamando o garçom num restaurante: *Hey, buddy, come over here, please.*
_____

b. Pedindo informação na rua a um estranho: *Where's the cathedral?*
_____

c. Encontrando um amigo na rua: *Do you have time for a coffee?*
_____

d. Ao chegar ao dentista, você diz à recepcionista, que não está olhando para você: *My name's Sharon Cook and I have an appointment with Dr. Carter at 3:40.*
_____

e. Ao ver na rua um amigo de seu amigo, que você mal conhece: *Hi, good to see you. Gosh! You've lost weight!*
_____

2 > a. Complete cada um dos trechos abaixo com uma das opções a seguir:

| Do I know you? | Oh, that's very nice of you, thank you. |

Trecho 1

01:37:58	The killer gets shot in the chest.
01:38:01	That's how it ends.
01:38:04	_____?
01:38:05	I'm Robert Graysmith. I work at the Chronicle with Paul Avery.
01:38:08	Dave Toschi. Nice to meet you.

Trecho do filme *Zodiac*, disponível em: <http://www.subzin.com/>. Acesso em: 25 jul. 2011.

Trecho 2

Young Boy with Coffee   Excuse me, I happened to be passing, and I thought you might like some coffee.

Little Girl   _____?

Trecho do filme *Airplane*, disponível em: <http://www.imdb.com/title/tt0080339/quotes?qt0484152>. Acesso em: 25 jul. 2011.

b. Justifique suas respostas. _____

3 > Releia a interação ilustrada na Estratégia 3, "Esclarecendo a pronúncia de uma palavra". Identifique o elemento que a personagem Dina utiliza para iniciar a conversa. _____

Sugestões adicionais

- Para ler mais sobre o tema, visite os *sites* <http://www.talkenglish.com/LessonDetails.aspx?ALID=429>; <http://www.englishlci.com/blog/essentials-for-esl-students-the-three-best-ways-to-start-a-conversation/>; <http://www.esl-lab.com/eslbasic/conversation-starters-1.htm> (este *link* contém exemplos em áudio); <http://www.eslteachersboard.com/cgi-bin/motivation/index.pl?page=6;read=447>. (Neste *link*, o autor do texto considera diferentes interlocutores e diferentes formas de se aproximar de cada um deles.)
- Se você dá aulas de inglês, use diálogos transcritos ou gravados em livros didáticos e peça a seus alunos que observem e analisem as formas usadas para se estabelecer contato com interlocutores: elas são abruptas demais? Elas podem ser melhoradas? Se sim, de que forma?
- Faça um trabalho de "Language Detective" observando, por uma semana, como você estabelece contato com um interlocutor (estranho ou conhecido). Repare o que você diz, como diz (tom de voz, gestos etc.) e reflita sobre as diferentes formas que você usa para estabelecer esses contatos, e por quê. Essa autoavaliação do seu uso da língua portuguesa pode auxiliá-lo a desenvolver uma conscientização sobre usos da linguagem que pode ajudá-lo a se comunicar melhor também numa língua estrangeira.

12» USANDO COMUNICAÇÃO NÃO VERBAL PARA SE COMUNICAR

A situação

Você está num açougue na Inglaterra. A fila está mal organizada; os clientes formam mais "um bolo de pessoas" do que uma fila propriamente dita. Você quer dois quilos de peito de frango e já fez seu pedido; mas você pediu também outras coisas e o atendente precisa confirmar quanto de peito de frango você quer. Devido ao barulho e ao tumulto, você responde ao mesmo tempo em que faz um gesto para indicar "dois". Você nota que o açougueiro e as pessoas ao seu redor olham para você com um olhar de espanto e reprovação. Será que você fez algo errado?

A interação

1	**You**	Can I have two kilos of chicken breast
2		and a kilo of beef skirt please?
3	**Butcher**	Certainly, my love. (*Ele pega o pedaço de*
4		*fraldinha e dirige-se ao fundo do açougue*
5		*para cortar a quantidade pedida.*)
6	**Butcher**	(*Depois de um tempo retorna com a*
7		*fraldinha já cortada e se dirige ao local*
8		*onde estão os peitos de frango, olhando*
9		*para você a distância.*) How much chick-
10		en breast did you say you want?
11	**You**	Two kilos. (*indicando dois com a mão,*
12		*como na imagem ao lado*) Two.

Interação baseada em observação e posterior anotação da autora.

A estratégia

Você não fez nada errado ao fazer sua comunicação verbal (usando a palavra *two*) ser acompanhada de comunicação não verbal (usando um gesto que, para você, tem o mesmo significado do que foi dito). Desta forma, o problema na interação não foi ter usado linguagem não verbal, mas sim ter usado um gesto que pode ser interpretado de diferentes formas: o gesto usado significa "dois" para brasileiros, mas para britânicos ele é ofensivo. Para indicar "dois" em inglês, deve-se manter a palma da mão para fora, como na imagem ao lado.

Ao usar comunicação não verbal em inglês, é importante ter certeza das mensagens que passamos, já que nem sempre há equivalência de sentidos nesse tipo de comunicação entre duas línguas, como ilustra o gesto que foi usado na situação acima.

Comunicação não verbal não envolve apenas gestos feitos com as mãos; envolve, também, outros comportamentos que carregam significado, mas não incluem articulação de sons ou palavras, tais como:

Formas de comunicação não verbal	Exemplos e/ou descrição
Movimento corporal	Como nos movimentamos: andando, pulando, saltitando, andando nas pontas dos pés etc.
Posição corporal/Postura	Como sentamos (eretos, encurvados, pernas cruzadas ou não etc.), como ficamos de pé (eretos, encurvados, mãos na cintura etc.)
Proximidade física	A distância que mantemos de outras pessoas
Vestuário	O tipo de roupa e acessórios que usamos
Toque	Beijos, abraços, tapas, toques rápidos, carinhos, apertos de mão, ficar de mãos dadas
Olhar	Se olhamos brevemente, fixamente, disfarçadamente, se evitamos o olhar
Gestos	Acenar, apontar, fechar os punhos, abrir os braços etc.
Expressão facial	Franzir a testa, abrir os olhos, levantar as sobrancelhas, sorrir, fazer caretas etc.

Um estudo clássico, feito pelo psicólogo social inglês Michael Argyle em 1970, demonstrou que interlocutores tendem a priorizar o que é comunicado através de comunicação não verbal em comparação com o que é realmente dito. O psicólogo chegou a essa conclusão após realizar um estudo com estudantes universitários que utilizou os seguintes procedimentos: ao final de uma sessão que, para os estudantes, tinha sido o experimento para o qual tinham se voluntariado, pediu-se uma das duas coisas a eles: (1) Que ficassem e conversassem um pouco, porque tinha sido um prazer trabalhar com eles; (2) Que fossem embora rápido para não fazer com que os pesquisadores perdessem mais tempo com eles. Ambos os pedidos foram feitos acompanhados de um tipo de comportamento não verbal por parte dos pesquisadores: ou eles sorriram, apertaram as mãos e mantiveram contato visual com os estudantes; ou eles evitaram contato visual e toque ao falar.

Em outras palavras, os comentários dos pesquisadores envolviam dois tipos de comportamento verbal, um positivo (1) e outro negativo (2). Envolviam, também, dois tipos de comportamento não verbal, um positivo (com sorrisos, aperto de mão e contato visual) e outro negativo (sem contato visual ou toque), o que gerou quatro combinações diferentes, conforme indicado a seguir:

Combinação	Comportamento verbal	Comportamento não verbal
A	+	+
B	+	-
C	-	+
D	-	-

(+ = positivo; - = negativo)

Ao final do experimento pediu-se aos estudantes que comentassem se os pesquisadores tinham sido simpáticos ou não ao se despedir. A percepção dos estudantes em (A) e (C) foi que os pesquisadores tinham sido simpáticos; em (B) e (D), que tinham sido antipáticos.

De acordo com esses resultados, concluiu-se que o que é comunicado não verbalmente pode ser priorizado no entendimento do interlocutor: como visto na combinação (B), um comportamento verbal positivo acompanhado de um comportamento não verbal negativo foi percebido, em geral, como negativo. Paralelamente, como visto em (C), um comportamento verbal negativo acompanhado de um comportamento não verbal positivo foi percebido como positivo. Esse estudo tornou-se referência para pesquisas em paralinguagem e foi reproduzido inúmeras vezes, com resultados similares. Concluímos, então, que é importante prestarmos atenção ao uso de comunicação não verbal ao falarmos em inglês!

Apesar de haver semelhanças entre o que é percebido como usos "positivos" e "negativos" de paralinguagem, há diferenças nas percepções de alguns aspectos, em diferentes países. De modo geral, em países anglófonos, a quantidade (e intensidade) dos gestos dos brasileiros é considerada exagerada. Ao falar em inglês (especialmente se estamos fazendo uma apresentação oral) é aconselhável tentar evitar o uso exagerado de gestos com as mãos. Esse uso pode distrair nosso interlocutor e desviar sua atenção do que estamos querendo comunicar.

> **Anglófonos** são os falantes de inglês.

É importante atentar para outros padrões de comportamento não verbal que divergem nas duas línguas. Nos Estados Unidos, é esperado que se mantenha uma distância física entre falantes (*space bubble*) maior do que se costuma manter no Brasil. Outros países anglófonos (o Reino Unido, a Austrália, a Nova Zelândia) têm expectativas diferentes: neles, as pessoas costumam conversar mantendo distância menores que os americanos (mas maiores que os brasileiros).

Ao tirar conclusões de como os falantes de inglês fazem uso de paralinguagem, é bom evitar generalizações. Esses comportamentos podem variar de uma região para outra ou mesmo de um grupo social para outro. Como discutido a respeito de outras estratégias, é sempre conveniente observar como as pessoas com quem nos relacionamos usam seu olhar, seu toque, seu corpo etc. para comunicar e ir fazendo hipóteses, verificando-as, e tirando conclusões continuamente.

Ao decidir como usar paralinguagem ao falar inglês, procure acompanhar o que é feito ao seu redor, sem perder sua identidade. Você é a melhor pessoa para julgar o que deve incorporar, ou mudar, com relação ao que faz ao se comunicar em português e em inglês. De qualquer forma, vale pensar sobre isso porque esta estratégia está, de certa forma, interligada com a maioria das estratégias discutidas neste livro.

Aplique a estratégia

1 > a. Vá ao *link* <http://www.youtube.com/watch?v=OUQAeGkhsoY&feature=related> (Seriado *Friends*, Season 10, Episode 8, *The One With The Late Thanksgiving*) e veja o vídeo sem som. Ao final da cena, responda: o que você consegue compreender? Você consegue imaginar o que está sendo dito?

_____

_____

  b. Veja o vídeo novamente, desta vez com som e confira suas previsões.
  c. Explique o humor na parte em que o personagem tenta se comunicar através do olhar.

_____

_____

2 > **a.** Numa conversa no Brasil, quais gestos acompanhariam um diálogo em que você quisesse falar sobre problemas no trajeto com o ônibus e sobre planos para comer? Anote suas ideias em seu bloco de notas.
 b. Veja o vídeo e verifique suas previsões:
  <http://www.youtube.com/watch?v=JOOWvW7WK0Y> *(Brazilian body language).*
 c. Reflita: em inglês, como seria essa conversa considerando-se o uso de comunicação não verbal? Anote suas ideias em seu bloco de notas.

Sugestões adicionais

- Para observar o uso de comunicação não verbal, veja filmes (ou cenas de filmes) com o personagem Mr Bean. Um exemplo clássico para essa observação é uma cena de restaurante no filme *Cracking Up*, de Jerry Lewis, disponível em <http://www.youtube.com/watch?v=J5MpO9grPpk>.
- Para ler mais sobre a estratégia, explore os *sites* <http://www.brighthub.com/education/languages/articles/79479.aspx> e <http://www.nacada.ksu.edu/clearinghouse/AdvisingIssues/body-speaks.htm>.
- No *link* <http://www.youtube.com/watch?v=CWUcGgSolw4> você pode ver um vídeo informativo e divertido em que pessoas de nacionalidades diferentes comentam o que os mesmos gestos significam em seus países.
- Em <http://www.youtube.com/watch?v=2hlwmq8_OaU> você tem acesso a um vídeo sobre gestos americanos.
- Para ler mais sobre *bubble space* na cultura americana, visite <http://en.wikipedia.org/wiki/Body_contact_and_personal_space_in_the_United_States>.

13» OBSERVANDO A PRONÚNCIA DE PALAVRAS QUE COSTUMAM CAUSAR DIFICULDADES PARA OS BRASILEIROS

A situação

Um brasileiro conversa com uma inglesa, em inglês. Eles falam sobre seus nomes e as origens dos mesmos. O nome do brasileiro é Vidal, e ele explica à sua amiga que seu nome teve origem no nome de um navio. Pela reação não verbal da ouvinte após tal esclarecimento, o brasileiro percebe que algo errado aconteceu na interação, mas ele não sabe apontar o que foi, nem o que poderia ser feito para reparar a situação.

A interação

1	**Brasileiro**	So your name is Violet because that was your grandma's name.
2	**Inglesa**	Yes, that's right.
3	**Brasileiro**	Cool. I'm named after a ship (*pronuncia a palavra como sheep*).
4	**Inglesa**	(*surpresa*) A sheep?
5	**Brasileiro**	Yes, a ship (*novamente, o falante pronuncia a palavra como sheep*).

Interação baseada em fato real, relatado à autora pela inglesa que participou da interação original.

A estratégia

Para explicar que seu nome tinha origem no nome de um navio, o brasileiro deveria ter dito a palavra *ship* e não *sheep*. A pronúncia de *ship* é composta por três sons: a consoante inicial /sh/ e a consoante final /p/, entre as quais há um som vocálico muito breve e curto: /I/. A língua inglesa, diferentemente da língua portuguesa, distingue significados através do uso de sons vocálicos longos ou curtos. Em outras palavras, ao pronunciar a vogal /i/, através da articulação de um som longo, o falante produziu a palavra *sheep* (carneiro) e não a palavra *ship* (navio), o que tornou o seu comentário, digamos assim, curioso e pitoresco!

Essa "dupla de palavras" cujo sentido é diferenciado apenas por um som é chamada de par mínimo (*minimal pair*, em inglês). A tabela a seguir mostra alguns *minimal pairs* cujo sentido é diferenciado pelo uso de vogais longas ou breves:

Long vowel /i/ /u/	Significado	Short vowel /ɪ/ /ʊ/	Significado
beat	bater	bit	pedaço
meal	refeição	mill	moinho
seal	selar	sill	parapeito
feat	façanha	fit	em boa forma
leap	saltar	lip	lábio
seat	assento	sit	sentar-se
reach	alcançar	rich	rico
fool	tolo	full	cheio

Monitoramento é o processo de observação e análise dos nossos erros, dificuldades, estados mentais, recursos utilizados ao falar, entre outros.

Fonemas são unidades mínimas de som que distinguem significado em uma língua. Por exemplo, /t/ e /d/ são fonemas em inglês, pois distinguem termos como *ten* e *den*.

Você pode estar se perguntando qual é a relevância desta discussão no contexto de um livro sobre *speaking strategies*. A resposta a essa pergunta envolve a noção de monitoramento ao falar em inglês, pois devemos estar sempre atentos ao que produzimos ou estamos por produzir oralmente, e alguns aspectos que devem ser especialmente monitorados durante a fala são os que envolvem potenciais dificuldades. Palavras em inglês que usam fonemas que não existem em português e pares mínimos em inglês que apresentam contrastes que não existem em português provavelmente causarão dificuldades ao brasileiro que aprende inglês, e seu monitoramento é uma estratégia de fala importante, já que podem causar mal-entendidos como os ilustrados na situação acima.

Outros aspectos da pronúncia da língua inglesa que tendem a causar dificuldades para o brasileiro são:

- Falantes de português brasileiro tendem a inserir um som vocálico final ao pronunciar palavras que terminam com alguns sons consonantais. Ao falar *United, Internet, sit, mouse, I-pod, Reebok, laptop, rock, funk*, os brasileiros têm a tendência de pronunciar (incorretamente) *United-y, Internet-y, sit-y* (como a pronúncia da palavra "city"), *mouse-y, I-pod-y* (como "pode", em português), *Reebok-y, lap-y-top-y, rock-y, funk-y*.

- Da mesma forma que tendem a inserir um som vocálico ao final de palavras que terminam com algumas consoantes, os brasileiros têm a tendência de inserir vogais iniciais (incorretamente) em palavras que começam pela letra S. Assim, tende-se a dizer "i-special" para *special*, "i-states" para *States*, "i-station" para *station*.
- Brasileiros têm dificuldade em pronunciar os sons /θ/ (som inicial em *think*) e /ð/ (som inicial em *then*). Como esses sons não existem em português, os brasileiros têm a tendência de pronunciá-los como /s/ (e aí *think* vira *sink*) ou /d/ (e aí *then* vira *den*). Para se produzir esses sons temos de pôr a língua entre os dentes. Para praticar, tente dizer "<u>S</u>opa de ma<u>ss</u>inha com maçã, <u>s</u>im <u>s</u>enhora", produzindo os sons sublinhados com a língua entre os dentes. Se você consegue fazer isso, então conseguirá dizer *This thought is thrilling for them; the other one is threatening for those who go through thousands of things, don't you think?*
- O som *schwa* /ə/, como em <u>a</u>bout, é o som mais comum em língua inglesa. Apesar de ele ser de fácil produção (é um som curto e neutro, produzido se abrimos ligeiramente nossa boca e deixamos o ar sair naturalmente), ele causa dificuldade para os brasileiros por não existir na variante do português brasileiro.
- O som /æ/, como em m<u>a</u>n, também causa dificuldades ao falante brasileiro pelo mesmo motivo. Por não usarem tal som em português, os brasileiros têm dificuldade de produzir o som (o que deve ser feito deixando-se a mandíbula "cair", ou seja, fazendo o queixo cair, como que expressando surpresa). A dificuldade dos brasileiros com esse som não se detém à sua produção: há dificuldades, também, na sua percepção. Como /æ/ distingue significado em inglês, os brasileiros têm dificuldade em perceber a diferença entre *man* e *men*, *pan* e *pen*, *laughed* e *left*, *bat* e *bet*, *had* e *head*, *sad* e *said*, *dad* e *dead*, *kettle* e *cattle* entre outros.
- Ao falar *Ted*, *pie* e *kale*, brasileiros tendem a ser mal entendidos, pois há grandes chances de essas palavras serem ouvidas por um falante nativo de inglês como *dead*, *bye* e *gale*. Isso acontece porque os sons /p/, /t/ e /k/ iniciais, em sílaba tônica, são seguidos de uma pequena aspiração em inglês, o que não acontece em português. Produzidos sem a aspiração, falantes de inglês tendem a não perceber esses sons como /p/, /t/ e /k/, mas sim como /b/, /d/ e /g/. Para praticar essa aspiração, leia as palavras a seguir em voz alta com uma folha de papel à frente de sua boca: *pen, pet, park, Paul, tin, ten, tow, tart, cat, kart, Ken, car*. Se a folha não se mover quando você pronunciar os sons iniciais, você não está produzindo a aspiração adequadamente.

A lista acima não é exaustiva. Ela contempla apenas algumas das dificuldades que os brasileiros encontram ao pronunciar sons da língua inglesa. Além de estar atento a essas dificuldades, procure

---

Sílaba tônica (*stressed syllable*, em inglês) é a sílaba mais forte de uma palavra, por exemplo, -nit- em *United*, -tel em *hotel*.

Aspiração: em Fonética, refere-se a um "sopro" de ar produzido junto com outros sons. Em inglês, /p/ inicial é acompanhado de uma aspiração, o que faz com que a palavra *pie* (em inglês) não tenha a mesma pronúncia que a palavra "pai" (em português).

aprender mais sobre o assunto (prestando atenção a como outras pessoas falam, lendo sobre o assunto, fazendo exercícios).

Ao falar, esteja atento a essas dificuldades, monitorando-as, mas não deixe esse monitoramento paralisar a sua fala. O ponto não é procurar a perfeição em cada uma das palavras que falamos, mas sim identificar possibilidades de aprimoramento e trabalhar nessas melhoras.

Nesta seção, tratamos de monitoramento de dificuldades envolvendo pronúncia. Mais adiante neste livro, vamos focalizar outros tipos de dificuldade (vocabulário, gramática) e seu monitoramento.

Aplique a estratégia

1 > Vá ao *site* <http://www.howjsay.com/> e, para cada uma das locuções a seguir, siga os procedimentos:

United States of America	a long time ago
mom and dad	don't know
a friend of mine	do you mind if
other than	politically correct
spring onions	sick and tired
mind your own business	excuse me
a thousand	keep in touch

a. Digite a locução e ouça sua pronúncia.
b. Ao ouvir, identifique um ou mais sons que tendem a lhe causar dificuldade.
c. Ouça de novo e repita junto com o áudio.
d. Se possível, grave sua leitura desse vocabulário e ouça a gravação para avaliar a sua pronúncia. Ao ouvir nossa voz de uma fonte externa, temos uma melhor percepção de como as outras pessoas de fato nos ouvem.

2 > Veja o vídeo em <http://www.youtube.com/watch?v=qez0HC8fGJo&NR=1> e responda:
a. Quais são as maiores dificuldades de pronúncia de inglês para o falante de francês na cena?
_____
_____

b. Quais dificuldades de pronúncia a sentença *I would like to buy a hamburguer* apresentaria para um brasileiro?
_____
_____

Sugestões adicionais

- No livro *Leaner English*, os autores Michael Swan e Bernard Smith descrevem as dificuldades que a língua inglesa causa para falantes de várias línguas. Tais dificuldades são discutidas não apenas quanto à fonologia, mas também ortografia, gramática, vocabulário e paralinguagem. No capítulo *Portuguese Speakers*, seção *Phonology*, pode-se ter um entendimento sucinto (mas abrangente) das dificuldades em pronúncia que a língua inglesa causa para falantes de português em geral e brasileiros em particular.
- Para ler e ouvir sobre dificuldades que a pronúncia do inglês americano causa ao falante de português, explore os *links* a seguir. O primeiro trata de sons vocálicos; o segundo, de sons consonantais: <http://www.pronuncian.com/Podcast/Default.aspx?Episode=127> e <http://www.pronuncian.com/Podcast/Default.aspx?Episode=129>.
- Se você dá aulas de inglês, um ótimo vídeo para ser usado com seus alunos é o episódio *Lucy Hires an English Tutor* da série *I Love Lucy* (*Season 2, Episode 18*), em que um personagem de origem cubana tem dificuldade com a pronúncia das palavras terminadas em *-ough* em inglês. Os brasileiros têm dificuldades similares! O vídeo está disponível em <http://www.youtube.com/watch?v=osK2qKA5pZw&feature=related>.
- Para ler e ouvir sobre o som *schwa*, visite o *site* <http://www.bbc.co.uk/worldservice/learningenglish/grammar/pron/features/schwa/>.

14» LENDO TEXTOS EM VOZ ALTA

A situação

Você dá aulas de inglês e vem percebendo que, ao ler em voz alta, seus alunos leem sem expressão, tornando a leitura difícil de ser seguida por aqueles que ouvem. Você tem a ideia de pedir-lhes para ouvir e analisar o áudio de uma leitura de uma história infantil, mas fica na dúvida: "De que forma a análise de uma leitura em voz alta pode ser trabalhada para desenvolver uma estratégia de fala?"

A interação

1 Once upon a time there were Three Bears, who lived together in a house of their
2 own in a wood. One of them was a Little, Small, Wee Bear; and one was a Middle-sized
3 Bear, and the other was a Great, Huge Bear. They had each a pot for their porridge, a
4 little pot for the Little, Small, Wee Bear; and a middle-sized pot for the Middle Bear; and
5 a great pot for the Great, Huge Bear. And they had each a chair to sit in; a little chair for
6 the Little, Small, Wee Bear; and a middle-sized chair for the Middle Bear; and a great
7 chair for the Great, Huge Bear. And they had each a bed to sleep in; a little bed for the
8 Little, Small, Wee Bear; and a middle-sized bed for the Middle Bear; and a great bed for
9 the Great, Huge Bear.

Disponível em: <http://storynory.com/2006/01/16/goldilocks-and-the-three-bears/>. Acesso em 8 nov. 2011.

A estratégia

Retomando a pergunta feita ao final da descrição da situação acima: é muito boa ideia, sim, pedir a aprendizes que analisem leituras em voz alta com vista a identificar formas de melhorar sua própria leitura. É necessário ressaltar, porém, que o objetivo principal de leituras em voz alta ao aprendermos inglês (seja na sala de aula, seja na nossa casa, ou em qualquer outro cenário) não é desenvolver habilidades de atores, oradores ou locutores, mas, sim, criar oportunidades para a expressão oral ao redor de um texto previamente definido, o que faz com que o falante possa se preocupar "apenas" com outros aspectos relacionados ao ato de falar, tais como:

- Volume: ao ler em voz alta, não se deve ler baixo demais, murmurando o texto, nem se deve gritar: deve-se decidir qual o volume apropriado ao contexto da leitura, e ir fazendo os ajustes necessários de acordo com a situação.
- Velocidade: uma leitura em voz alta não deve ser lenta, nem rápida demais; deve ter velocidade que permita entendimento dos locutores, sem deixar os ouvintes entediados. Estima-se que uma fala tenha velocidade média quando há cerca de 150 palavras por minuto. Falas lentas têm cerca de 100 palavras por minuto; falas moderadamente rápidas, cerca de 200 palavras.
- Atenção às pausas: ao ler em voz alta, é importante fazer pausas periódicas, nos pontos certos. Em monólogos, as pausas são necessárias para dar aos ouvintes tempo de processar o que está sendo dito; em diálogos, uma pausa pode sinalizar hesitação, dúvida, ou pensamento paralelo por parte do falante.
- Ênfase nos pontos certos: uma boa leitura em voz alta saberá enfatizar o que é mais importante. Essa ênfase pode ser feita verbalmente (com maior tom e/ou volume na fala) ou não verbalmente (através de gestos ou expressões faciais).
- Expressão: se o texto é sério, o leitor deve apresentar seriedade; se é cômico, o leitor deve agir da mesma forma. Outras expressões, como surpresa, raiva, dúvida, estupefação, devem estar presentes numa boa leitura em voz alta.
- Contato visual: a leitura de um texto em voz alta deve incluir, por parte de quem lê/fala, contato visual com os interlocutores. Essa leitura deve ser entendida – e realizada – como uma fala espontânea, com a diferença de que o texto está pronto.

Ao acessar o *link* para o áudio que acompanha o texto reproduzido acima, pode-se perceber que a leitora está atenta para várias das condições comentadas acima: ela usa volume de voz adequado, expressão neutra e velocidade de fala média (são 147 palavras lidas em 71 segundos).

Ao ler em voz alta, a leitora também respeita as pausas indicadas pelos sinais de pontuação: pausando mais longamente quando há pontos finais, fazendo pausas menores quando há ponto e vírgula, e ainda menores quando há vírgulas. Além dessas pausas predefinidas pelo texto escrito, a leitora faz uma pequena pausa no início de sua leitura, após "Once upon a time": essa decisão estabelece com precisão a fronteira entre a locução que tipicamente introduz histórias infantis e a história propriamente dita, o que dá ao ouvinte um tempo para fazer sentido da locução e construir um entendimento de que o que está para ser falado em seguida será uma história (e não uma oração, ou um discurso político, ou a leitura das notícias do dia, entre outros). Além disso, a leitora usa ênfase adequada em pontos importantes do texto: ao apresentar os personagens, ela enfatiza "three" (linha 1), antecipando que a história girará em torno de três eixos. Essa ideia é reforçada pela ênfase dada

Tipos de texto (*text types*, em inglês) são categorias usadas para descrever diferentes textos de acordo com seu propósito comunicativo, por exemplo, texto narrativo, texto argumentativo, texto persuasivo.

Gêneros textuais (*textual genres*, em inglês) são realizações linguísticas, orais ou escritas, estabelecidas em um grupo social. Essas realizações são reconhecidas e produzidas pelos membros do grupo a partir de suas convenções de forma e conteúdo. Alguns exemplos são palestras, aulas, conversas informais, entre outros.

às caracterizações dos três ursos. Em todas as vezes que os ursos são mencionados, seu tamanho de certa forma corresponde à força da ênfase de suas caracterizações: "little, small, wee" (linhas 2, 4, 6 e 8) são lidas numa sequência, com pequena ênfase; "middle" (linhas 2, 4, 6 e 8) tem ênfase um pouco maior; finalmente, "great, huge", também lidas em sequência (linhas 3, 5, 7 e 9) são articuladas com ênfase ainda maior. Todas essas características tornam a "fala" clara e envolvente: apesar de não vermos a pessoa que fala, ela consegue estabelecer um diálogo com quem ouve sua leitura em voz alta de forma eficiente, como se estivesse presente numa interação face a face.

Como visto acima, leituras em voz alta envolvem diversos elementos que devem ser considerados na criação de envolvimento em interações face a face. Nesse sentido, essas leituras se configuram como estratégia de comunicação e de aprendizagem, já que oferecem ao leitor-falante oportunidades de praticar importantes aspectos relacionados à expressão oral. Para maximizar os benefícios dessa estratégia, deve-se procurar ler em voz alta diferentes tipos de texto e também procurar variação nos gêneros textuais lidos. Obviamente, devem-se priorizar textos que costumam ser expressos oralmente: em outras palavras, ler um recibo de compra em voz alta tem menor propósito comunicativo do que ler o *script* de um filme ou peça de teatro.

Aplique a estratégia

1 > Leia os minidiálogos a seguir em voz alta. Leia as reações com a expressão devida.

a.
A What's the matter with you?
B I'm exhausted.

b.
A What's the matter with you?
B I'm fed up.

c.
A I've got a new job.
B (*surpreso*) Really?

d.
A I've got a new job.
B (*em tom sarcástico*) Really?

e.
A I passed my exam.
B (*entusiasmado*) Fantastic!

f.
A I passed my exam.
B (*sem entusiasmo*) Fantastic.

2 > Leia as frases, pondo ênfase nas palavras destacadas.
  a. My *sister* bought that CD yesterday.
  b. *My* sister bought that CD yesterday.
  c. My sister *bought* that CD yesterday.
  d. My sister bought *that CD* yesterday.
  e. My sister bought that CD *yesterday*.

3 > Leia em voz alta um texto de sua escolha (pode ser uma das interações deste livro, por exemplo). Grave sua leitura em áudio (se for possível gravar em vídeo, melhor ainda) e depois ouça sua leitura, avaliando-a: como foi o seu desempenho nas áreas mencionadas na tabela? Para cada uma das áreas, marque a coluna apropriada com um X.

	I DID VERY WELL ☺	MY PERFORMANCE WAS SO-SO 😐	I DIDN'T DO WELL ☹
Volume			
Velocidade			
Atenção às pausas			
Ênfase			
Expressão			
Contato visual			

Sugestões adicionais

- Visite o *link* <http://www.youtube.com/watch?v=VrQ-P8oLmAA> para ter uma ótima aula sobre como usar *pace, rhythm and stress* ao ler um texto em voz alta.
- Para uma aula sobre como lidar com a dificuldade do uso de expressão na leitura em voz alta feita por crianças, veja <http://www.youtube.com/watch?v=pezh51sOlco>.
- Leia *scripts* de peças de teatro, filmes e/ou programas de TV para praticar a estratégia. No *site* <http://www.lazybeescripts.co.uk/play_script_collections/index.htm>, você encontra vários roteiros de peças teatrais, organizadas por faixa etária (crianças, adolescentes, adultos). No *site* <http://www.talkingpeople.net/tp/library/scripts/scripts.html> há *links* para *scripts* de peças, filmes e programas de TV. Se possível, grave suas leituras (em áudio, ou em vídeo) e ouça-as/veja-as depois, avaliando seu uso de velocidade, pausa, ênfase etc.
- Se voce dá aulas de inglês, selecione pequenos diálogos (de livros didáticos, de *scripts* de peças de teatro, filmes ou seriados de TV). Divida a turma em três grupos (*Actors and Actresses 1, Actors and Actresses 2, audience*). Chame um representante do grupo *Actors and Actresses 1* e um do grupo *Actors and Actresses 2* para sortear um dos dois pedaços de papel: (1) *Read well;* (2) *Don't read well.* Os grupos então leem o texto selecionado conforme a indicação do papel, e o grupo Audience tem de identificar qual grupo "*reads well*" e qual grupo "*doesn't read well*", justificando suas escolhas.

15» USANDO MARCADORES DO DISCURSO

A situação

Numa aula de inglês, os alunos dramatizam um diálogo retirado de um livro didático. Para esta dramatização, eles memorizaram o diálogo com eficiência, estão atentos a alguns aspectos paralinguísticos tais como entonação, postura corporal, contato visual etc. Apesar de todos esses esforços, tem-se a impressão de que os alunos estão "falando" (no sentido de articular sons e acompanhar esses sons com elementos não verbais), mas há algo estranho na dramatização. O que será? Haverá alguma estratégia de produção oral que possa apoiar a dramatização desse diálogo de forma a torná-lo mais convincente?

A interação

1. **Pete**   Do you like fish?
2. **Mary**   No, I don't.
3. **Pete**   Do you like hot dogs?
4. **Mary**   No, I don't.
5. **Pete**   What do you like then?
6. **Mary**   I like hamburgers.
7. **Pete**   Hamburgers! Ugh!

Santos, M. *In Tune 1*. Glenview, Illinois: Scott, Foresman, 1983. p. 7.

A estratégia

Simple Present é o tempo verbal em inglês usado para expressar hábitos, fatos ou estados. Por exemplo, *My sister always swims on the weekend.; Water boils at 100o C.; I have a terrible headache today.*

Os participantes do diálogo acima estão articulando sons, usando a língua inglesa, interagindo com outra pessoa, mas sua produção oral é restrita. Ao ler ou ouvir esse diálogo não se percebem as falas de Pete e Mary como uma troca genuína de ideias, como uma interação que de fato envolve os dois interlocutores, como um trabalho colaborativo dos participantes, utilizando a fala como um recurso para compartilhar experiências. Tem-se a impressão, ao contrário, de que Pete e Mary conversam apenas para praticar uma estrutura da língua inglesa, o tempo verbal *Simple Present*! Para tal, eles fazem perguntas "corretas", observando o uso e a posição dos auxiliares e demais verbos adequadamente (linhas 1, 3 e 5) e respondem a tais perguntas com *short* (linhas 2 e 4) ou *long answers* (linha 6) também corrretamente. O foco na prática estrutural é tão intenso que o diálogo, entre as linhas 1 e 4, chega a ser quase implausível, uma vez que ele começa abruptamente, não apresenta expressão de similaridades ou diferenças entre os participantes (por exemplo, numa resposta hipotética *I don't like fish either*) e não apresenta elementos que façam a conexão entre o que é dito (a única exceção é *then*, na linha 5).

> **Locução** (*phrase*, em inglês) é um conjunto de palavras que não forma uma frase completa, mas que tem significado próprio. Na frase *The competent speaker is able to use several speaking strategies*, são locuções *the competent speaker*, *is able to use*, *several speaking strategies*.

Chamamos de marcadores do discurso (*discourse markers*, em inglês) as palavras ou locuções usadas para conectar e sinalizar partes do discurso, indicando, por exemplo, hesitação, troca ou manutenção do turno, relação entre ideias. Esses elementos são frequentemente usados no discurso oral e sua ausência pode fazer um texto parecer robótico e implausível, como ilustrado na interação acima.

Exemplos de *discourse markers*:

- Well
- OK
- So
- Right
- Oh
- You know
- I mean
- Listen
- Let me see
- You see
- Anyway
- Really?
- Oh I see
- Hum

Retomando o diálogo acima, vejamos como ele poderia ser "melhorado" com a inserção de *discourse markers*. Reparem as duas versões:

		Diálogo original	Diálogo revisto, com a inclusão de *discourse markers* (sublinhados)
1	Pete	Do you like fish?	So Pete, do you like fish?
2	Mary	No, I don't.	Hum, not really.
3	Pete	Do you like hot dogs?	I see... What about hot dogs? Do you like hot dogs?
4	Mary	No, I don't.	Nope.
5	Pete	What do you like then?	What do like then?
6	Mary	I like hamburgers.	Well, I like hamburgers.
7	Pete	Hamburgers! Ugh!	Hamburgers! Ugh!

Uma leitura em voz alta da versão à direita levará à conclusão de que ela soa melhor, mais espontânea, mais genuína, do que a versão original. O uso do *discourse marker "so"* no início da primeira fala (linha 1) faz com que ela se inicie já estabelecendo uma conexão (embora indefinida) com o que aconteceu anteriormente. A repetição na linha 3 adiciona um ar de informalidade à conversa e o uso de *hum* (linha 2) e *well* (linha 6) antecedendo as respostas também garante um ar de espontaneidade à fala, indicando que o falante hesita e/ou se deu uma pausa para pensar na resposta. Ao usar *I see* (linha 3) depois de ouvir uma resposta e antes de iniciar outra pergunta, Mary indica a Pete que está acompanhando o que ele está dizendo, e essa é uma sinalização importante em interações orais (mais sobre isso na seção "Usando backchannelling"). Os outros ajustes feitos na versão revista envolvem o uso de *not really* (linha 2) e *Nope* (linha 4) no lugar de *No, I don't*. Apesar de essas mudanças não ilustrarem exemplos de *discourse markers*, elas são necessárias para garantir mais espontaneidade à interação. *No, I don't* não funcionaria bem ao lado de *hum* já que o *discourse marker* indica hesitação e a expressão *No, I don't* sugere ideia pronta e determinada. Poderíamos ter *No, I don't* na linha 4, mas *Nope* é mais informal, mais apropriado ao contexto.

Em livros didáticos de inglês, o uso de diálogos tão rígidos, tão focados em prática de estruturas gramaticais, é consequência de crenças sobre a língua inglesa e seu ensino que estiveram em vigor até poucas décadas atrás. No início da década de 80 no século passado (quando o diálogo acima foi escrito), o ensino de inglês era baseado em normas de linguagem escrita. Desta forma, os elementos típicos da comunicação oral (como os *discourse markers* adicionados na versão revista acima) não apareciam em livros didáticos e consequentemente não eram sistematicamente trabalhados nas aulas de inglês.

Atenção a esses elementos começou a ser dada a partir de um trabalho seminal da linguista norte-americana Deborah Schiffrin: um livro chamado *Discourse Markers* publicado em 1987. Esta obra mostrou que o uso de tais elementos não é sinônimo de falta de fluência ou dificuldade de comunicação, como se acreditava àquela época: pelo contrário, o uso estratégico de *discourse markers* está associado ao desempenho de diversas funções essenciais à comunicação. Vejamos o marcador de discurso *OK*, por exemplo. Ele pode ter várias funções no discurso, conforme ilustrado nos exemplos abaixo, em resposta ao comentário "*I think you should help your wife with the housework*".

Respostas ao comentário usando OK	Função de OK
OK, I'm going to help her.	Expressar concordância
OK, but she'll then have to help me with the car!	Expressar concordância e antecipação de um elemento que apresenta contraste
I've already said: I am going to help her. OK?	Expressar confirmação de entendimento
I'll do that, OK, and after that I'll take the dog for a walk.	Estabelecer conexão de ideias
(com impaciência) OK, OK, I'll do it.	Expressar resignação

Ao nos comunicarmos oralmente, é aconselhável procurar usar *discourse markers* com frequência. Interações informais tendem a fazer uso mais frequente dos marcadores do discurso listados anteriormente nesta seção; situações mais formais podem fazer uso desses elementos, mas com menos frequência, e em seu lugar deve ser mais provável encontrarmos marcadores do discurso que funcionam como elementos de transição, tais como *however, on the contrary, consequently, although, in other words* etc. Voltaremos a tratar desses elementos na seção "Expandindo e conectando ideias".

Nas próximas seções deste livro vamos retomar e discutir outras estratégias que também podem envolver uso de marcadores do discurso (em conjunção com outras formas linguísticas), tais como "Criando envolvimento na interação" e "Expressando interesse".

Elementos de transição são elementos que estabelecem relações entre partes do texto, indicando o tipo de relação estabelecida, por exemplo, consequência (*therefore, thus* etc.), tempo (*meanwhile, after that* etc.), entre outros.

Aplique a estratégia

1 > a. Leia os diálogos em voz alta, desconsiderando as lacunas e seus números.

Diálogo 1
A   What do you think about the Harry Potter books?
B   __1__, I'm not a great fan, __2__, but I think they're ok.

Diálogo 2
A   __3__, is Bob coming with us tonight?
B   No, he doesn't want to come, __4__, he's got some work to do.
A   __5__, I'm surprised he isn't coming. He said he would join us no matter what.

b. Agora sublinhe uma das opções a seguir para completar cada lacuna.

1. (Oh, I see) (Well)
2. (well) (you know)
3. (So) (You see)
4. (listen) (I mean)
5. (Anyway) (Oh)

c. Leia os diálogos novamente em voz alta. Desta vez inclua os *discourse markers* na sua leitura. Avalie: o diálogo "melhorou" com o uso dos *discourse markers?* Por quê (não)?

_____

_____

2 > O diálogo a seguir foi retirado de um livro de inglês para estrangeiros. Leia-o e responda:

Helen	What's your full name?
Tony	Anthony William Black.
Helen	Where are you from?
Tony	I'm from San Diego.
Helen	Where do you live now?
Tony	I live in Los Angeles.
Helen	What do you hate?
Tony	I hate alarm clocks.
Helen	Why do you hate alarm clocks?
Tony	Because I don't like the sound, and I hate getting up in the morning.[...]

Consulte a seção Respostas dos exercícios (p. 223) para saber a referência bibliográfica do texto.

a. Tendo em mente que os livros mais recentes têm tido maior preocupação em incluir *discourse markers* nos diálogos que apresentam, você acha que o diálogo acima foi retirado de um livro recente ou antigo?

_____

b. Reescreva o diálogo acima em seu bloco de notas, inserindo *discourse markers* a fim de tornar a interação mais plausível numa situação real de comunicação face a face.

Sugestões adicionais

- Para ler mais sobre *discourse markers*, explore o *site* <http://spotlight.ccir.ed.ac.uk/public_documents/Dialogue_design_guide/discourse_markers.htm>.
- Para ter acesso a uma lista longa de *discourse markers*, vá a <http://www.ensc.sfu.ca/~whitmore/courses/esl/vocab_04.htm>.
- Visite *sites* que contenham transcrições de filmes, peças, programas de TV (veja lista de sugestões de *sites* na página 235 deste livro) e observe o uso de *discourse markers*. Se você dá aulas de inglês, pode usar tais transcrições de diversas formas, por exemplo:
    - Peça aos alunos que dramatizem os textos;
    - Prepare apostilas reproduzindo trechos sem os *discourse markers*. Escreva os *discourse markers* retirados na lousa e peça então aos alunos que completem os diálogos usando o vocabulário escrito na lousa;
    - Compare um trecho com outro sem *discourse markers*.

16» MANTENDO, ALOCANDO E TOMANDO O TURNO

A situação

Numa aula de inglês para crianças de 10-11 anos, os alunos entrevistam a diretora da escola em inglês. A turma já tem um conhecimento básico da língua que, sob o ponto de vista gramatical, inclui formação de perguntas no *Simple Present* (com auxiliares *do/does* e *are/is/am*) e sabem também usar o modal verb *can*. A entrevista, numa observação rápida, flui bem. A turma participa ativamente, faz perguntas, anota as respostas dadas. Mas uma análise mais crítica leva o observador a perceber que há algo bastante errado com a interação. Ela não se configura como uma sequência de perguntas e respostas "natural". O que será que há de errado com ela?

> **Modal verbs** são alguns verbos em inglês que expressam a atitude ou opinião daquele que fala ou escreve, por exemplo *can, could, should, may, might, must.*

A interação

1	**S1**	Where are you from?
2	**Principal**	*(olhando para Aluna 1)* I am from Brazil. From Rio de Janeiro. *(olha*
3		*para Aluna 2, que levanta o dedo, e sinaliza com o olhar que ela*
4		*pode falar)*
5	**S2**	Where do you live?
6	**Principal**	*(olhando para Aluna 2)* I live in Leblon. OK? I live on Rita Ludolf, in
7		Leblon. OK, *(olhando para uma aluna que levanta o dedo)* I think she
8		asked me a question. Do you want to ask a question?
9	**S3**	*(com voz muito baixa)* Ééé... Where are you now?
10	**Principal**	*(olhando para a Aluna 3)* Where...? Can you repeat?
11	**S3**	*(olhando para o seu caderno)* Where are you now?
12	**Principal**	Where I am now? I am here, in Basic One B. *(olha para Aluna 4, que*
13		*levanta o dedo, e sinaliza que ela pode falar)*
14	**S4**	What do you do?
15	**Principal**	I am a teacher. *(olhando para o grupo de meninos, que senta no lado*
16		*oposto ao das meninas na sala)* What about the boys? *(olhando para*
17		*o Aluno 1)* Yes. Ask a question.
18	**S1**	When is your birthday?
19	**Principal**	My birthday is on August 7th. OK? August 7th, yeah.
20	**S2**	Can you speak German?
21	**Principal**	Yes, I can. *(pausa) (olhando para um aluno que levanta o dedo)* Yes,
22		what is your question?

97 / PARTE 2: RECURSOS

23	**S3**	What kind of pets do you prefer?
24	**Principal**	Of pets? Hum. I don't like pets. OK? *(olhando para a Aluna 5, que*
25		*levanta o dedo)* Yeah.
26	**S5**	When is your birthday?
27	**Principal**	I think someone asked this. On, hum, on August 7th.

Arquivo pessoal da autora.

A estratégia

Há vários problemas com a entrevista. Um deles é a ausência de marcadores do discurso por parte dos alunos. A diretora usa alguns, mas poucos, por exemplo, *OK* (linhas 6, 7, 19 e 24), *yeah* (linhas 19 e 25) e *hum* (linhas 24 e 27). Outro problema é a falta de envolvimento do grupo como um todo: os alunos participam individualmente ao fazer suas perguntas e anotar as respostas dadas, mas não prestam atenção às perguntas dos colegas e às respostas dadas às perguntas; tanto que uma mesma pergunta é feita mais de uma vez (linhas 18 e 26). Um problema adicional é a falta de conexão entre as perguntas, fazendo com que a entrevista se configure como prática de formação de perguntas mesmo que elas não façam sentido (veja, por exemplo, a pergunta *Where are you now,* linhas 9 e 11).

O problema que vamos focar e discutir em mais detalhes nesta seção é o fato de a entrevistada sempre determinar quem tem o direito de falar, estabelecendo um controle excessivo na interação. Tal controle acaba por causar um comportamento passivo por parte dos outros participantes, que acabam aguardando uma "permissão para participar" para fazer suas perguntas. Tal permissão, nesta interação, geralmente envolve o gesto de levantar o dedo por parte dos alunos (linhas 3, 7, 13, 21 e 24), gesto esse que pode ou não ser legitimado pela diretora na sua expressão de permissão (ver linhas 3, 7, 13, 21 e 25 para formas linguísticas e parlinguísticas usadas pela diretora para legitimar tais pedidos).

Neste ponto o leitor pode estar pensando: "Mas em entrevistas 'reais' pode haver o caso de o entrevistado alocar o turno explicitamente a quem pode lhe fazer perguntas." De fato. Pensando-se em situações altamente formais como *press conferences,* por exemplo, será este o caso: os repórteres sinalizarão com gestos (ou papéis com seus nomes) que têm uma pergunta a fazer e o entrevistado selecionará e indicará quem pode fazer tais perguntas. No entanto, não é ideal conceber a sala de aula com mecanismos de alocação de turnos tão rígidos. Por vários motivos. Primeiramente, ao se determinar quem fala e quando fala em sala de aula, sinaliza-se aos alunos que as interações ocorrerão em "canais" Professor-Aluno 1; Professor-Aluno 2 etc. que formarão sequências, isto é, um ocorre depois do outro, mas que não há interseção entre esses canais. Em outras palavras, enquanto um aluno tem o direito de falar, os outros não têm, e mais, não precisam prestar atenção porque o canal de que participarão será independente. Ao não ouvir o que os outros alunos falam, nem o que o professor fala com esses outros alunos, perde-se a chance de ouvir e pensar em inglês numa circunstância em que o tempo de exposição à língua estrangeira já é tão pequeno.

O segundo problema interessa-nos mais especialmente na discussão desta seção, e está relacionado a esse pouco tempo de contato com a língua inglesa por parte dos aprendizes. Se nesse pouco contato eles tiverem sempre de esperar permissão para poder falar, nunca aprenderão os mecanismos necessários para manter e tomar o turno numa conversa em inglês.

Mas que mecanismos são esses? O que sabemos sobre eles e como os participantes dessa interação poderiam ter feito melhor uso dessas estratégias para tornar a entrevista mais plausível? A caixa a seguir apresenta algumas características de *turn-taking mechanisms*, isto é, os comportamentos verbais e não verbais utilizados por falantes para manter, alocar ou tomar o turno. Mais adiante, retomaremos o exemplo acima com o emprego dessas características.

- Numa conversa, os turnos costumam ocorrer imediatamente um após o outro. *Overlaps* e pausas entre turnos podem ocorrer, mas não são a norma.
- *Overlaps* estão geralmente associados a discordâncias, urgência ao falar, aborrecimento. Alguns grupos culturais fazem mais uso de *overlaps* que outros (como os brasileiros em relação aos americanos ou ingleses).
- Pausas estão geralmente associadas a discordâncias ou necessidade de pensar o que falar. Alguns grupos culturais fazem mais uso de pausas do que outros (como os asiáticos de modo geral com relação aos latinos).
- Parceiros conversacionais sinalizam verbalmente ou não verbalmente os pontos em que um turno termina e outro começa. Mecanismos não verbais incluem: direção do olhar, postura corporal, gestos; mecanismos verbais incluem entonação e uso de formas linguísticas tais como:
  - Para se manter o turno: *Let me finish. / Hold on. I haven't finished yet. / And… / Also… / Besides…* (essas três últimas formas podem ser articuladas de maneira longa, acompanhada de marcadores do discurso como *hum…, er…*).

- Para se alocar o turno: *Do you agree? / So what do you think of all this? / Have you got anything to add? / What are your views on this?* (ver também as seções "Pedindo, dando e justificando opiniões" e "Criando envolvimento através de perguntas"); uso de tag questions *isn't it?, don't they?, can't you?* etc.
- Para se tomar o turno: *But... / Well... / Hum... / So... / I've got a question /a comment /something to add.*

Tag question é uma sequência de palavras normalmente adicionada ao final de uma sentença afirmativa, transformando-a numa pergunta: *It's time, isn't it?*

Em conversas informais, as características acima são negociadas "democraticamente" entre os participantes, e passagens de turno tendem a ser estabelecidas suavemente, sem criar quebras na interação. Em conversas mais formais, em que um (ou mais de um) participante detém maior poder interacional sobre os outros, é provável que esse(s) participante(s) de maior poder controle(m) o sistema de troca de turnos, como aconteceu na entrevista acima.

Para tornar tal entrevista mais democrática considerando-se os mecanismos de tomada de turno, os alunos poderiam ter sido incentivados a envolver seus colegas (*Do you have any questions to ask?*), a fazer comentários espontâneos sobre as respostas dadas aos colegas (*That's interesting. / I live in Leblon too. / My birthday is in August, too*), a pedir esclarecimentos sobre respostas dadas a outros colegas (ver estratégias "Esclarecendo o que foi dito" e "Solicitando repetição do que foi dito" para mais detalhes). Em outras palavras, a interação acima é um bom exemplo de "prática gramatical" envolvendo duplas Professor-Aluno, mas não é um bom exemplo de interação genuína em que todos os participantes sabem manter, alocar e dar o turno quando desejam.

Aplique a estratégia

1 > Veja o vídeo em <http://www.youtube.com/watch?v=mo9pslxCTZo&feature=relmfu> e responda:

a. Os participantes usam *turn-taking mechanisms* de forma que a conversa flua tranquilamente?

b. Há pausas ou silêncios na interação? Se sim, como essas "lacunas" são resolvidas?

c. Há interrupções na interação? Se sim, como elas são feitas?

d. Anote algumas formas usadas por cada um dos participantes para alocar o turno ao outro.

Formas usadas pelo entrevistado		Formas usadas pela entrevistadora	
Formas verbais	Formas não verbais	Formas verbais	Formas não verbais

e. Anote algumas formas usadas por cada um dos participantes para manter o turno.

Formas usadas pelo entrevistado		Formas usadas pela entrevistadora	
Formas verbais	Formas não verbais	Formas verbais	Formas não verbais

Sugestões adicionais

- Para ler mais sobre *turn-taking mechanisms*, visite os *sites* <http://englishonline.tki.org.nz/English-Online/Exploring-language/The-Language-of-Conversation/Turn-Taking>; <http://www.englishpond.com/speaking/Communication%20and%20daily%20English/turntaking/index.html>.
- O texto "clássico" sobre o tema é o artigo "A simple systematics for the organization of turn-taking for conversation", escrito em 1974, pelos acadêmicos americanos Harvey Sacks, Emanuel Schegloff e Gail Jefferson. O artigo está disponível *on-line* em <http://www.utm.utoronto.ca/~jsidnell/Course_files/SSJ.Turn-Taking.pdf>.
- Observe cenas de filmes que mostrem famílias fazendo refeições à mesa (há boas cenas em *American Beauty, Eat Pray Love, Little Miss Sunshine, My Big Fat Greek Wedding*). Ao ver as cenas, observe: como o turno é alocado? Os participantes esperam que lhe deem a vez para falar? Há pausas e/ou *overlaps* na interação? Como você descreveria as relações de poder entre os participantes? De que forma elas afetam o sistema de troca de turnos na interação?
- Se você dá aulas de inglês, estimule seus alunos a aprenderem a tomar e manter o turno. Se você sempre alocar o turno, determinando quem fala e quando fala, seus alunos não aprenderão a usar esses mecanismos. Algumas sugestões para trabalhar a estratégia são:
  - Peça aos alunos que formem pequenos grupos (de uns 5 participantes) e sentem-se em círculo. Dê uma bola de gás a cada grupo e peça-lhes que conversem: o falante segura a bola; ao querer ceder o turno, ele joga a bola a um colega sinalizando que este deve tomar o turno. Depois de alguns minutos, os alunos continuam a conversa sem o apoio da bola.
  - Em grupos, os alunos conversam enquanto no quadro há uma lista de expressões que podem ser usadas para ceder, manter e tomar o turno. Em cada grupo um aluno tem a função de anotar as formas usadas pelos outros participantes. Ao final do tempo alocado para a conversa, o grupo avalia o uso *de turn-taking mechanisms* pelos participantes.
  - Para outras sugestões de como trabalhar o tema em sala de aula, acesse o *link* <http://www.tesolmedia.com/docs/bookmail/707/Chapter7.pdf>.

17» EXPRESSANDO HESITAÇÃO

A situação

Numa aula de inglês, professora e alunos interagem conversando sobre uma atividade proposta no livro didático que está por se iniciar. É a segunda aula do ano e na primeira aula a professora comentou que o trabalho naquele ano iria começar na página 80 do livro. Ao ouvir, nessa segunda aula, que a turma deve abrir o livro na página 52, um dos alunos estranha e quer comentar que a página indicada pela professora é anterior à página mencionada antes. Mas o aluno é iniciante na sua aprendizagem de inglês e tem dificuldade para articular seu comentário. Sua fala é quebrada, repleta de pequenas pausas e hesitações. Supondo que você estivesse presente na cena, como avaliaria tais hesitações?

A interação

1	**T**	[...] open your... student's book. Renato, please, student's book page fifty-two
2	**S1**	no notebook?
3	**Ss**	(?)
4	**S2**	student's book?
5	**T**	student's book
6	**S1**	ééé.. in the first... ééé ...class you give me... you are... going to use... to
7		page eighty
8	**T**	oh yes but I decided to go back (laughs) to go back to page fifty-two. you're
9		right. I told you that we're going to work from... unit... er... yes. Seven-
10		teen, yes, until the end of the book but... but... I decided that we have to
11		review something =
12	**S3**	= oh God =

Arquivo pessoal da autora.

A estratégia

Em termos mais gerais, não é o uso de hesitação em si que torna a fala do Aluno 1 na linha 6 problemática. Numa conversa informal, e até mesmo em situações de produção oral mais formal, como uma palestra, haverá momentos em que o falante vai hesitar para se dar tempo para pensar no que dizer, ou em como dizer algo. Desta forma, expressar hesitação é uma forma de usar a estratégia "Mantendo, alocando e tomando o turno" e devemos usá-la quando necessário ao falar em inglês.

O problema com a situação acima ocorre em duas outras dimensões: primeiro, na quantidade de pausas estabelecidas nessas hesitações do Aluno 1 (repare que, em 17 palavras, houve 5 pausas). Em segundo lugar, na forma usada para hesitar: o som "ééé..." é uma marca de hesitação usada no português brasileiro, mas essa forma não existe em inglês. Para hesitar em inglês, produzem-se os seguintes sons (também chamados de *fillers,* pois têm a função de "preencher" um vazio na comunicação):

- Uh
- Um
- Hmm
- Er

Outras formas de expressar hesitação, estas envolvendo palavras ou grupos de palavras, são:

- You see
- Let's see
- Well, let me think about this
- What's the word for/how do we say/what do we call
- That's a difficult question to answer
- How can I put this?

Pode-se hesitar, também, repetindo-se o que foi dito (ou parte do que foi dito) ou usando-se interjeições ou outras formas de se expressar sentimento, tais como risadas ou "barulhos" que indicam surpresa, nervosismo, e outras emoções. Pode-se, também, simplesmente diminuir a velocidade da fala. Todas essas formas são ilustradas em hesitações feitas pela professora na interação ilustrada acima: ela repete *to go back* (linha 8), e intercala tal repetição com uma risada. Ela também diminui a velocidade de sua fala ao repetir *but*, sendo cada vez seguida de uma pausa. Como visto, mesmo falantes mais proficientes farão uso de hesitação quando necessário. O importante é saber usar as formas adequadas em inglês (note-se que a professora usa *er* e não ééé na linha 9). É também aconselhável procurar variar essas formas; afinal, uma pessoa que diz *um, um, um* o tempo todo irrita o interlocutor e não prende sua atenção. É importante, também, não exagerar na frequência de hesitações: mesmo com variações, hesitações excessivas vão incomodar o interlocutor.

Há diferenças no uso de hesitação por falantes razoavelmente proficientes em inglês. Falantes nativos ou quase nativos tendem a hesitar quando titubeiam sobre o que dizer e/ou como dizer algo se, por exemplo, têm de expressar um ato ameaçador de face (como aconteceu com a professora acima, ela hesitou porque teve de admitir uma mudança do que tinha falado antes, o que ameaçou sua face positiva). Falantes menos proficientes às vezes nem estão atentos à sensibilidade dessas situações, e sua hesitação tende a ser consequência de falta de vocabulário e insegurança quanto a regras gramaticais (como aconteceu na fala do aluno).

Obviamente, há pessoas mais articuladas e menos articuladas, e tais características afetarão a frequência do uso de hesitação desses indivíduos. Um ponto importante a ser lembrado, ao se falar sobre hesitações, é que sair falando sem parar, rapidamente, sem pausas (isto é, numa situação oposta à de hesitar) não garante que a comunicação será bem-sucedida! Em falas mais longas, ou mais complexas, as hesitações trazem vantagens não apenas ao falante, mas também ao ouvinte, dando a ele mais tempo para processar o que está sendo dito. Nesses casos é importante também apoiar o uso desta estratégia com outras como "Monitorando o entendimento do interlocutor" ou "Usando *hedges*", como veremos na próxima seção.

Aplique a estratégia

1 > a. Na interação da estratégia "Mantendo, alocando e tomando o turno", observe as formas usadas pela Diretora e pelos alunos para expressar hesitação, escrevendo-as no quadro.

Formas de expressar hesitação usadas pela Diretora	Formas de expressar hesitação usadas pelos alunos

b. Avalie os usos que você registrou na caixa. Eles foram adequados? Justifique sua resposta.

2 > a. Leia o diálogo a seguir, sublinhando os usos de hesitação da personagem Jenny.

Jenny	Hey, I kept, I kept a scrapbook of your, of your clippings and everything. There you are. This, I got your running.
Forrest	I ran a long way. For a long time.
Jenny	There. Listen, Forrest. I don't know how to say this. Um, I just... I want to apologize for anything that I ever did to you, 'cause I was messed up for a long time, and...There is a knock at the door.

Trecho do filme *Forrest Gump,* disponível em: <http://www.imsdb.com/scripts/Forrest-Gump.html>. Acesso em: 19 jun. 2011.

b. Leia o diálogo em voz alta duas vezes: uma com e outra sem os trechos sublinhados. Em seguida, avalie: como o texto lhe parece na ausência das hesitações?

_____
_____
_____

3 > Na situação abaixo, os falantes estão conversando sobre um tema potencialmente ameaçador de face. No espaço a seguir, reescreva o *script*, adicionando elementos de hesitação de forma a suavizar o diálogo.

Susie	Can you help me with the dishes?
João	No. This is not fair. Yesterday I did the cooking **and** the washing up.
Susie	OK, fine.
João	We need to buy a=
Susie	=Dishwasher?
João	That's it. Then we can spend more time together!
Susie	(*blushes, and smiles*).

_____
_____
_____
_____
_____
_____
_____

Sugestões adicionais

- Ao ver sitcoms, filmes, entrevistas etc. em inglês, observe como os participantes expressam hesitações, tomando nota dessas formas. Pratique as formas anotadas falando com você mesmo como que pensando em voz alta. Para tal, comece um tópico pessoal (família, trabalho, lazer) e fale por 30 segundos, aumentando gradualmente o tempo de fala (1 minuto, 2 minutos etc.). Quando se sentir seguro, repita os procedimentos usando temas menos familiares (por exemplo, a tensão no Oriente Médio, a exploração do pré-sal no Brasil, as profissões do futuro).
- Em <http://www.engvid.com/conversation-skills-hesitation/> você pode ver uma aula em vídeo sobre como expressar hesitação no início do seu turno, numa conversa, quando alguém lhe pergunta algo que, para responder, você precisa de um tempo para pensar.
- Todos nós expressamos hesitação ao falar, e comumente achamo-nos em situações em que temos de descrever um evento (passado, presente ou futuro) em que ocorreu ou provavelmente haverá algum tipo de hesitação. Há, em inglês, inúmeras expressões para se descreverem tais situações com hesitações. Para ler uma lista e o significado dessas expressões, vá a <http://www.learn-english-today.com/idioms/idiom-categories/hesitation-indecision.htm>.

Sitcom é a abreviação de *situation comedy*, comédia de TV, por exemplo, *Two and a Half Men*.

18» USANDO *HEDGES*

A situação

Num diálogo que envolve relações assimétricas de poder, isto é, em que um participante tem maior poder interacional do que o outro, o participante de menor poder tem uma posição contrária à posição do outro participante. Como fazer para apresentar tal argumento? Há alguma estratégia de produção oral que possa ser utilizada para "suavizar" a discordância e torná-la, desta forma, menos ameaçadora de face?

A interação

1 *[Arguing about whether or not to attack the radio nest]*
2 **Mellish**   I'm just saying, this seems like an unnecessary risk considering our
3   objective, sir.
4 **Captain Miller**   Our objective is to win the war.

Cena do filme *Saving Private Ryan*, trecho disponível em: <http://www.imdb.com/title/tt0120815/quotes>.
Acesso em: 20 jun. 2011.

A estratégia

De fato, discordar de alguém que é hierarquicamente superior a você ou apresentar um posicionamento que diverge do que foi pedido por essa pessoa não é uma tarefa fácil. Ela requer cuidado na escolha do que você diz, e como diz.

Vamos tratar, primeiro, das situações que normalmente envolvem essas assimetrias interacionais. Elas ocorrem em vários tipos de interação: entre colegas de trabalho em que um ou mais de um ocupa posição superior; entre médicos e pacientes; entre professores e alunos; até mesmo em família, quando a interação envolve adultos e crianças, por exemplo. Diferentes situações envolvendo diferentes participantes vão apresentar gradação na assimetria do poder interacional. Em outras palavras, uma interação entre um juiz e o réu apresenta uma enorme diferença de poder; uma interação entre professores e alunos apresenta menor assimetria – mas há variações da amplitude dessa assimetria em diferentes relações professor-aluno: algumas terão maior, outras menor assimetria de poder interacional.

> **Mitigating devices** são recursos linguísticos ou paralinguísticos usados por um falante para reduzir os efeitos negativos de sua fala.

A relação entre militares, como na situação acima, é notoriamente caracterizada por níveis hierárquicos bem marcados que, por sua vez, afetam as relações de poder entre os participantes de níveis diferentes em todas as suas interações.

Esse é, pois, o caso do exemplo acima, em que o soldado Mellish apresenta um questionamento ao que foi anteriormente comandado pelo capitão. Para tal, ele precisa fazer uso de elementos mitigadores (mitigating devices, em inglês) que possam atenuar o impacto do seu questionamento, que, afinal, ameaça a face negativa do capitão. Para tal, ele faz uso das seguintes palavras ou expressões:

- *just* (linha 1): se tivesse dito "I'm saying" ao invés de "I'm just saying", o soldado soaria mais direto, portanto mais agressivo. A simples inclusão da palavra *just* torna o questionamento mais suave.
- *this seems like* (linha 1): se tivesse afirmado "This is an unnecessary risk", o soldado estaria apresentando seu argumento de forma categórica e irrefutável. O uso de *seems like* dá ao argumento uma noção de possibilidade, e não de certeza.

Os elementos mitigadores acima (*just; this seems like*) são chamados de *hedges*, e sua função é precisamente suavizar, diminuir, mitigar o impacto do que é dito. Veja a seguir alguns exemplos de *hedges* em língua inglesa.

• All I know	• I guess
• I'm not sure	• I suppose
• This is what I know	• Sort of
• Possibly	• Kind of
• Perhaps	• May/might
• Maybe	• Just
• It seems to me	

O uso de *hedges* está associado à expressão de uma ideia menos concreta e direta e mais vaga e indireta. A fim de expressar tais ideias, a língua inglesa oferece outros recursos, como o uso do sufixo *–ish*, que significa "mais ou menos" (A: *What time do we meet then?* B: *Eightish*). Outras formas de expressar ideia vaga são o uso de *[number] or [number]* (*I'll need one or two volunteers*) ou *about* (*It'll take you about two hours to do this*).

"Quando então devemos usar essas formas?", você pode estar se perguntando. Devemos usá-las em situações que envolvem assimetria de poder e quando participantes com menor poder interacional expressam um ato de fala ameaçador de face tal como pedir, sugerir, recusar, criticar, apresentar opinião contrária.

Mesmo em situações mais simétricas, *hedges* são usados com outras funções, como preencher pausas, expressar discordância ou incerteza (falamos sobre isso na seção "Expressando ideias potencialmente desagradáveis" e voltaremos a tratar desse assunto em "Expressando concordância e discordância" e "Expressando certeza, incerteza e falta de conhecimento"). Afinal, esses elementos servem para suavizar o que é dito ou não dito (no caso de pausas, *hedges* funcionam como mitigadores do problema associado à pausa propriamente dita). *Hedges* servem também para distinguir fatos de opinião. É completamente diferente dizer *This is wrong* ou *It seems to me that this is wrong*.

Há variações importantes entre diferentes grupos socioculturais em termos da frequência de *hedges* utilizados ao falar. Os americanos são mais diretos que os britânicos e tendem a usar menos *hedges*. Para melhor entendimento do que é ou não inadequado no que se refere à frequência de uso de *hedges*, vale a pena observar sempre o que é feito por nossos interlocutores e analisar em que circunstâncias, e com que frequência, essas pessoas mitigam sua fala através de *hedges*.

É importante lembrar que o uso excessivo de *hedges* pode dar a impressão ao nosso interlocutor de que somos inseguros, não nos posicionamos nas questões ou não sabemos do que estamos falando. Em certas ocasiões é importante, vital até, ser direto e não deixar margem de dúvida quanto ao nosso posicionamento. Um bom exemplo é uma emergência qualquer como o início de um incêndio. Ao ver uma chama, seria totalmente inapropriado dizer *All I know is that perhaps there may be fire in the kitchen!* Nesse caso, nada melhor do que uma única palavra, pronunciada com expressão de emergência: *Fire!*

Aplique a estratégia

1 > Identifique os *hedges* no trecho a seguir.

A   Nick, um... Mom's been getting kind of worried about you. And, uh... Well, actually, we all have.
B   I just miss Vanessa, you know?

Cena do filme *My First Wedding*, trecho disponível em: <http://www.subzin.com/s/%22kind%20of%20worried%22%22>. Acesso em: 20 jun. 2011.

2 > a. Nos pares A-B de comentários a seguir, marque a opção que faz uso de *hedges* e sublinhe tais usos.

I.   **A**   "This is impossible."
     B   "It seems to me that this is impossible."
II. **A**   "You must answer my question now."
     B   "Perhaps you're ready to answer my question?"
III. **A**   "I'll do that."
     B   "I think I'll do that."
IV. **A**   "I'm worried about your future."
     B   "I'm, you know, sort of worried about your future."

b. Para cada um dos comentários marcados, crie um cenário em que tal comentário seja apropriado.

Sugestões adicionais

- Para ler mais sobre tipos de *hedges*, leia os artigos disponíveis em <http://www.bu.edu/sed/files/2010/10/2010-Pragmatic-Competence-The-Case-of-Hedging.pdf>; <http://www2b.abc.net.au/science/k2/stn/newposts/5058/topic5058699.shtm>.
- Em <http://micase.elicorpora.info/files/0000/0075/Teach-_Hedges_PDF.pdf>, também há mais informações sobre *hedges*, suas funções e sugestões de atividades para prática extra.
- Se você dá aulas de inglês, crie oportunidades para os alunos praticarem o uso de *hedges* e refletirem sobre seu uso. Algumas sugestões:
  - Proponha *role plays* envolvendo interações em que os participantes tenham poder interacional diferenciado (médico/paciente; pai/filho; empregado/patrão; policial/testemunha) e peça aos alunos que improvisem diálogos que envolvam a produção de atos ameaçadores de face.
  - Em pares, os alunos improvisam conversas que envolvem o relato de uma má notícia. À sua frente eles devem ter papeizinhos em que se vejam exemplos de *hedges*. Cada vez que um desses *hedges* for usado, o papelzinho é virado de cabeça para baixo. A conversa acaba quando todos os papeizinhos forem virados.

19» USANDO *BACKCHANNELLING*

A situação

Você está estudando inglês com alguns colegas e decide dramatizar um diálogo encontrado num livro de inglês para estrangeiros. Apesar de estar se esforçando para usar a entonação e pronúncia adequada, logo na primeira fala você sente que há algo errado com o diálogo. Você comenta isso com seus colegas, e eles concordam, mas não sabem dizer exatamente qual é o problema do texto.

A interação

1	**Mother**	Children, I'm going shopping. I'll be back in an hour. I need to get
2		something for dinner. I thought I would get some chicken.
3	**Daughter**	Chicken! But Mother, you *know* I hate chicken! I'll eat anything else.
4	**Mother**	Well, all right. I'm sorry, I forgot. Then I'll get some pork chops.
5	**Son**	I can't eat pork chops! Don't you remember how sick I was when I ate
6		a pork chop? *I* like chicken a lot! And I like hamburgers, too. In fact, I'll
7		eat anything else.
8	[...]	

Iantorno, Giuliano; Papa, Mario. *Turning Points 2*. Reading, MA: Addison-Wesley, 1994. p. 119A.

A estratégia

Realmente, o diálogo começa mal. A primeira fala, em que a mãe comunica a seus filhos seu plano de sair para fazer compras, é bastante inverossímil. Nessa longa fala, a mãe (1) avisa que vai sair; (2) diz quando vai voltar; (3) explica por que vai sair; e (4) esclarece o que pretende comprar. Durante todo esse tempo seus filhos não participam da interação. Uma interação mais plausível para o cenário acima seria:

1	**Mothe**	(*looking at children*) Children, I'm going shopping.
2	**Son/Daughter**	(*looking at mother*) OK.
3	**Mothe**	(*looking at children*) I'll be back in an hour, OK? I
4		need to get something for dinner.
5	**Son**	(*looking at mother, nodding*) OK.
6	**Mother**	I thought I would get some chicken.

O que a versão acima tem de diferente – e o que a torna mais plausível – é a inclusão de *backchannelling cues*, isto é, formas de expressar que o que está sendo dito pelo falante principal (neste caso, *Mother*) está sendo entendido. Ao usar *OK* (linhas 2 e 5), o filho e a filha sinalizam à mãe, além de entendimento e concordância com o que está sendo dito, que ela pode continuar sua fala (isto é, manter o seu turno).

Em interações orais, *backchannelling* pode ocorrer não verbalmente (tipicamente, "fazendo-se que sim" com a cabeça) ou verbalmente, através do uso das seguintes formas, que também são chamadas de *minimal responses*.

- Yes
- Yeah
- OK
- Mm
- Oh

- Right
- Uh-huh
- I see
- Yeah, I know

É importante notar que o uso de *backchannelling* torna a distinção entre os conceitos de "ouvinte" e "falante" bastante tênue: afinal, quem usa *backchannelling* "fala" para dizer que "está ouvindo". Por definição, *backchannelling* é uma estratégia de fala e de audição ao mesmo tempo, que sinaliza ao falante primário que ele pode continuar a falar, ou seja, que ele pode manter o seu turno.

Backchannelling cues são formas de se dar *feedback* ao falante primário. Além de sua função básica (sinalizar-se entendimento ao mesmo tempo em que se mantém o turno do falante primário), essas formas podem desempenhar simultaneamente outras funções, tais como expressar concordância (como visto na situação acima) ou outras reações tais como surpresa, espanto, desconfiança. O uso de *Oh,* por exemplo, dependendo de sua entonação, pode sinalizar qualquer uma dessas três reações. Entonação também é importante ao se usar *I see* ou *right*. Nesses casos, pode-se sinalizar entendimento e concordância ou, de forma oposta, sarcasmo ou incredulidade.

O uso de *backchannelling* é especialmente importante em falas mais longas (como no exemplo acima). Sua ausência, nesses casos, deixa a fala "no ar", sem dar certeza ao falante de que os interlocutores estão ouvindo e/ou acompanhando o que está sendo dito. É também necessário fazer uso frequente de *backchannelling cues* em conversas telefônicas em que os falantes não podem se ver (por exemplo, num telefone convencional, ou celular, ou numa conversa no computador sem imagem). Nesses casos, o *backchannelling* tem de ser articulado verbalmente, usando-se, por exemplo, uma das formas listadas na caixa acima.

Como acontece com outras estratégias, cabe ao falante decidir a necessidade de aplicação desta estratégia e a adequação da sua frequência de uso. Obviamente, não é recomendável fazer *backchannelling* verbalmente ao se assistir a uma palestra (mas pode-se, nesses casos, fazer uso de *backchanelling* não verbal para sinalizar entendimento, acompanhamento ou concordância ao falante). Não é também recomendável fazer uso excessivo de *backchannelling*, usando *OK* ou *right* ou *uh-huh* ou qualquer outra forma após cada palavra dita pelo falante principal. A decisão de quando e como usar *backchannelling* envolve bom senso, mas a observação de como outras pessoas dão esse tipo de *feedback* ao falante principal é, como sempre, uma boa forma de desenvolvimento e prática desta estratégia.

Aplique a estratégia

1 > a. Leia a narrativa a seguir em voz alta.

> I saw a kingfisher Saturday morning. It took off about three feet from my side. I didn't see it in the bush. It took off out of a bush, went past the front of me canoe and look into a tree. I sat there and thought looking down at me, but the sun was shining Saturday morning early it was real bright.

b. Imagine que uma pessoa está relatando a sequência de eventos acima para outra. Transforme tal narrativa em um diálogo, incluindo *backchannelling cues* nos pontos em que você achar apropriado. Após escrever seu diálogo, leia-o em voz alta.

c. Agora leia a versão original e compare-a com a sua no que se refere ao uso de *backchannelling cues*. A sua versão teve mais ou menos? Em pontos semelhantes ou diferentes? Em sua opinião, qual a "melhor" versão? Por quê?

<1> I saw a kingfisher Saturday morning
<2> Did you?
<1> It took off about three feet from my side. I didn't see it in the bush. It took off out of a bush, [*went*]
<2> [*Mm*]
<1> past the front of me canoe and look into a tree. (I sat there]
<2> [*Very nice*]
<1> and thought <unclear>
<2> Yeah [*lovely*]

<1>   [*looking*] down at me, but the sun was shining Saturday morning early it was real bright
<2>   Beautiful

Disponível em: <http://www.putlearningfirst.com/language/23sexism/genderlect.html>. Acesso em: 20 jun. 2011.

2 > a. Transforme o texto a seguir num diálogo entre Daniel e você. No diálogo, você ouve o relato e sinaliza entendimento através do uso de *backchannelling cues*.

Daniel   Well, I'm going to graduate next year. I might go back to my hometown, or I might specialize first – I'm not sure yet. But I'm planning to work in the small village where I was born, helping the people there. That's really important to me – that's the reason I became a doctor. I'd like to start a children's clinic some day – or a hospital for old people.

Fassman, Paula; Tavares, Suzanne. *Gallery 1*. Nova York: Oxford University Press, 1989. p. 86.

b. Leia o diálogo em voz alta e avalie o seu uso da estratégia: você usou *backchannelling* nos pontos adequados? Procurou variar a maneira de fazê-lo?

Sugestões adicionais

- Veja entrevistas *on-line* e observe *backchannelling cues* (o *site* <http://www.cbs.com/late_night/late_show/> contém várias entrevistas). Anote as formas (verbais e não verbais) usadas pelo entrevistador e pelos entrevistados ao fazer *backchannelling*.
- Veja apresentações *on-line* e faça de conta que o apresentador está conversando com você. Vá ouvindo e fazendo *backchannelling* quando e como achar apropriado. O *site* <http://www.ted.com/talks> é bom para essa prática.
- Para ler mais sobre formas e funções de *backchannelling* em *American English*, veja o artigo disponível em <http://www.reading.ac.uk/AcaDepts/ll/app_ling/internal/Cutrone_vol_2.pdf>.
- Se você dá aulas de inglês, incentive seus alunos a fazerem *backchannelling* quando você ou os outros alunos estão falando (dê a eles uma lista de formas de *backchannelling* como a apresentada nesta seção). Outras formas de se praticar a estratégia incluem pedir aos alunos que "melhorem" diálogos apresentados no livro didático, através da inclusão de *backchannelling cues*, ou que transformem parágrafos em diálogos, como feito no Exercício 2 acima.

20» CRIANDO ENVOLVIMENTO NA INTERAÇÃO

A situação

Você dá aulas de inglês, e tem como prioridade incentivar seus alunos a interagir o máximo possível oralmente. Um dos recursos que usa com frequência para tal finalidade é pedir aos alunos que façam apresentações orais (algumas improvisadas, outras previamente preparadas) durante as quais o resto da turma é incentivado a interagir através de perguntas e comentários. Recentemente, a turma vem trabalhando o tema "*Weather*" e, paralelamente, um projeto que abrange o trabalho do ano todo: a criação, por parte de cada aluno, de um país imaginário onde os tópicos mais específicos (como "*weather*") são incorporados às características criadas para esse país. Numa aula, os alunos apresentam uma tarefa oral sobre a força da natureza. Os alunos leram diferentes textos de referência em casa (sobre furacões, tempestades, tornados etc.) e sua tarefa é apresentá-los aos colegas. A primeira apresentação, sobre *lightnings*, não gera envolvimento dos demais alunos. O que poderia ter sido feito para incentivar e propiciar tal envolvimento?

A interação

1	**S1**	[...] Lightnings hit the ground. (pausa longa) Lightnings hit the ground and
2		can be with with snow storm, with dust strom, storm. *Éee*, and they are
3		normally in the spring… they say… they said it with spring storms. That's it!
4	**S2**	okay… Who's the next one with storms?
5	**S3**	him!
6	**T**	did everybody understand her presentation?
7	**Ss**	yeah!
8	**T**	and why didn't you ask questions? Didn't you tell me that you make the
9		presentation better / when you ask questions?
10	**S4**	/ because this time this kind of presentation is no…
11	**S2**	not interesting…
12	**S4**	more interesting than the presentation of my own planet…
13	**T**	convince me! Convince me!
14	**S4**	yeah
15	**T**	I'm not convinced.
16	**S4**	yes. because … hmmm… the
17	**S2**	because …

115 / PARTE 2: RECURSOS

18	**S4**	we invention and we can make many questions
19	**S2**	yeah
20	**S4**	we can invent many
21	**S1**	and here, no, it's a fact!
22	**S5**	it's not interesting…
23	**T**	so you think it's more interesting when you invent the presentation?
24	**All sts**	yeah…
25	**T**	okay… but let me ask you something: do you think these presentations can
26		help you have more vocabulary so that, in the future, you can invent inter-
27		esting things?
28	**All sts**	yes…
29	**T**	you think so? So, let's try to do it the best way we can, okay?

Arquivo pessoal da autora.

A estratégia

A criação de envolvimento entre os participantes de uma interação oral é uma estratégia muito importante que permeia outras estratégias, algumas já tratadas neste livro (por exemplo, "Monitorando o entendimento do interlocutor", "Mantendo, alocando e tomando o turno", "Usando *backchannelling*"). Nesta e nas próximas três seções vamos tratar de criação de envolvimento, começando por esta seção, mais geral, e desenvolvendo as ideias aqui apresentadas em estratégias subsidiárias mais específicas ("Criando envolvimento através de perguntas", "Criando envolvimento através de reações positivas", "Criando envolvimento através do uso de *too* e *either*").

A primeira parte da interação acima (linhas 1 a 5) mostra bem como a ausência de envolvimento torna uma atividade de produção oral em sala de aula árida e desinteressante. O final da apresentação da Aluna 1 é por ela sinalizado através do uso de *That's it* (linha 3), e logo em seguida outra aluna (S2) já indaga quem será o próximo apresentador. Não há perguntas, comentários, opiniões, *feedback*, reações (positivas ou negativas!); enfim, não há envolvimento entre os participantes.

A professora faz deste problema um tópico para conversa (linha 6) incluindo, no seu gerenciamento da discussão: (1) pedido de justificativas para o não envolvimento dos alunos (linha 8); (2) pedidos de justificativas para o fato de acharem a apresentação desinteressante (linhas 13 e 15); (3) confirmação de entendimento do argumento dos alunos (linha 23) e (4) negociação de potencial solução para evitar problemas similares no futuro (linhas 25 e 29).

De certa forma, a discussão acima ilustra como a professora criou envolvimento com seus alunos, a fim de discutir uma questão importante para o processo de aprendizagem da turma. Em outras palavras, começando na linha 6 até o final do trecho apresentado, cria-se envolvimento na interação falando-se de questões relativas à criação de envolvimento em interações em sala de aula! Afinal, a conversa gera não apenas a liderança da professora no encaminhamento da discussão mas também uma participação ativa de todos os alunos da turma através de respostas entusiasmadas (linha 19), articulação de ideias e opiniões (linhas 11, 20 e 22) justificativas de opinião (linhas 10 e 16-18), comparações (linhas 12 e 21). Curiosamente, foi essa participação ativa que faltou durante a apresentação da Aluna 1.

A discussão acima ilustra o desenvolvimento da estratégia "Criando envolvimento na interação" sob dois aspectos, o pedagógico e o linguístico. Sob uma ótica pedagógica, isto é, mantendo nosso foco em questões relativas sobre o ato de ensinar e aprender, encaminhar tal discussão com os alunos é uma prática importante (essencial!) para a sensibilização dos alunos a respeito da importância da criação de envolvimento em interações orais. Esquematicamente, o processo de criação de envolvimento ilustrado na interação acima pode ser representado assim:

> Professora faz uma pergunta > Alguns alunos expressam opiniões (isoladas e construídas colaborativamente) > Professora ouve os alunos >

> Professora elabora argumentos em cima do que foi dito pelos alunos > Professora estimula entendimento comum sobre o assunto >

O esquema acima nos leva ao segundo aspecto a ser tratado, o linguístico. A questão aqui é indagar quais os recursos linguísticos usados pelos participantes para se engajar em tal criação de envolvimento. O quadro a seguir lista tais recursos:

Fala da professora	Fala dos alunos
And why didn't you…? Didn't you tell me…? Convince me! So you think…? But let me ask you something:… You think so? So let's try to… okay?	Because this time… …more…than…[something that happened before] Yes. Because… We [do this] and we can [do that]

  É importante lembrar que envolver o interlocutor significa tornar uma conversa uma "conquista interacional" em que todos os participantes são responsáveis por manter a costura do que é dito. Em outras palavras, em interações orais queremos evitar monólogos que não atingem os outros participantes como observamos nas linhas 1 a 3 acima. Devemos procurar ter, ao contrário, um entrelaçamento de falas que envolve a todos os participantes (como observamos nas linhas 8 a 22 da interação).

  Nas próximas seções desenvolveremos essas ideias, apresentando e discutindo formas de como construir esse entrelaçamento.

Aplique a estratégia

1 > a. Em cada uma das situações a seguir, identifique as formas usadas pelos participantes para garantir o envolvimento na interação.

(a) Numa palestra: "I'm going to talk about volcanoes, which is similar to what Debbie (looks at Debbie, who is in the audience) did last week, but hopefully I'll bring some new elements."	
(b) Numa conversa entre amigos: "I know this kind of thing happens with everyone, and I'm not the first to be given such challenge. But what do you think, Ricky, how did you feel when you went through something similar?"	
(c) Entre membros da mesma família: "So what do you all think we should do on our next vacation?"	
(d) Numa reunião de trabalho: "So that's what we'll do. We'll change the dates of the conference so that it doesn't clash with the Easter holidays. Are we all ok with this?"	
(e) Entre amigos: Mick I'm worried about my future. Ron But what exactly are you worried about?	

2 > a. Em seu bloco de notas, transforme o trecho do exemplo acima (linhas 1 a 3) numa interação entre 3 alunos, de forma que haja envolvimento durante a apresentação sobre relâmpagos. Ao escrever seu diálogo, use o esquema a seguir como referência:

> Apresentador faz uma pergunta > Ouvintes expressam opiniões (isoladas e construídas colaborativamente) > Apresentador ouve os colegas

> O apresentador elabora argumento a partir do que foi dito pelos colegas > Os três participantes negociam um entendimento comum sobre o assunto

b. Releia o seu diálogo em voz alta e avalie se o uso de outras estratégias já discutidas neste livro poderiam melhorá-lo. Veja o sumário da página 6 para a lista de estratégias.

Sugestões adicionais

- O texto clássico sobre envolvimento em interações é o livro *Talking voices: repetition, dialogue, and imagery in conversational discourse*, escrito pela linguista norte-americana Deborah Tannen em 1989. Um resumo do capítulo que trata de criação de envolvimento em interações pode ser encontrado em <http://pubpages.unh.edu/~jds/Tannen-involv.htm>.
- Em <http://downloads.bbc.co.uk/worldservice/learningenglish/howto/howto_discussing_continuing_conversation.pdf>, você pode ler sobre como envolver o interlocutor através de um diálogo com comentários sobre o assunto.
- Se você dá aulas de inglês, escolha um tema para debate em conjunto com a turma. É importante escolher um tema sobre o qual todos tenham algo a contribuir, por exemplo, vida escolar, o futebol no Brasil, a rotina doméstica, as opções de lazer na cidade, a aprendizagem de inglês. A turma senta no chão, formando um círculo e um dos alunos segura uma bola e inicia a conversa. Ao terminar seu turno, ele joga a bola a um colega. Este deve retomar o que foi dito de alguma forma e continuar a conversa, jogando a bola a outro colega ao terminar seu turno. Este colega repete os procedimentos.

21» CRIANDO ENVOLVIMENTO ATRAVÉS DE PERGUNTAS

A situação

Numa aula de inglês para adolescentes, os alunos falam sobre suas *fairy tales* preferidas. Como parte da dinâmica do trabalho de produção oral nesse grupo, os alunos sabem que é sua responsabilidade promover a participação de todos sem o auxílio da professora. No entanto, um dos alunos (Duda) não parece estar ativamente engajado na atividade e Pedro, seu colega, resolve usar uma estratégia de envolvimento para estimular a participação de Duda.

A interação

1 **Pedro** Duda, do you think that fairy tales are good... to children?
2 **Duda** Yes, I think... they... they give the child...more... imagination... and... creativity...
3 **Pedro** Do you remember that-that video that the teacher.. uh.. passed to us
4 about... fairy tales... that woman that... uh...childrens that learn, that listen
5 to fairy tales... would be a good... good reader later...
6 **Duda** No, I don't remember.
7 (*a turma ri*)
8 **Pedro** (*coça o queixo como se estivesse pensando*) Cause (*pronuncia a palavra*
9 *estendendo o som vocálico em 'cau'*)...
10 **Fred** Uh... by the way=
11 **Pedro** [*sinaliza com a mão para Fred esperar*] =**no**,no, I, I'd like to ask you, if you..
12 if you..if you agree that children that used to, to listen... fairy tales..When
13 I..When..When you're a child, short, will you... will be... a (*estende o som*
14 *'a'*) person that would like to read and will...increase their... creativity?=
15 **Duda** =Yes, I agree completely... with you.

Adaptado de Fabricio, Branca Falabella. Coparticipação tático-reflexiva: formas de (inter)ação na sala de aula de LE com potencial democrático. *Calidoscópio*, Vol. 5, n. 2, maio/ago. 2007, p. 134-135.

A estratégia

A fim de promover o envolvimento de Duda, Pedro faz uso de um recurso discutido na seção anterior: a formulação de perguntas. Vale ressaltar, porém, que as perguntas formuladas por Pedro são bem-sucedidas não apenas porque são perguntas. Se ele tivesse perguntado sobre as histórias favoritas de Duda, a interação poderia não ter ido adiante (afinal, esse foi o tópico previamente discutido, no qual Duda optou por não participar). Na linha 1, Pedro trouxe uma nova ótica à discussão ao pedir a opinião de Duda sobre um tema mais geral e não sobre experiência pessoal: os benefícios que os contos de fadas podem trazer às crianças. Essa perspectiva é menos ameaçadora de face do que um tema que envolve experiência pessoal, e, se foi intencional ou não, o fato é que funcionou, pois gerou uma resposta relativamente longa de Duda (linha 2). Note que, ao insistir em envolver o colega com perguntas, Pedro faz uma segunda tentativa (linhas 3-5), desta vez envolvendo experiência pessoal – e o resultado é insatisfatório, pois gera uma resposta que finaliza o assunto (linha 6), e possivelmente ocasiona também um embaraço por parte de Duda. Mas Pedro insiste, e formula mais uma pergunta (linha 11), mesmo que para isso tenha de interromper outro colega que quer mudar o assunto (linha 10). A pergunta final de Pedro é uma Yes/No Question (portanto, fácil de ser respondida) que retoma o tema anterior menos ameaçador de face (os benefícios da leitura de contos de fadas). A essa pergunta Duda reage com uma resposta mais elaborada do que sua resposta anterior.

> **Yes/No question** é uma pergunta que requer ou "sim" ou "não" como resposta; por exemplo, *Do you like coffee?* é uma *yes-no question* mas *What's your favorite type of drink?* não o é.

O que esse exemplo nos sugere? Sugere que as perguntas utilizadas para se criar envolvimento na interação, especialmente em se tratando de interlocutores mais "hesitantes" em participar, não devem ser muito pessoais. Devem, também evitar assuntos sensíveis, tais como religião ou posicionamentos políticos. Em geral, essas perguntas devem abordar aspectos do ambiente em que ocorre a conversa (se uma festa, por exemplo, a decoração, a comida, a música), ou o tempo, ou eventos que acontecem na cidade, no país e no mundo (tal como discutido em "Estabelecendo contato com um interlocutor"). O quadro a seguir sugere algumas formas de se articularem essas perguntas em inglês.

- Nice food, isn't it?
- So are you enjoying the party?
- Great music, don't you think?
- It's been a lovely day today, hasn't it?
- So have you heard about the bombing in Oslo?

Em situações em que queremos envolver um interlocutor hesitante, ou um interlocutor que não conhecemos bem, as perguntas devem ser *open-ended*, isto é, elas não devem ter respostas definidas *a priori*, o que deixa a pessoa que vai responder numa posição

> **Information question** é a pergunta que requer uma informação como resposta, e não apenas *yes* ou *no*. Por exemplo, *What did you eat last night?* é uma *information question*; *Did you eat well last night?* não o é.

mais confortável de contribuir com uma resposta. *Yes/No questions* são perguntas mais "fáceis" no sentido de que não requerem, por definição, uma resposta mais longa. Nesse sentido, a pergunta *So have you heard about the bombing in Oslo?* é menos ameaçadora do que a Information question *So what do you think about the bombing in Oslo?*, já que esta última pressupõe que (1) o interlocutor ouviu falar das explosões, (2) tem uma opinião formada a respeito do caso e (3) está disposto a compartilhar essa sua opinião. Tantas pressuposições podem levar a um mau resultado na tentativa de envolver um interlocutor!

Como já discutido em outras seções, ao fazer perguntas e receber respostas, é importante "fazer a costura" na conversa para garantir envolvimento de todos. Uma resposta deve levar a comentários específicos sobre elas, ou a outras perguntas. Um bom modelo a ter em mente ao se construir envolvimento através de perguntas é o ilustrado a seguir:

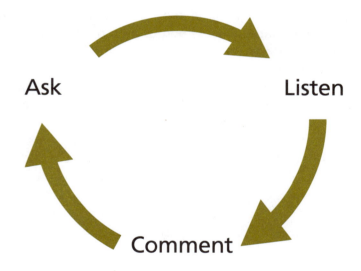

Repare que o movimento sugerido é cíclico e cumulativo: uma resposta deve levar a um comentário e a outras perguntas, o que faz reiniciar o ciclo e garante a costura da interação.

Para finalizar, vale o comentário de que fazer perguntas demais numa interação não é uma boa estratégia de envolvimento! Certamente você conhece uma ou mais pessoas que costuma bombardear seus interlocutores com perguntas, e sabe que muitas perguntas geram desconforto por parte de quem as recebe. Como outras estratégias, esta deve ser usada com critério e monitoramento constante de seus efeitos na interação.

Aplique a estratégia

1 > a. No diálogo a seguir o participante **A** tenta envolver o participante **B** numa conversa através do uso de perguntas. Leia o diálogo e responda: a tentativa de envolvimento foi bem-sucedida? Por que (não)?
_____
_____

A	Where are you from?
B	Saint Louis.
A	What do you do?
B	I'm a teacher.
A	What do you teach?
B	Maths.
A	Where do you work?
B	Springfield School.

b. Reescreva o diálogo acima, de forma que haja maior – e melhor – envolvimento de **B** na interação.
_____
_____
_____
_____
_____
_____
_____

2 > O trecho a seguir é tirado de uma cena no filme *The Holiday*, em que o personagem Miles, um músico, está ao piano tocando algumas trilhas sonoras. A seu lado está a personagem Iris. Sublinhe as perguntas feitas por Miles e responda:

a. As perguntas são bem-sucedidas na criação do envolvimento de Iris na interação? Por que (não)?
_____

b. As respostas de Iris contribuem para a manutenção do envolvimento? Se sim, de que forma?
_____
_____

Miles	Now let me ask you. Have you seen this?
Iris	Chariots of Fire. Loved it.
Miles	[*doing an impression of the soundtrack*] Such a great score by Vangelis. He took electronic scores to a new level. It was groundbreaking. I'm gonna test you on this later. Okay. Driving Miss Daisy. Hans. Very unexpected. Do you remember how great it was? [*doing impression of soundtrack*]
Miles	Sassy! Love it. Is this a bad game?
Iris	No.
Miles	Okay.
Iris	Keep going.
Miles	Sometimes I get self-conscious about my...

[*interrupts himself by singing Gone with the Wind soundtrack*]

Miles	[*singing*] Are you embarrassed by this game I've started to play?

Disponível em: <http://www.imdb.com/title/tt0457939/quotes>. Acesso em: 21 jun. 2011.

Sugestões adicionais

- Para ler mais sobre tipos de perguntas que podem auxiliar a criação de envolvimento interacional, visite os *sites*: <http://ezinearticles.com/?10-Must-Ask-Questions-to-Keep-a-Conversation-Going&id=4034116> e <http://www.englishtown.com/community/channels/article.aspx?articleName=113-smlltlk>.
- No *site* <http://www.examsreform.hu/Pages/ST_SitTasks.html>, você encontra uma relação de *role plays* que podem ser sugeridos numa entrevista oral. Os *prompts for the interlocutor* que acompanham a descrição desses *role plays* são bons exemplos de como se pode envolver um interlocutor para dar continuidade a uma conversa.
- Se você dá aulas de inglês, faça um brainstorming de perguntas na lousa e peça aos alunos que conversem em pequenos grupos, procurando garantir a participação de todos na conversa. As perguntas na lousa devem funcionar como referência e apoio aos alunos na criação e manutenção do envolvimento de todos os participantes.

Brainstorming é uma técnica de geração de ideias que envolve a participação espontânea e conjunta de todos os membros de um grupo.

22>> CRIANDO ENVOLVIMENTO ATRAVÉS DE REAÇÕES POSITIVAS

A situação

Numa aula de inglês, os alunos, em pares, estão apresentando diálogos (*role plays*) que prepararam há pouco. A primeira apresentação é monótona e não garante o envolvimento dos participantes. O professor pede ao grupo que repita a apresentação, mas, novamente, a atividade não é bem-sucedida. Haveria algo que pudesse ter sido feito pelos participantes para garantir uma apresentação envolvente?

A interação

1	**Professor**	So, I'd like you to imagine a small dialogue between the tourist and
2		a passer by. Let's do it very fast. It's not necessary to write anything
3		down. Just imagine what he would ask and what the other person
4		would say, OK? A complete question and a complete answer, all
5		right? OK, go ahead.
6	**Alunos**	(*falam todos ao mesmo tempo, olhando para o professor*)
7	**Professor**	One at a time! Ok, Gustavo and Eduardo.
8	**Alunos**	(*Gustavo e Eduardo falam muito baixo e não conseguem manter a*
9		*atenção dos outros colegas, que conversam enquanto os dois falam;*
10		*o diálogo produzido é inaudível.*)
11	**Professor**	First of all, I didn't understand what you said and I imagine that the
12		other people didn't either, because they couldn't hear what you said
13		and because they weren't listening, they were talking. Let's try again.
14	**Alunos**	(*A mesma rotina se repete. Os alunos falam muito baixo, não con-*
15		*seguindo engajar os colegas, que conversam entre si.*)
16	**Professor**	OK, let's give somebody else a chance, because you've wasted yours.
17		So, Gustavo and Eduardo, pay attention to Fernanda and Ivan.
18	**Fernanda**	Could you tell me if this is the British Museum?
19		(*olhando para o professor*)
20	**Professor**	If this is the British Museum? No, you should go like this "Is this the...?"

Fabricio, Branca Falabella. Coparticipação tático-reflexiva: formas de (inter)ação na sala de aula de LE com potencial democrático. *Calidoscópio*, Vol. 5, n. 2, maio/ago. 2007, p. 128.

A estratégia

Há dois aspectos a serem discutidos sobre a situação acima. Sim, houve equívocos na forma em que os participantes tentaram (ou não tentaram...) criar envolvimento uns com os outros, mas é importante notar que esses equívocos ocorreram tanto por parte dos alunos que improvisavam seu diálogo quanto por parte do professor.

Comecemos pelos alunos. Na primeira improvisação, Gustavo e Eduardo usaram tom e flexão de voz inadequados que não garantiram a atenção e consequente envolvimento dos outros colegas. Na segunda rodada de improvisações, Fernanda, ao invés de manter contato visual com seu par (Ivan), produziu sua fala projetando seu olhar para o professor.

Mas o professor também cometeu uma série de equívocos que certamente contribuíram para o mau resultado da atividade, conforme lista a seguir:

- Os procedimentos da atividade eram problemáticos. Improvisar um diálogo entre um turista e um transeunte com "*a complete question and a complete answer*" (linha 4) faz o diálogo se tornar implausível e, desta forma, desinteressante aos alunos, o que vai afetar seu desejo de envolvimento na tarefa.
- O tom do professor ao comentar o desempenho de Gustavo e Eduardo, bem como o do resto da turma como ouvinte (linhas 11-13 e 16-17), é de crítica e ameaça. Obviamente este não é o tom ideal para se promover o envolvimento dos alunos em sala de aula.
- O professor não fez perguntas que pudessem de fato encorajar o envolvimento dos alunos, ou uma reflexão sobre a importância do envolvimento (como fez a professora na interação ilustrada na seção "Criando envolvimento na interação"). Essa ausência pode estar relacionada com o insatisfatório desenrolar da atividade.
- Ao corrigir a formulação da pergunta de Fernanda (linha 20), o professor comete um equívoco linguístico – afinal, a pergunta de Fernanda (linha 18) foi absolutamente apropriada para o cenário proposto, apoiando seu pedido de informação com o *modal verb Could*, a fim de torná-lo menos abrupto e mais polido.

Neste ponto você pode estar se compadecendo com o professor: "Mas se os alunos estavam mesmo fazendo uma bagunça, como o professor poderia elogiá-los?"; "Se o desempenho dos diálogos dos alunos foi mesmo tão fraco, como o professor poderia dar um *feedback* positivo?"

Seguindo a linha de raciocínio acima, o ponto em questão é que seu *feedback* deveria ter algum elemento positivo, por exemplo, dizendo: "Foi uma boa ideia dizer isso ou aquilo, mas vocês poderiam ter melhorado seu diálogo através de disso ou daquilo outro". Em outras palavras, mesmo um *negative feedback* deve incluir algum aspecto positivo, bem como sugestões de como se pode melhorar o que foi feito. Dizer aos alunos que eles *wasted their chance* (linha 16) não ajuda nem a esses alunos (que vão ficar ainda mais desmotivados e desinteressados, esquivando-se de futuras tentativas de envolvimento), nem ao professor (que deve ter se sentido frustrado ao admitir que a atividade que tinha proposto não teve consequências positivas).

Reações positivas são recomendáveis para se garantir o envolvimento dos participantes não apenas em situações de sala de aula e de trabalho, mas tambem em conversas informais entre familiares e amigos. A tabela a seguir apresenta algumas ideias de como se pode fazer comentários de forma positiva, mesmo que haja aspectos negativos no comentário que está sendo feito.

Positive Comments	Negative Comments With a Positive Outlook
• That is/was great/fantastic/fabulous/very good/lovely/good! • Fantastic news! • I'm so pleased to hear this! • You've done very well. • That's such a nice thing to hear. • What a wonderful idea!	• That is/was good. Perhaps in order to make it better you could… • In general, I'm very pleased with this. However… • You've bought a red curtain? That's brave! • You've done well; next time you might want to focus on… • Really? What made you decide to do that?

A escolha das formas linguísticas a serem usadas ao se expressar uma reação positiva está relacionada com aspectos contextuais da interação: onde ela acontece; quem são os participantes e qual a relação de seu poder interacional; se ela envolve um evento formal ou informal; se já houve anteriormente algum outro comentário positivo, negativo, ou positivo com elementos negativos. Tudo isso deve levar o falante a avaliar o "peso" que pode dar aos comentários a serem feitos. De modo geral, é prudente evitar reações puramente negativas (*That was horrible!/That was terrible!/This is a waste of time!*), pois elas tendem a causar um impasse na interação (por exemplo, longos silêncios), ou desentendimentos, ou sentimentos feridos. Como discutido acima, tudo isso trará consequências negativas para futuras tentativas de envolvimento entre esses participantes.

Aplique a estratégia

1 > a. No diálogo a seguir, identifique as reações dos interlocutores: sublinhe as reações positivas e circule as negativas.

Num carro, estão um casal (M1/W1) e um casal de amigos (M2/W2) que faz uma visita. M1/W1 mostram a cidade a M2/W2.

M1	So this is the main shopping area in town.
W2	That's lovely. I can see you've got all you need here.
W1	And right over there you can see the ruins of the old church.
M2	Where?
W1	Right there, on the left.
M2	Ah! Not very impressive huh? What about that big building over there? What is it?
M1	It's the new recycling centre. Would you like to have a look at it?
M2	Sure.

(*in the recycling centre*)

W1	This place has received a national award, you can recycle over 50 different materials here.
W2	This is amazing!
M2	(*sniffing*): It stinks in here…

b. Reescreva as reações negativas, tornando-as mais apropriadas.

_____

_____

2 > Para cada um dos cenários a seguir, o que você poderia dizer (em inglês!) de forma que não causasse um impacto negativo na interação:

a. Você está prestes a sair com seu/sua namorado/a. Quando você o/a vê, acha que ele/a está vestindo uma roupa inapropriada.

_____

b. Seu amigo lhe diz que decidiu passar as férias num lugar que você já visitou – e onde você teve uma experiência ruim com a comida.

c. Seu subordinado no trabalho lhe pergunta se há algo em que ele/a possa melhorar no seu trabalho. Você acha que há vários aspectos que podem ser melhorados, incluindo a produtividade e disponibilidade do funcionário.

d. Você está numa festa, sentindo-se um pouco entediado porque não conhece ninguém. De repente, você se acha ao lado do anfitrião (que você não conhece bem). Ele lhe pergunta se você está se divertindo.

Sugestões adicionais

- Visite o *site* <http://www.eslfast.com/robot/topics/restaurant/restaurant10.htm> para ler e ouvir comentários positivos sobre comida.
- Para ler mais sobre *negative feedback,* visite o *site* <http://management.about.com/cs/peoplemanagement/ht/negativefb.htm>.
- Filmes e seriados de TV trazem comumente personagens "negativos" que tratam os outros de forma desagradável e às vezes desrespeitosa. Em tais contextos, as cenas em que tais personagens aparecem muitas vezes envolvem humor, uma vez que esses comentários são tão inusitados e inapropriados que chegam a ser cômicos. Alguns exemplos desses personagens são Miranda (no fime *The Devil Wears Prada*), *Dr House* (no seriado de TV *House*) e Jack Byrnes (nos filmes *Meet the Parents*, *Meet the Fockers* e *Little Fockers*). Veja algumas cenas em que tais personagens aparecem (uma busca no *You Tube* com esses nomes pode levá-lo a algumas cenas) e observe como eles articulam comentários e reações negativas, e quais as consequências desses comentários e reações na interação.
- Se você dá aulas de inglês, divida seus alunos em grupos de quatro. Um dos alunos deve descrever oralmente algo que lhe aconteceu recentemente; outro deve articular uma reação positiva a essa descrição; outro, uma reação negativa; outro, uma reação neutra. Em seguida, o grupo discute o impacto dos comentários para o estabelecimento (ou não) do envolvimento na interação. Para facilitar a tarefa, você pode listar algumas formas de se fazerem esses comentários na lousa.

23» CRIANDO ENVOLVIMENTO ATRAVÉS DO USO DE *TOO* E *EITHER*

A situação

Numa aula de inglês, os alunos estão aprendendo vocabulário sobre gêneros musicais e apresentando oralmente suas preferências pessoais e as de membros de sua família. É o terceiro ano de aula de inglês para este grupo de pré-adolescentes. O tema é motivante, todos participam voluntariamente, mas uma análise mais crítica da interação leva-nos a indagar se "a costura" interacional poderia ser melhorada de alguma forma.

A interação

1	**T**	which do you like best?
2	**S1**	I like rock
3	**S2**	I like rock
4	**S3**	I like rock
5	[…]	
6	**T**	what kind of music do your parents like?
7	**S2**	ah my parents like… I don't know
8	**S4**	my parents like Beatles
9	**S1**	I like Beatles
10	**S5**	my father hates hates hates Britney Spears and…
11	**S1**	my father hates Britney Spears too

Arquivo pessoal da autora.

A estratégia

As duas sequências que expressam as preferências dos alunos e as de seus pais (linhas 2 a 4 e linhas 7 e 8, respectivamente) ilustram uma participação que poderia ser descrita como "participação-soluço", ou seja, as falas são produzidas em jorros isolados: elas vêm em sequência mas não contêm integração com outras falas. Tal integração poderia ser garantida através do uso dos elementos "too" e "so", em frases como *I like it/them too* e *So do I*.

As linhas 9 e 10 mostram uma tentativa, por parte dos alunos, de estabelecer uma costura interacional e também do uso de *too* (linha 11), e uma leitura em voz alta da conversa vai deixar mais clara a coesão da interação nessas três linhas finais. Em outras palavras, esses elementos estabelecem envolvimento na interação, integrando o que foi dito com o que está sendo dito, conectando o falante e o ouvinte e tornando-os falantes-ouvintes simultaneamente.

Para usar tais formas, porém, é necessário um entendimento das regras gramaticais resumidas a seguir:

> **Verbo auxiliar** é o verbo usado com outros verbos para fazer perguntas (*Did you understand?*), negativas (*She doesn't love him as much as he loves her.*) ou apoiar a formação de tempos verbais (*He had fallen asleep when I arrived from work*).

Sentença original na afirmativa	Expressando ideia similar	
	Too	*So*
	Adicionar o elemento no final da sentença original	Começar a nova frase com *So*, e acrescentar verbo auxiliar da sentença original
I like rock music.	I like rock music, too.	So do I.
I liked the party.	I liked the party, too.	So did I.
I can play the guitar at the party.	I can play the guitar at the party, too.	So can I.

Quando a sentença original é negativa, os elementos usados para fazer a conexão são *either* e *neither*.

Sentença original na negativa	Expressando ideia similar	
	Either	*Neither*
	Adicionar o elemento no final da sentença original	Começar a nova frase com *neither*, acrescentando verbo auxiliar da sentença original
I don't like rock music.	I don't like rock music, either.	Neither do I.
I didn't like the party.	I didn't like the party, either.	Neither did I.
I can't play the guitar at the party.	I can't play the guitar at the party, either.	Neither can I.

O uso dessas formas é recomendado sempre que for apropriado expressar uma ideia similar à que foi falada. No entanto, para se estabelecerem conexões com o que foi dito por nosso interlocutor não basta ficar dizendo apenas *so do I, I like too, neither do I* etc. Tal uso seria irritante, e acabaria por criar um outro tipo de "interação-soluço", como no exemplo hipotético a seguir:

A	I like cats.
B	So do I.
A	I don't like dogs.
B	Neither do I.
A	I don't like hamsters.
B	I don't either.

Para ser mais bem utilizada, esta estratégia deve ser apoiada pelo uso de outras estratégias de envolvimendo como as já apresentadas até agora neste livro ou outras que ainda serão discutidas, como a próxima: "Expressando concordância e discordância".

Aplique a estratégia

1 > Relacione as colunas formando pares A-B da mesma conversa:
- a. **A** Jennifer Aniston is American.   ( ) **B** So can Jamie Foxx.
- b. **A** Justin Bieber was born in Canada.   ( ) **B** Neither did Bill Gates.
- c. **A** Barack Obama doesn't live in New York City. ( ) **B** So is Tom Hanks.
- d. **A** Clint Eastwood can play the saxophone. ( ) **B** Neither will England.
- e. **A** Thomas Edison didn't invent the computer. ( ) **B** Neither does Elton John.
- f. **A** The USA won't host the 2018 World Cup. ( ) **B** So was Jim Carrey.

2 > Reescreva os minidiálogos a seguir, substituindo as "falas-soluço" em **B** por outras que usem *too, so, either* ou *neither*.

a.
A I don't like whisky.
B I don't like whisky.
_____
_____

b.
A I went to California last year.
B We went to California last year.
_____
_____

c.
A My parents can speak French.
B My parents can speak French.

_____
_____

d.
A I have finished my homework.
B We have finished our homework.

_____
_____

e.
A I'll look for a new job soon.
B I'll look for a new job soon.

_____
_____

3 > Sublinhe as frases que são verdadeiras sobre você. Em seguida, reaja oralmente a tais frases usando *too*, *so*, *either* ou *neither*.

a. I can't fly a plane.
b. I can speak English.
c. I was born in Brazil.
d. I didn't live in the USA when I was a teenager.
e. I like hamburgers.
f. I don't live in Australia.

Sugestões adicionais

- Mais informações e exercícios sobre *so*, *too*, *either* e *neither* podem ser encontrados em: <http://www.5minuteenglish.com/mar4.htm>; <http://www.grammar-quizzes.com/too-either.html>; <http://www.eslbee.com/cobaq/quizzes/13_so_too_neither.htm>.
- Se você dá aulas de inglês, pratique a estratégia através do Jogo da Velha: desenhe o quadro do jogo na lousa e em cada um dos nove quadradinhos escreva uma sentença similar às sentenças do exercício 3 acima. Divida a turma em dois grupos: X e O. Alternando os grupos chamados, um aluno escolhe um quadradinho e "reage" à sentença lá apresentada (por exemplo, se está escrito "I can play chess" no quadradinho, o aluno tem de dizer *I can too* ou *So can I* para poder marcar um ponto. Se sua frase estiver incorreta, ele não marca e a jogada passa para o outro time. Vence o time que primeiro marcar uma linha reta de 3 quadradinhos.

24» EXPRESSANDO CONCORDÂNCIA E DISCORDÂNCIA

A situação

Numa aula de inglês para crianças, a turma está envolvida em uma atividade proposta em seu livro didático. Os alunos estão no seu segundo ano de aprendizagem da língua e a atividade em foco parte de fotos de alguns animais (*a panda, a hippopotamus, a humming bird, a tarantula*), de locais (*in trees, in rivers, underground* etc.), de alimentos (*insects, plants* etc.) e da lista dos continentes, solicitando aos alunos que produzam frases oralmente descrevendo onde vivem e o que comem esses animais (por exemplo, *A panda lives in trees. It eats plants and lives in Asia.*). A professora tenta fazer da atividade um momento genuíno de interação: estimula os alunos a irem além da simples expressão de ideias e expressarem concordância ou discordância com o que foi dito pelos colegas. Os alunos, de fato, discordam de algumas ideias e concordam com outras – mas será que as formas usadas para criar envolvimento através de concordância e discordância são satisfatórias?

A interação

1	S1	I think… the… a panda… lives in North America?
2	S2	no
3	S3	I think panda lives in, in India or (?)
4	S2	yes
5	T	yes?
6	S4	yes
7	T	/ okay
8	S4	/ I think =
9	S3	= they eat plants . they (?) =
10	S1	= yes
11	S5	I think… ééé… ééé hippopotamus.. live in… Africa
12	S6	hum?
13	S5	yes, there there are hippotamus in Africa =
14	S3	= yes
15	T	okay… go ahead (*writes on board: "That's right." / "I agree." / "I don't agree."*)
16	S2	I think the (?)
17	S3	that's right

18	**S2**	I think the humming bird lives in South America and... other parts of the world
19	**S1**	pandas... I... I don't agree they live in India.... I don't agree they live in India
20	**S6**	I don't agree
21	**S2**	/ (?)
22	**S1**	/ no. North America or Asia

Arquivo pessoal da autora.

A estratégia

Foi muito boa ideia da professora de trazer a estratégia à tona e incentivar os alunos a aumentarem seu repertório de como expressar concordância. Note-se que os alunos já vinham tentando expressar concordância através de *yes* (linhas 4, 6, 10 e 14) e *no* (linha 2), e a professora resolve intervir na linha 15 e adicionar outras opções na lousa para os alunos usarem como referência ao concordar ou discordar com os colegas. Como visto na interação, os alunos estavam atentos para tal "ajuda" na lousa e rapidamente incorporam as sugestões (linhas 17-20) sem a necessidade de a professora apresentar detalhes sobre o que e para que escreveu.

Tudo isso é bastante positivo na interação: a participação ativa e voluntária dos alunos, seu uso da estratégia com ou sem as formas sugeridas pela professora, a preocupação da professora em estimular os alunos a aumentar seu repertório linguístico para concordar ou discordar.

Porém, uma pergunta que precisa ser feita é se as formas sugeridas (*That's right, I agree, I don't agree*) são as formas mais apropriadas para serem oferecidas como opções para os alunos, especialmente se consideramos que a faixa etária da turma é de 12-13 anos. Ao concordar e/ou discordar em inglês, como em outras situações discutidas neste livro, é importante levar em conta elementos contextuais, tais como nível de formalidade da situação, relações hierárquicas entre os participantes, sua idade, entre outros.

Neste sentido, *That's right* é uma boa opção no caso acima: é informal mas pode ser formal, é uma espécie de "coringa" para o ato de concordar. No entanto, tanto *I agree* quanto *I don't agree* são comentários muito formais, implausíveis no contexto de interação entre alunos dessa faixa etária. No caso de *I don't agree*, a situação ainda se complica mais um pouco porque essa locução é direta demais e pode causar desconforto na interação.

O ato de concordar não é ameaçador de face, e a atenção do falante ao escolher a forma mais adequada deve ser dirigida a aspectos de formalidade, como indicado na tabela a seguir que lista alguns exemplos de como expressar concordância e discordância de forma menos ou mais direta:

How to agree	
Informal/ Neutra ⟵————————⟶ **Formal**	
That's right. Yes. I totally agree. I think you're right. That's for sure. Tell me about it! Exactly. Huh huh. I know what you mean. I was just going to say that. (Fazer que sim com a cabeça)	I couldn't agree more (with you). Precisely. Indeed. Certainly! You're absolutely right.

Para discordar, é importante evitar o uso de formas mais diretas se você detém uma posição de menor poder interacional. Mesmo sendo o falante com maior poder interacional numa situação, é recomendável evitar discordâncias muito diretas, pois estas tendem a criar confrontos e quebras na comunicação (Mais sobre isso em "Expressando ideias potencialmente desagradáveis"). A tabela a seguir lista algumas formas de expressar discordância, realçando quais são as formas mais e menos "fortes" de se discordar de algo em inglês.

How to disagree		
Less strong ⟵————————⟶ **Stronger**		
I kind of agree, but... Maybe that's not right. Yes, but… Hmm, I'm not sure about that.	Are you sure? I'm afraid I don't agree with you. I agree with you up to a point, but… I don't think so. That's not always true,…	No. I disagree. I don't agree. You're wrong. No way!

Há pessoas mais diretas que outras, assim como há culturas mais diretas que outras. Como sempre, cabe ao falante avaliar o contexto da fala e selecionar as formas mais apropriadas nesse contexto. Concordar é uma boa estratégia de criação (e manutenção de envolvimento), mas, se você concorda com seu interlocutor o tempo todo, corre o risco de ser interpretado como uma maria-vai-com-as-outras. Mesmo em casos em que você concorde em termos gerais com seu interlocutor, é possível que você tenha uma perspectiva diferente sobre algum aspecto do assunto tratado (mais sobre isso em "Expandindo e conectando ideias" e "Pedindo, dando e justificando opiniões").

Aplique a estratégia

1 > Para cada uma das sentenças a seguir, reaja oralmente, expressando concordância e discordância de forma a manter a costura e o envolvimento na interação.
   a. Genetically-modified food is an excellent idea.
   b. Women should stay at home and take care of their children.
   c. The best beaches in Brazil can be found in Ceará.
   d. It's easier to understand American English than British English.
   e. We can become better communicators by using speaking strategies.

2 > a. O trecho a seguir faz parte de uma cena do filme *The Devil Wears Prada*, em que a personagem Miranda está entrevistando Andy para ser sua assistente. Observe como Miranda expressa sua opinião (linha 1) e como Andy e Miranda discordam na sequência (linhas 2 e 3). As duas personagens usam formas de discordar similares? Quais efeitos tais discordâncias causam no interlocutor?

1	**Miranda Priestly**	...You have no sense of fashion...
2	**Andy Sachs**	I think that depends on...
3	**Miranda Priestly**	No, no, that wasn't a question.

Disponível em: <http://www.imdb.com/title/tt0458352/quotes>. Acesso em: 21 jun. 2011.

   b. Reescreva a cena acima, de forma que Miranda expresse sua opinião (linha 1) de forma menos direta. Considere, ao escrever, como essa mudança afeta o restante da interação.
   _____
   _____
   _____

   c. Reescreva a cena acima, de forma que Miranda discorde (linha 3) de forma menos direta.
   _____

Sugestões adicionais

- Para ler mais sobre esta estratégia, visite o *site* <http://www.bbc.co.uk/worldservice/learningenglish/radio/specials/1210_how_to_converse/page14.shtml>. Nele você pode encontrar informações, exemplos, áudios e exercícios sobre o tema.
- Se você dá aulas, estimule a prática de concordâncias e discordâncias sempre alertando seus alunos para a importância de se variarem as formas e se suavizarem as discordâncias, sobretudo em conversas que envolvam relações assimétricas de poder entre os participantes. Com alunos com maior proficiência linguística, você pode praticar com atividades como a do Exercício 1 acima (propondo *statements* aos quais os alunos devem reagir concordando ou discordando). Com alunos com menor nível de proficiência, você pode pedir que escrevam algumas formas de concordar e discordar (cada uma num pedaço de papel). Em seguida, você diz frases simples em voz alta (por exemplo, *Cats are more intelligent than dogs; Brazil is a nice place to live; It's important to learn English*), e os alunos escolhem um papelzinho e mostram-no aos colegas ao redor.
- Outras sugestões de atividades para a sala de aula podem ser encontradas em <http://esl.about.com/od/conversationlessonplans/a/lp_view.htm> e <http://www.allenglish.org/Activities/activities-agreedisagreeidentify.html>.

25» PEDINDO, DANDO E JUSTIFICANDO OPINIÕES

A situação

Numa aula de inglês para crianças, a turma está lendo um livro em que um dos personagens expressa uma generalização ao dizer *Women are vain everywhere!*. Para trabalhar a noção de generalização e estimular os alunos a refletirem sobre a inadequação de tais comentários, a professora escreveu na lousa uma série de outras generalizações: *Boys don't cry; Girls are more organized than boys; Men like football; women don't; Boys are more sensitive than girls*, entre outras. A professora quer pedir aos alunos que deem suas opiniões sobre as sentenças. Mas é possível fazer isso numa turma crianças de 11-12 anos? E mais, será possível fazer isso em inglês, quando esses alunos estão no segundo ano de aprendizagem da língua?

A interação

1	T	so what's the conclusion you come up with after all this discussion?
2	S1	/ all the
3	S2	/ all
4	S1	all these sentences (*pointing to the board*) are...
5	T	are what?
6	S3	/ incorrect
7	S1	/ are bad
8	T	why are they bad?
9	S1	because they are not true
10	T	are they totally bad or 100%...100% false?
11	S3	(*laughs*) no
12	S2	no, no, ninety-nine
13	S3	yes, they're one hundred per cent... because a boy can be sensitive...a girl
14		can be sensitive... depends on the / kind of person
15	S1	/ depends on the kind
16	T	so what's the problem with all the sentences? what are they doing that they
17		shouldn't do?
18	S1	/ they are (*hesitating in Portuguese*) ééé
19	S3	/ they're
20	S4	(*looking at Ana*) what?
21	T	is it a difficult question?

22	**S3**	they are making a difference between a girl and a boy... no difference... like
23		boys can't cry... they try not to cry... some boys, but (?)
24	**T**	so you keep repeating that. Some do, some don't ...some are, some aren't.
25		so what's the problem with these sentences, when they say 'boys don't cry'?
26	**S1**	because they are... they are... they are / all the boys ... some
27	**S4**	/ it's one direction
28	**S1**	yeah, they are, not boys and girls. Boys. No, but it's not, because boys...
29		some boys are very sensitive, but some girls too

Arquivo pessoal da autora.

A estratégia

A interação acima começa com a professora pedindo a opinião dos alunos sobre as frases com generalizações (linha 1), e os alunos, em colaboração, constroem sua opinião (2 a 7) com uma pequena ajuda da professora (linha 5). O que se segue é um pedido de justificativa de tal opinião (linha 8); afinal, dizer que uma ideia é "bad" (linha 7) ou "incorrect" (linha 6) não é suficiente para se sustentar um argumento. E os alunos mostram do seu jeito como isso é possível, mesmo sem conhecer a palavra *generalization*. Eles usam justificativas tais como "because they are not true" (linha 9), "they are making a difference between a girl and a boy [but there is] no difference" (linha 22), "it's one direction" (linha 27).

O debate acima flui bem porque os alunos já vinham trabalhando com importantes noções de regras interacionais sobre envolvimento em interação, tais como a necessidade de se perguntar, comentar, manter contato visual. E a interação acima mostra como, mesmo com *young learners,* é possível criar condições de debate e argumentação que vão além dos depoimentos isolados e desconectados (sem costura) envolvendo *I think / I believe / I figure / I reckon.* Nesse sentido, repare que a interação acima seria totalmente diferente se os alunos tivessem respondido da seguinte forma à pergunta da professora:

Teacher So what do you think about those sentences?
S3 I think they are incorrect.
S1 I think they are bad.
S4 I believe that they are "in one direction".

O cenário hipotético acima criaria uma interação menos envolvente, menos coesa, consistinto em "falas-soluço" desconectadas umas das outras. Em outras palavras, é importante conhecer as "ferramentas básicas" para pedir e dar opinião em inglês (a tabela a seguir lista algumas dessas formas), mas igualmente importante é a atenção para a justificativa de tais opiniões, bem como o foco em promover entrelaçamentos entre o que foi dito antes e o que está sendo dito.

Asking for someone's opinion	• So what do you think (about this)? • What are your thoughts on this? • What's your take on this? • Do you agree? • How do you feel about this?
Giving your opinion	• In my opinion… • I'd say that • I think / I believe / I reckon / I gather / I figure / I feel • It seems to me that • As far as I'm concerned • The way I see it • To me • To my mind • To be honest • If you ask me…

As expressões acima são normalmente usadas por adultos, e note-se que todas as expressões listadas para se dar opinião "restringem" o que é dito, tornando a opinião de fato caracterizada como tal e não como fatos irrefutáveis. É interessante observar que, na interação ilustrada acima, as crianças articulam suas opiniões como fatos – e isso é algo que ainda terão de trabalhar no futuro!

É importante lembrar que esta estratégia (como todas as outras) deve ser usada com sensatez: pedir a opinião dos outros o tempo todo pode sinalizar incerteza e insegurança por parte do falante. É importante lembrar, também, que articulações de opiniões devem ser apoiadas em justificativas a essas opiniões (conforme insistido pela professora nas linhas 16 e 24). A próxima seção ("Expandindo e conectando ideias") retomará e ampliará esta discussão.

Aplique a estratégia

1 > Seguindo o roteiro a seguir, crie, no seu bloco de notas, um diálogo entre **A** e **B**.

A (*reading the newspaper*) Expresses disagreement with the government's way of spending money.

B	(*not paying attention*) Asks for repetition.
A	Repeats comment in a different way.
B	Expresses lack of interest in the subject.
A	Becomes surprised; insists that B must have an opinion on the topic.
B	Repeats s/he's not interested and has no opinion.
A	Mentions a related current event that's been in the news recently; asks for B's opinion on that.
B	Gives his/her opinion.
A	Argues that B does have an opinion on the topic.

2 > Três amigos (Dan, Susie e Kris) estão decidindo onde vão jantar. Com base nas informações a seguir sobre os três personagens, crie, no seu bloco de notas, um diálogo entre eles usando formas de pedir e dar opinião sempre que possível (e apropriado!). Ao final, os amigos têm de chegar a um consenso.

Dan	The last time he had a pizza he had food poisoning. He wants to have some Asian food, but doesn't like Chinese. He loves spicy food.
Susie	She wants to have a healthy meal and won't eat any fried food. She's really hungry and she's had a hard day at work: she'd like to go somewhere quiet where they can eat and talk.
Kris	She's not very hungry and is more concerned about the atmosphere of the place than about the food proper. She wants to go where there is music and lots of young, fashionable people. She's a vegetarian and loves pizza. She hates spicy food.

Sugestões adicionais

- Para mais informações e prática sobre sobre o assunto, visite os *sites*: <http://www.bbc.co.uk/worldservice/learningenglish/grammar/learnit/learnitv281.shtml>; <http://www.teacherjoe.us/LearnEnglish203.html>; <http://www.hotel-tefl.com/opinions/> e <http://www.topics-mag.com/language/give-opinions.html>.
- Faça um trabalho de "Language Detective" vendo *chat shows* e entrevistas na TV ou na Internet e observando e anotando as formas usadas pelos participantes para pedir e dar opinião.
- Se você dá aulas de inglês, selecione assuntos recentes em algum jornal *on-line* e peça aos alunos que deem suas opiniões sobre tais assuntos. Durante o debate selecione alguns alunos para serem os observadores: sua função é anotar as formas usadas pelos outros alunos para expressar suas opiniões. Depois do debate os observadores comentam sobre sua lista e, em conjunto, a turma avalia seu desempenho. Em turmas com menor nível de proficiência esses debates podem ser mais guiados, através do uso de expressões a serem usadas como referência (na lousa, nas anotações dos alunos, em pedacinhos de papel a serem usados e descartados para não serem repetidos).

26» EXPANDINDO E CONECTANDO IDEIAS

A situação

Numa entrevista, o entrevistador faz uma pergunta sobre quando uma certa ideia surgiu num país. A pergunta, aparentemente direta, na realidade pede um desenvolvimento de ideias. Não há uma data específica que possa ser associada com o início de tal ideia, e o entrevistado tem de construir sua resposta através de uma sequência de informações. Mas como isso pode ser feito?

A interação

1 2	**Michael Moore**	When did this whole idea that every British citizen huh, should have a right to healthcare?
3 4 5 6 7 8 9 10 11 12 13 14	**Tony Benn**	Well if you go back, it all began with democracy. Before we had the vote, all the powers were in the hands of rich people. If you had money you could get health care, education, look after yourself when you're old. And what democracy did was to give the poor the vote, and it moved power from the market place to the polling station, from the wallet to the ballot. And what people said, very simple, they said, in the 1930s we had mass unemployment, but you don't have unemployment during the war. If you can have full employment by killing Germans, why can't we have full employment by building hospitals, building schools, recruiting nurses, recruiting teachers? If you can find money to kill people you can find money to help people.

Cena do filme *Sicko*, de Michael Moore, transcrição da autora. Trecho disponível em: <http://www.youtube.com/watch?v=dgQ_kGZeTcM&feature=related>. Acesso em: 23 jun. 2011.

A estratégia

A pergunta feita por Michael Moore, apesar de ser formulada com *When*, envolve uma grande complexidade histórico-social que não permite uma resposta com uma data exata do entrevistado. Desta forma, o político Tony Benn constrói sua resposta com uma explicação relativamente extensa, usando 132 palavras para articular suas ideias, conforme explicitado na tabela a seguir:

Sentence	The words (Number of words)	The idea
1	Well if you go back, it all began with democracy. (10)	The key event/idea and its origins
2	Before we had the vote, all the powers were in the hands of rich people. (15)	Scenario before the key event/idea
3	If you had money you could get health care, education, look after yourself when you're old. (16)	Description of scenario before the key event/idea
4	And what democracy did was to give the poor the vote, and it moved power from the market place to the polling station, from the wallet to the ballot. (29)	Description of scenario after the key event/idea
5	And what people said, very simple, they said, in the 1930s we had mass unemployment, but you don't have unemployment during the war. (23)	More details of new scenario, with quotes
6	If you can have full employment by killing Germans, why can't we have full employment by building hospitals, building schools, recruiting nurses, recruiting teachers? (24)	Condition and hypothesis putting the two scenarios together
7	If you can find money to kill people you can find money to help people. (15)	Conclusion with condition for the original question

Retórica é a habilidade de usar a linguagem oral ou escrita de forma eficiente.

Você há de concordar que a resposta dada é bastante sofisticada, mas pode contra-argumentar que o entrevistado sabe responder com tamanha sofisticação e articulação porque é político e esses profissionais aprendem a falar de forma extensa, coesa e clara. Isso é verdade. Os políticos aprendem a arte da retórica e na maioria das vezes "treinam" o que vão falar. No entanto, a análise de falas como essa e de como se estruturam pode nos dar importantes lições sobre como expandir e conectar nossas ideias, conforme ilustrado nos comentários na coluna à direita do quadro acima.

Além dessas observações mais gerais, sobre como são desenvolvidas as ideias no texto, a análise da resposta de Tony Benn nos traz conclusões importantes sobre o uso de **elementos de coesão** na sua fala e como esses elementos sinalizam ao ouvinte as relações estabelecidas entre diferentes partes da fala, conforme os detalhes do quadro:

> **Elementos de coesão** são elementos que integram diferentes partes de um texto, contribuindo para a formação de sua unidade, por exemplo, uso de sinônimos pronomes (*he*, *him* no lugar de *The Prince*), *this*/*that* etc.

Sentence	Elemento de coesão	Ideia
2	Before we had the vote….	Tempo
3	If you had money…	Condição
4	And what democracy did…. …and it moved power….	Adição Adição
5	And what people said… … but you don't have…	Adição Contraste
6	If you can have full employment	Condição
7	If you can find money	Condição

Esses elementos recebem vários nomes na literatura (*transitional words, linking words, cohesive devices*) e são um tipo de marcadores do discurso que têm a função de estabelecer relações entre os elementos do texto. O quadro a seguir apresenta algumas relações que podem ser estabelecidas através do uso de elementos de coesão.

Relação	Exemplos
Adição	and, moreover, too, also, besides
Contraste	but, however, on the other hand, on the contrary, whereas
Exemplificação	for example, for instance, like, such as
Resultado	therefore, thus, so, consequently
Tempo	when, after (that), before (that), as soon as

Concessão	although, even though, despite, in spite of
Causa	because, as, given that, for this reason, that's why
Condição	if, assuming that, as long as

É preciso ressaltar dois aspectos sobre os elementos de coesão: primeiro, que alguns deles (por exemplo *nevertheless, given that*) são mais formais que outros (por exemplo, *but, because*). Segundo, que esses elementos permitem ao ouvinte perceber melhor a articulação de ideias construída pelo falante.

No entanto, é importante notar também que, de uma certa maneira, os elementos de coesão são opcionais. Se você observar as frases de Tony Benn que usam elementos de coesão, perceberá que a maioria deles, com exceção de *before*, poderia ser omitida no texto sem grandes consequências para o seu entendimento. Poderíamos, por outro lado, concluir que o entrevistado deixou de usar possíveis elementos de coesão, por exemplo, em:

Frase	O que foi dito e o que não foi dito (sublinhado)	Relação expressa pelo elemento sublinhado
1	Well if you go back, <u>then you conclude that</u> it all began with democracy.	Conclusão
3	If you had money <u>then</u> you could get health care, education, <u>and</u> look after yourself when you're old.	Conclusão Adição
6	If you can have full employment by killing Germans, why can't we have full employment by <u>for example</u> building hospitals, building schools, recruiting nurses, <u>or</u> recruiting teachers?	Exemplificação Alternativa
7	If you can find money to kill people you can <u>also</u> find money to help people.	Adição

Portanto, a decisão de usar ou não elementos de coesão é uma prerrogativa do falante na maioria das vezes. Optando-se por não usar nenhum elemento de coesão, cria-se uma "fala-soluço", sem conexões claras. Sua presença deixa a fala mais fluida, mais coesa, e ajuda seu interlocutor a processar melhor as ideias que você está querendo articular.

Concentramo-nos aqui na expansão e conexão de ideias através de elementos de coesão, mas lembre-se de que esta estratégia está relacionada com outras, tais como "Mantendo, alocando e tomando o turno", "Usando marcadores do discurso" e "Expressando ideias potencialmente desagradáveis".

Aplique a estratégia

1 > a. Leia o trecho a seguir em voz alta e responda: o texto é coeso? Por que (não)?

> I had a terrible day yesterday. I woke up late. I missed my bus. The morning meeting had finished when I arrived at work. Everybody looked at me with a funny look. I went to bed too late last night. I shouldn't have done that. I felt bad for the rest of the day. It's impossible to go to bed early every day. I'll try to be good in the future.

_____
_____

b. Reescreva o trecho adicionando elementos de coesão e leia-o em voz alta, comparando a nova versão em termos de coesão com a anterior.

_____
_____
_____
_____

2 > Reescreva a conversa a seguir, adicionando novas ideias (exemplos, condições, descrições) e usando elementos de coesão para relacionar tais ideias. Se adequado, use também outros elementos que possam contribuir para tornar o texto mais plausível, tais como *fillers* e *hesitation markers*.

Teacher	Why are you late for class?
Student	I'm not feeling well.
Teacher	Have you brought your assignment?
Student	Yes.
Teacher	You haven't turned in the previous assignment yet.
Student	I know.
Teacher	Come to my office at lunchtime. We need to talk.

Sugestões adicionais

- Se você quiser ler mais sobre coesão em geral, um texto simples pode ser encontrado em <http://en.wikipedia.org/wiki/Cohesion_(linguistics)>; um texto mais sofisticado pode ser encontrado em <http://www.slideshare.net/cupidlucid/cohesion-in-english-presentation>.
- Para uma lista longa de elementos de coesão, veja <http://home.ku.edu.tr/~doregan/Writing/Cohesion.html> (na parte "Transitional Words". No *site* <http://library.bcu.ac.uk/learner/writingguides/1.33.htm>, além da lista você pode também encontrar alguns exercícios.
- Pratique a estratégia observando como entrevistados, palestrantes ou personagens em filmes e seriados de TV constroem longas falas através do apoio de elementos de coesão. Há uma ótima cena para isso no filme *Good Will Hunting*. A cena está disponível em <http://www.youtube.com/watch?v=ymsHLkB8u3s> e a fala a ser observada é a do personagem Will Hunting (Matt Damon).
- Se você dá aulas de inglês, faça do uso de elementos de coesão um tema para debate e prática, propondo tarefas similares às dos exercícios acima. É comum vermos esse tipo de trabalho nas aulas de inglês com foco no discurso escrito (tanto em leitura quanto em produção escrita), mas trabalha-se o tema com menos frequência com foco em *speaking*.

27» EXPRESSANDO CERTEZA, INCERTEZA E FALTA DE CONHECIMENTO

A situação

Numa conversa, um falante faz um comentário sobre algo que acabou de ver. O comentário, à primeira vista, parece expressar uma certeza por parte do falante. Ao ser indagado por mais detalhes por seus interlocutores, o falante quer deixar claro que ele não tem certeza do que viu, ao mesmo tempo que não quer descartar a possibilidade de a descrição original ser mesmo verdadeira. Como fazer isso agilmente, numa conversa, sem ter de articular falas longas e exdrúxulas, tais como *"While I still think that what I said earlier does describe my experience, I am not totally sure that my earlier statement is true"*?

A interação

1 **Neo**   […] Just had a little déjà vu.
2 **Trinity** What did you see?
3 **Cypher** What happened?
4 **Neo**   A black cat went past us, and then another that looked just like it.
5 **Trinity** How much like it? Was it the same cat?
6 **Neo**   It might have been. I'm not sure.

Cena do filme *The Matrix*, disponível em: <http://www.imdb.com/title/tt0133093/quotes>. Acesso em: 23 jun. 2011.

A estratégia

Na interação acima, para expressar incerteza na linha 6, Neo poderia ter sido literal, e ter dito "I don't know". No entanto, e como acontece com frequência quando falamos, o personagem queria expressar incerteza ao mesmo tempo que queria manter aberta a hipótese de certeza, como ele havia mencionado antes, (linha 1) ou de uma possibilidade (linha 4). A solução que ele adota para expressar ideias tão complexas é o uso de *"It might have been"* ("poderia ter sido").

O *modal verb might* (assim como *may* e *can*) tem a função de expressar possibilidade em diferentes níveis. *It can have been* expressa uma maior possibilidade se comparado com *It may have been*. O uso de *It might have been* sugere uma possiblidade ainda menor. Desta forma, esses *modal verbs* funcionam como *hedges* (ver seção "Usando *hedges*"), já que enfraquecem a força do que está sendo dito.

Em inglês, incerteza pode ser expressa de outras formas além de *modal verbs*, como por exemplo *tag questions* (*This has been a déjà vu, hasn't it?*). O quadro a seguir lista algumas formas mais explícitas de se expressar incerteza e certeza em inglês:

Expressing certainty	Expressing uncertainty
• I'm absolutely sure. • I'm 100% sure. • I'm positive. • I'm quite sure. • I'm sure. • Definitely. • Absolutely. • Certainly. • No doubt about it.	• I'm not sure. • It's possible. • It might be. • You never know. • I can't tell you for sure. • I don't know.

É importante perceber que a expressão de incerteza deve ser entendida com cautela. Vejamos o uso de *I don't know*, por exemplo. Literalmente, a expressão significa ausência de conhecimento e não incerteza, mas muitas vezes usamos *I don't know* (*I dunno*, coloquialmente) como uma forma de suavizar o que dizemos. É possível vislumbrar uma situação em que estejamos bem certos de que não conseguiremos fazer algo, mas que digamos algo como *I don't know if I'll be able to make it,* a fim de tornar o comentário menos forte (ou seja, usando *I don't know* como um *hedge*). Obviamente, podemos também usar *I don't know* para expressar falta de conhecimento de algo. Para se distinguir a real intenção por trás do uso da expressão, é sempre importante observar as palavras vizinhas e a entonação: *I don't know* expressando incerteza costuma ser articulada com entonação reticente, ao passo que a expressão de ausência de certeza é mais firme e categórica.

Concluindo: se, ao expressar certeza, incerteza ou ausência de conhecimento, um falante percebe que seu interlocutor sinaliza alguma dúvida ou que há possibilidade de mal-entendidos, pode-se usar estratégias de esclarecimento, conforme discutido na seção "Esclarecendo o que foi dito".

Aplique a estratégia

1 > Responda oralmente às perguntas a seguir, expressando certeza, incerteza ou falta de conhecimento de forma apropriada para cada uma das situações:
   a. What are you doing tonight?
   b. Where are the Maldives?
   c. When was the French Revolution?
   d. How many states are there in Brazil?
   e. What do you think about the current tensions in the Middle East?
   f. Who is the President of Argentina?

2 > Os dois diálogos a seguir ilustram três usos de "I don't know". Que ideias (certeza, incerteza, falta de conhecimento) esses usos expressam? Como você sabe?

Diálogo 1

Kitty Farmer Now, believe me, of all the other mothers, I would never dream of asking you. But none of the other mothers are available to go!
Rose Darko I don't know, Kitty. It's a bad weekend. Eddie's in New York.
Kitty Farmer [*tearfully*] Rose, I don't know if you realize what an opportunity this is for our daughters! This has been a dream of Samantha's and all of ours for a long time!

Cena do filme *Donnie Darko*, disponível em: <http://www.imdb.com/title/tt0246578/quotes>. Acesso em: 23 jun. 2011.

Diálogo 2

Melissa Jerry? Jerry, are you listening to me?
Jerry Oh... yeah. What? I'm sorry.
Melissa I wanted to know what you're doing tomorrow.
Jerry Oh, maybe a haircut, and, I don't know, maybe a...

Cena do seriado *Seinfeld*, episódio *The Apology, Season 9, Episode 9*, disponível em: <http://www.seinfeldscripts.com/TheApology.htm>. Acesso em: 23 jun. 2011.

Sugestões adicionais

- Para ler mais sobre como expressar certeza e incerteza usando *modal verbs*, veja o *site* <http://www.grammar-quizzes.com/modal1.html>, que inclui explicações e exercícios.
- Para ler e ouvir diálogos que ilustram o tema desta seção, veja o *site* <http://www.eslfast.com/robot/topics/employment/employment22.htm>.
- Para mais informações sobre como expressar incerteza, visite o *site* <http://www.bbc.co.uk/worldservice/learningenglish/radio/specials/1756_how_to_discuss/page5.shtml>.
- Incertezas estão relacionadas com *vagueness*. Leia mais sobre vague language em <http://www.bbc.co.uk/worldservice/learningenglish/radio/specials/1210_how_to_converse/page17.shtml>.

Vague language é uma linguagem vaga, incerta, não específica, por exemplo, *There's a lot of stuff there.; I'll be a bit late.; He's got two or three kids.* Pode-se usar *vague language* intencionalmente quando não se tem certeza ou, por alguma razão, não se quer ser exato e preciso, mas deve-se usar esse recurso com cautela.

28 » EXPRESSANDO INTERESSE

A situação

Numa situação típica em sala de aula, o professor faz uma pergunta a um aluno mas tem a impressão, pela resposta dada, de que o aluno não está interessado em participar da aula. O professor repete, então, a pergunta para outro aluno, que a responde prontamente. O primeiro aluno fica decepcionado porque, contrariamente à percepção do professor, ele estava interessado na aula. O que houve foi um mal-entendido que deixa o aluno aborrecido e sentido diante da percepção de que o professor não lhe deu a ajuda de que ele necessitava para tentar responder à pergunta, mas ajudou um outro aluno a fazê-lo.

Diante desse cenário, a questão a ser examinada é: que diferentes estratégias foram usadas por esses dois alunos, levando o professor a construir entendimentos equivocados sobre a intenção de um deles?

A interação

1 **Teacher**   James, what does this word say?
2 **James**   I don't know.
3 **Teacher**   Well, if you don't want to try someone else will. Freddy?
4 **Freddy**   Is that a "p" or a "b"?
5 **Teacher**   (*encouragingly*) It's a "p."
6 **Freddy**   Pen.

Gumperz, John. *Discourse Strategies.* Cambridge: Cambridge University Press, 1982. p. 147.

A estratégia

Para entendermos a situação acima, é importante esclarecer que James disse *I don't know* (linha 2) usando uma entonação ascendente, o que, de acordo com a variante linguística usada pelo grupo social a que James pertencia, indicava "Para responder a essa pergunta eu preciso de ajuda". O professor, sendo de outro grupo social e não usando (nem compreendendo) a sutileza expressa pela entonação de James, percebe a frase *I don't know* literalmente, adicionando a essa interpretação de "ausência de conhecimento" uma

> **Sociolinguística Interacional** é a área da sociolinguística que estuda como aparentes nuances da comunicação (por exemplo, gestos, entonação, escolha de palavras) constroem sentido e podem muitas vezes levar a mal-entendidos se os participantes da interação não estiverem atentos a essas sutilezas.

inferência de "desinteresse" e "recusa em participar" por parte do aluno (linha 3).

Em seguida, o professor faz a mesma pergunta a Freddy, um outro aluno (linha 3), e ironicamente este aluno também não sabe a resposta e também pede ajuda. A diferença é que, ao fazer esse pedido de ajuda, Freddy é direto e explícito (linha 4), comunicando sua dúvida de uma forma que o professor compreende como expressão de dúvida. Esta compreensão gera um auxílio do professor a Freddy (linha 5) e consequente resposta bem-sucedida do aluno (linha 6).

Este exemplo é clássico na literatura em **Sociolinguística Interacional**, pois mostra, com clareza e compactamente, como um aparente pequeno detalhe na interação pode levar a mal-entendidos que podem ter grandes consequências. O professor deixa a interação acima com a impressão de que James é preguiçoso e não quer nem tentar; James, por sua vez, vendo que o professor não lhe dá ajuda quando pedida mas a dá a outro aluno, fica com a sensação de que o professor o está tratando de forma diferente ou mesmo discriminando-o. Ambas as reações podem ter consequências devastadoras para a trajetória educacional do aluno.

Como visto, as formas de expressar interesse estão relacionadas a aspectos culturais. Na interação acima, um aspecto paralinguístico (a entonação) é associado a uma função comunicativa num grupo social (expressão de interesse) mas não em outro. Para brasileiros conversando em inglês, um outro aspecto paralinguístico pode causar mal-entendidos: o olhar. Brasileiros tendem a demonstrar interessse fixando o olhar no interlocutor. As sociedades anglófonas não fazem uso tão intenso do olhar, e em certas circunstâncias um olhar fixo e constante pode ser entendido não como interesse mas como um desafio ou mesmo uma ameaça.

Sob o ponto de vista linguístico, algumas formas em inglês que podem ser usadas para expressar interesse numa conversa são:

- How nice!
- How interesting!
- How awful!
- How amazing!
- That's nice! (interesting/awful/amazing etc.)
- I'm impressed!
- Poor you!
- Oh really?
- Good for you.
- That's lovely!

A fronteira entre interesse e surpresa é tênue e, na lista acima, *Oh really?* e *That's amazing!* podem sugerir as duas reações (mais sobre o assunto na próxima seção, "Expressando surpresa"). Outro ponto a ser ressaltado é que a expressão de interesse está relacionada a outras formas de criar envolvimento já discutidas neste livro; um falante estratégico terá um vasto repertório de estratégias e saberá usá-las de forma criteriosa.

Antes de encerrar esses comentários, é importante explorar a seguinte situação: "E se eu não tenho interesse algum no que meu interlocutor está falando? Devo sinalizar esse desinteresse?" Bem, você obviamente tem a liberdade de decidir como agir e pode indicar que está desinteressado paralinguisticamente (bocejando, por exemplo) ou linguisticamente (indiretamente, mudando o assunto; ou, diretamente, dizendo, *I'm not interested in this*.) No entanto, tal comportamento provavelmente terá consequências desagradáveis. Em caso de desinteresse você não deve fingir que está interessado mas pode se esforçar para desenvolver um interesse no que está sendo dito!

Aplique a estratégia

1 > a. Relacione as colunas, de forma que o comentário à esquerda seja seguido por uma expressão de interesse adequada.

I. I've just killed a cockroach. ( ) How interesting!
II. Jill's husband has lost his job. ( ) How amazing!
III. This is a state-of-the-art recycling centre. ( ) How disgusting!
IV. My son has won two Olympic medals. ( ) How weird!
V. I've left my keys here but they're not here anymore. ( ) How awful!

b. Leia as frases originais seguidas de seus comentários em voz alta.

2 > a. Leia a conversa no cartum:

Metro, Friday, June 24, 2011, p. 59.

b. A personagem feminina demonstrou interesse ou desinteresse na conversa? Como ela fez isso?

_____

c. De que forma o comportamento da personagem está relacionado ao efeito cômico do cartum?

_____

d. Reescreva o diálogo acima de forma que a personagem participe oralmente da conversa, demonstrando verbalmente o comportamento demonstrado no cartum.

_____

_____

_____

_____

e. Agora reescreva o diálogo acima de forma que a personagem participe oralmente da conversa, demonstrando verbalmente comportamento contrário ao demonstrado no cartum.

_____

_____

_____

_____

_____

_____

Sugestões adicionais

- Visite um jornal *on-line* (veja sugestões na página 235 deste livro) e selecione algumas manchetes que lhe interessam. Leia cada uma delas em voz alta, como se elas fossem articuladas numa conversa. Para cada manchete lida reaja oralmente demonstrando interesse.
- No *site* <http://www.bbc.co.uk/worldservice/learningenglish/radio/specials/1210_how_to_converse/page15.shtml>, você pode ler, ouvir e fazer exercícios sobre o assunto.
- Se voce dá aulas de inglês, estimule os seus alunos a demonstrarem interesse pelos comentários dos colegas. É comum que os professores concentrem essa responsabilidade em suas mãos, mas essa descentralização prepara os alunos para serem capazes de criar envolvimento numa interação em inglês através de demonstração de interesse.

29» EXPRESSANDO SURPRESA

A situação

Numa conversa entre duas colegas de escola, uma delas faz um comentário que causa supresa à outra. A que ouviu o comentário reage usando a pergunta *What?* (de forma similar em que se usaria "O quê?" numa situação semelhante em português), e tal uso leva a uma nova sequência, similar à anterior: novo comentário (contendo um esclarecimento necessário sobre o comentário o anterior), novo uso de *What?*, novo comentário (este também contendo um esclarecimento, só que desta vez desnecessário). E esse comentário final gera um embaraço na interação, pois a pessoa a quem o comentário foi dirigido ficou com a impressão de que sua interlocutora menosprezou sua inteligência e seu conhecimento!

Observando a cena, você pensa: "Há formas de expressar surpresa que não deem margem a interpretações indevidas, evitando, assim, mal-entendidos como esse?"

A interação

1	**Regina**	Why don't I know you?
2	**Cady**	I'm new. I just moved here from Africa.
3	**Regina**	What?
4	**Cady**	I used to be home-schooled.
5	**Regina**	Wait... what?
6	**Cady**	My mom taught me at home...
7	**Regina**	No, I know what home-school is, I'm not retarded! So you've actually never been to a real school before?

Cena do filme *Mean Girls*, disponível em: <http://www.imdb.com/title/tt0377092/quotes>. Acesso em: 5 jul. 2011.

A estratégia

O comentário de Cady sobre sua chegada recente da África (linha 2) causa surpresa a Regina, que reage usando *What?* (linha 3). Como esse termo pode ter diversas funções (expressar surpresa, pedir repetição, pedir esclarecimento), não fica claro pelo contexto se Regina quer apenas expressar surpresa ou se quer pedir repetição e/ou esclarecimento sobre o que tinha sido dito. Outros usos linguísticos poderiam carregar a mesma ambiguidade: *You just moved from where? / What have you just said? / Huh?*

O comentário subsequente (linha 4) também é seguido por *What?*, mas desta vez Regina não quer repetição do que foi dito nem quer esclarecimentos sobre o que significa ser *home-schooled* (tais conclusões tornam-se evidentes pelo seu comentário na linha 7). Com esse segundo uso de *What?*, Regina quer expressar surpresa diante do fato de que a colega nunca esteve em uma escola, mas esse uso leva Cady a entender que sua interlocutora não sabe o que é *home-schooling*.

Para expressar surpresa sem dar espaço a interpretações diversas como aconteceu na interação acima, podem-se usar as seguintes expressões: *Really? Were you really? Were you?* Esses usos atrelariam o que é dito ao que acabou de ser dito, expressando surpresa. É importante notar, porém, que essas expressões devem ser articuladas com entonação ascendente e ênfase no local adequado: em *really*, em *Were you really?*; em *Were*, em *Were you?*

O uso de verbo auxiliar + pronome (como em **Were you?**) é comum em língua inglesa para expressar surpresa. Nesses casos a ênfase é sempre dada ao auxiliar, conforme destaque no quadro a seguir:

Comentário original	Expressão de surpresa
I went to China last year.	**Did** you?
My sister can play the saxophone.	**Can** she?
I've been promoted.	**Have** you?
I'm going to wear a hat at the party.	**Are** you?

Interjeição é a palavra ou expressão usada para expressar emoções, por exemplo, *Cool! Oh! Wow!*.

É comum aprendizes de uma língua estrangeira não saberem como expressar surpresa nessa língua. E quando a situação requer tal expressão, esses aprendizes ou ficam em silêncio (o que pode gerar mal-entendidos por causa da ausência da reação que era esperada) ou reagem na sua língua materna (o que, para manutenção do envolvimento da interação, não é obviamente uma boa ideia). Para você decidir se é adequado expressar surpresa numa conversa em inglês, uma boa dica é avaliar se, numa conversa similar em português, você diria algo como "Nossa!", "O quê!", "É mesmo!", "Caramba!".

O quadro a seguir apresenta algumas formas de expressar surpresa, acompanhadas de comentários:

Oh!	Interjeição que indica supresa, podendo também indicar dor, desapontamento, entendimento, entre outras coisas. A entonação usada é importante para estabelecer essas diferenças.
Oh my!	Pronunciada geralmente de forma pausada, em duas sílabas bem marcadas, esta expressão indica surpresa e aproxima-se do uso de "Meu Deus!" no Brasil.
Oh dear!	Expressão que, como "*Oh, boy!*", indica surpresa negativa (choque, incredulidade, desapontamento). Sua entonação é descendente e seu significado se aproxima ao de "ah, meu Deus" ou "ai, ai, ai...".
Oh my word!	Pronunciada pausadamente, com ênfase em "word". Equivalente a "Ó meu Deus!" e também, por tabela, a "*Oh my God!*" Mas como em inglês é considerado extremamente profano usar a palavra "God", usa-se "word" no seu lugar. Substituições semelhantes, também para expressar surpresa, acontecem com *Gosh* (usado no lugar de *God*) ou *Jeepers Creepers* (no lugar de *Jesus Christ*).
Wow!	Equivalente à interjeição "Uau" em português. Comum em situações informais.
Whoa!	Pronunciada "u-ou", com sílaba tônica em "ou", esta interjeição era originalmente usada para dizer "stop" (principalmente para cavalos). Agora expressa surpresa de um modo geral.
Holy Cow!	Equivalente a "Nossa!", "Puxa". Usada nos Estados Unidos, assim como *Holy moly! Holy shit!* (esta última considerada tabu).
My goodness!	Equivalente à expressão de surpresa "Meu Deus!". É uma expressão "*safe*", que pode ser usada em contextos variados. Semelhante a "*Goodness me!*"
Good heavens!	O mesmo que "*Good grief!*" ou "*Good gracious*", expressa surpresa e também raiva, choque e outras emoções.
What?	Semelhante em uso ao "O quê?" brasileiro para expressar surpresa, também com a mesma entonação.
Really?	Equivalente a "É mesmo?", e usado com entonação semelhante. Pode sugerir que há uma incredulidade atrelada à surpresa.
Is that so?	O mesmo que "*is that right?*", equivalente a "É mesmo?". Com entonação ascendente, significa "O que você disse está correto?"; com entonação decendente, pode significar "Entendo o que você disse, mas não acredito em você" – sendo, portanto, um pouco rude!
Blimey!	Pronunciada "blai-mi", com sílaba tônica no "blai", esta é uma expressão informal britânica usada para expressar surpresa ou irritação. Sua origem é "*Blind me*", que por sua vez já é um encurtamento de "*God blind me*".

Como visto, a fronteira entre expressões de surpresa e outras emoções pode ser tênue. Surpresa muitas vezes ocorre entrelaçada com incredulidade. Para essa última reação, pode-se usar *Are you kidding?, Are you serious?, I don't believe it!, You must be joking!*

Também é importante notar a potencial confusão entre um pedido de esclarecimento e uma expressão de surpresa. Dependendo da entonação, *I'm sorry?* ou *I beg your pardon?* pode expressar ou uma ideia ou a outra. Portanto, cuidado ao usar tais expressões: empregue uma entonação neutra de pergunta para pedir esclarecimento e uma entonação mais enfática (Como em *Really?*) para expressar surpresa. E fique atento para as reações do seu interlocutor, articulando retificações, se necessário (vamos falar mais sobre isso na próxima seção, "Realizando reparos conversacionais").

Aplique a estratégia

1 > a. O trecho a seguir mostra a reação do personagem Harry Potter ao descobrir que ele não é uma criança comum, mas sim um mago. Leia a interação e marque a alternativa que melhor descreve a fala de Harry:
I. ( ) Ela expressa apenas surpresa.
II. ( ) Ela expressa apenas pedido de esclarecimento.
III. ( ) Ela expressa surpresa e pedido de esclarecimento ao mesmo tempo.

Hagrid	You're a wizard, Harry!
Harry	I'm a what?

Cena do filme *Harry Potter and the Philosopher Stone*, disponível em: <http://www.imdb.com/title/tt0241527/quotes>. Acesso em: 5 jul. 2011.

b. Mais adiante, Harry diz o seguinte: *I can't be a-a-a wizard. I mean, I'm just Harry, just Harry.* Sobre essa fala, responda:
i. O que ela expressa?

ii. Quais estratégias Harry usa para veicular tal ideia acima?

c. Podemos imaginar algumas situações menos dramáticas na vida do personagem Harry Potter do que alguém lhe dizendo que ele é um mago! Como o personagem poderia reagir diante dos seguintes comentários ou situações:

Teacher	We are going to have a surprise test today.
Harry	_____.
Friend	Someone has broken into our room. Your owl has disappeared.
Harry	_____.

(O personagem entra na biblioteca e vê um livro conversando com outro.)
Harry _____.

Sugestões adicionais

- Liste algumas informações cujo relato a outras pessoas possivelmente levaria a reações de surpresa (por exemplo, "*My brother is going to get divorced*", "*There has been a terrorist attack in San Francisco*", "*The maximum temperature tomorrow is going to be 45°C*"). Em seguida, leia as informações em voz alta, imaginando que elas estão sendo ditas por outra pessoa e reaja oralmente expressando surpresa. Uma ideia ainda melhor é gravar as informações, tocar o áudio pausando ao final delas e usando a pausa para expressar sua surpresa oralmente.
- Visite jornais *on-line* e selecione um artigo que tenha uma notícia surpreendente (a seção de ciência dos jornais é boa para esse fim). Em seguida, crie diálogos em que uma pessoa relata o assunto de tal artigo a outra e esta expressa surpresa. Escreva seu diálogo e leia-o em voz alta, com atenção à entonação.

30» REALIZANDO REPAROS CONVERSACIONAIS

> **A situação**

Numa aula de inglês para crianças, os alunos trabalham em grupos iniciando a realização de uma tarefa no seu livro didático. A tarefa começa apresentando uma pequena revisão sobre tipos de perguntas, e um dos alunos de um grupo lê em voz alta o texto dessa revisão, que é reproduzido a seguir:

In this Unit and Unit 9, there are questions with 'do' or 'does'. Like this:
What does it eat? Do insects sleep? How long do lions live?
Look at Units 1-9 again. Find some more questions with 'do' or 'does'. Write down five or six examples. [...]

Littlejohn, Andrew; Hicks, Diana. *Cambridge English for the World, Student's Book One*. Cambridge: Cambridge University Press, 1996. p. 53.

Durante essa leitura o aluno é constantemente interrompido por seus colegas, que fazem correções a aspectos lidos erradamente.

Observando a interação, você se pergunta se as interrupções foram mesmo adequadas: por um lado, elas demonstram envolvimento dos membros do grupo; por outro lado, "quebraram" o fluxo da leitura.

> **A interação**

1	**S1**	with the verb be, am is are like this, where is the airport? ééé... where are
2		factories? =
3	**S2**	= the factories?
4	**S1**	ééé... in this... / unit or... *não*.... **and** unit nine... ééé... there are questions
5		with do or does... like this... what does it eat?
6	**S3**	/ unit
7	**S2**	(*correcting pronunciation*) does
8	**S1**	ééé... what does it eat?
9	**S3**	(*correcting pronunciation*) eat
10	**S1**	(*continuing reading*) ééé... do insects sleep?... how long do lions live?...
11		ééé... look at units one nine again, find some more questions with do or
12		does ... ééé... write down five or six ex-examples =
13	**Ss**	(*correcting pronunciation*) = examples

Arquivo pessoal da autora.

A estratégia

Há boas razões para ficar na dúvida sobre a validade das interrupções na interação acima. Por um lado, é louvável o fato de que os alunos interajam em inglês sem a intervenção da professora. Por outro lado, a frequência dessas interrupções não permite que a interação prossiga normalmente.

Não é apenas a quantidade das interrupções que as torna problemáticas: seu foco também é equivocado, pois há uma preocupação exclusiva em correções de pronúncia (linhas 7, 9 e 13), o que pode ter deixado o falante/leitor inibido.

Em termos mais técnicos, esse tipo de intervenção é chamado de reparo conversacional e existem dois tipos desses reparos, *self-repair* e *other-repair*. Os exemplos mencionados no parágrafo anterior ilustram *other-repairs*, isto é, reparos (nesse caso, correções) do que foi dito pelo interlocutor. Há mais dois exemplos de *other-repair* na interação acima. O primeiro deles encontra-se na linha 3, em que o Aluno 2 corrige a leitura anterior do Aluno 1 acrescentando o artigo *the* que deixou de ser lido originalmente. O segundo ocorre na linha 6 quando o Aluno 3 preenche uma pausa na leitura do Aluno 1 dizendo o termo que deve ser lido em voz alta.

Self-repair envolve reparo do que foi dito pelo próprio falante. Na interação acima podemos observar *self-repair* na linha 4, quando o Aluno 1 corrige sua leitura equivocada de "*or*" dizendo "não... *and*" em seguida.

Tipicamente, reparos envolvem correção (de si próprio, dos outros), mas correções são um tipo de reparo. Pedidos de repetição e de esclarecimento, a monitoração do entendimento do interlocutor, uso de repetições, tudo isso envolve reparos durante um ato de fala. No exemplo acima, todos os reparos envolveram correções, o que dá ao uso da estratégia nessa interação um caráter limitado.

Isso nos faz pensar sobre a ênfase dada em correções em sala de aula. Obviamente as correções são importantes quando aprendemos ou ensinamos inglês, mas gastar muito tempo (quando tempo é algo escasso) nesse contexto, e restringir o trabalho com reparos sob a ótica da correção, apenas, é um equívoco.

Aprendizes de inglês devem aprender a construir reparos (tanto *self-repairs* quanto *other-repairs*). Talvez mais importante do que corrigir a pronúncia do Aluno 1 tantas vezes, como aconteceu

---

Artigo é a palavra que acompanha um substantivo, definindo seu tipo de referência. Em inglês, *a* é um artigo indefinido; *the*, um artigo definido.

na interação acima, seria chamar sua atenção para o fato de que, ao fazer *self-repair* na linha 4, ele usou uma forma do português para isso (a palavra "não"), e que dali para frente ele poderia usar formas da língua inglesa para fazer tal reparo, por exemplo, usando *discourse marker huh*, *I mean*, ou *sorry*.

Em termos de envolvimento entre os participantes, o uso de *other-repairs* pode sinalizar colaboração e interação. Ao intervir no que seu interlocutor diz (seja corrigindo, seja pedindo esclarecimento, *What do you mean by...?*; seja pedindo repetição, *Sorry I didn't catch what you said*), um falante pode sinalizar que está interessado no que está sendo dito, que quer colaborar com a acuidade, adequação ou relevância do que é dito e garantir o entendimento da fala de seu interlocutor. Mas não são essas intenções que os reparos ilustrados na interação acima sugerem: dada a sua frequência e a ênfase na correção (sobretudo de um único aspecto, a pronúncia), esses reparos acabam se tornando o foco da atenção do grupo, o que pode ser ilustrado com o *other--repair* em coro, por toda a turma, na linha 13.

Reparos podem sugerir também uma comunhão no grupo, indicando que os interlocutores podem resolver os problemas que vão surgindo na interação contínua e colaborativamente. Nesse sentido, falantes estratégicos às vezes "deixam sua fala no ar", incompleta, como que convidando o interlocutor a completá-la. Isso pode acontecer, por exemplo, quando se quer dizer algo potencialmente desagradável ou quando não sabemos como continuar.

A decisão de quando e como fazer reparos, sobretudo *other-repairs*, envolve aspectos contextuais como o propósito comunicativo ("É mesmo importante para o objetivo da conversa interromper o fluxo para fazer um reparo num dado ponto?"), o nível de formalidade do evento comunicativo e o poder interacional dos participantes ("É apropriado que eu interrompa o que meu interlocutor diz para fazer um reparo?"), entre outros fatores. Cabe ao falante ter a seu dispor os recursos necessários para fazer tais reparos, quer dizer, saber o que falar e como falar ao fazer reparos conversacionais, decidindo a necessidade ou a adequação de tais reparos no desenrolar de cada interação oral de que participa. Outras estratégias podem e devem apoiar nessas decisões e uma delas é "Usando diferentes alternativas para expressar ideias similares", o tópico da próxima seção.

Aplique a estratégia

1 > a. Leia a interação a seguir em voz alta e sublinhe os reparos conversacionais.

S1	uh number two (reading) compete the story
S2	/ complete the story
S1	/ complete the story I don't know
S2	complete the story with the present simple form of the verbs of the box, from the box
S3	a man buys a… very …unu- / unusual bird for his wife's birthday
S4	(correcting pronunciation) / unusual
S3	it speaks Spanish
S2	speaks
S1	Spanish
S3	I said speaks. It speaks Spanish Italian Portuguese Hungarian Polish and Russian and costs five hundred pounds =

Arquivo pessoal da autora.

b. Os exemplos sublinhados ilustram *self-repair* ou *other-repair*?

c. Comente os usos de reparo na interação acima. Até que ponto eles auxiliaram os interlocutores a construir sua interação?

2 > Escreva um diálogo entre três amigos. Dois deles acabam de chegar de uma viagem ao Brasil e contam as novidades ao outro. No seu diálogo inclua exemplos de *self-* e *other-repair* e varie o foco do reparo.

Reparo: alguns focos
- pronúncia
- uso de palavra errada
- frases não gramaticais
- comentário inadequado (por exemplo, politicamente incorreto)
- comentário irrelevante

Sugestões adicionais

- Explore o uso de reparos em transcrições de interações orais, como as interações reproduzidas neste livro ou em *sites* que contêm *scripts* de filmes, por exemplo <http://www.imsdb.com/>.
- Silêncios na comunicação geralmente exigem reparos (de quem fala, ou dos outros). Para ler mais sobre como lidar com silêncios, visite o *site* <http://www.english-at-home.com/speaking/how-to-avoid-silence-in-english-conversations/>.
- Se você dá aulas, grave uma interação entre seus alunos e depois mostre-a para eles, pedindo que avaliem seu uso de *self-* e *other-repair*: o que funcionou bem na interação? O que pode ser melhorado?
- Uma forma de se praticar *other-repair* em sala de aula é iniciar o relato de eventos e deixar algumas falas incompletas, a fim de que os alunos as completem. Paralelamente, quando seus alunos tiverem dificuldade de completar sua fala, inicie esse reparo mas deixe a fala também incompleta, sinalizando ao aluno (ou a outros alunos) que eles devem contribuir para a sua continuidade.

31» USANDO DIFERENTES ALTERNATIVAS PARA EXPRESSAR IDEIAS SIMILARES

A situação

Numa conversa entre duas pessoas, um dos participantes faz um comentário que gera um pedido de esclarecimento por parte de seu interlocutor. Uma resposta é imediatamente dada a esse pedido, mas pelo conteúdo desse esclarecimento a pessoa que fez a pergunta percebe que seu questionamento não foi bem entendido: apesar de a resposta ser potencialmente possível à sua pergunta original, ela não atendia ao seu questionamento específico naquela conversa. Você se pergunta como deve proceder: deve deixar passar o impasse e prosseguir na conversa? Ou deve tentar lidar com o impasse, repetindo a pergunta ou usando alguma outra estratégia?

O trecho a seguir ilustra um diálogo em que tal situação acontece.

A interação

1   So you were at Oxford Brookes with Caroline?' James asked Tim. 'Did you study
2   art history too?'
3   Tim shook his head. 'No. I was at Bath Spa University. They have a degree course in
4   photography. I did that.'
5   Caroline saw her opportunity to navigate the conversation away from perilous
6   shoals.' Bath Spa is terrific,' she said. 'I had a friend who did design there. She had a
7   great time.'
8   'When?' asked Tim.
9   'When she was there. She had a great time when she was there.'
10   'No, I didn't mean that,' said Tim. 'I meant: when was she at Bath Spa?'
11   'Oh, same time that I was at Oxford Brookes.'

McCall Smith, Alexander. *Corduroy Mansions*. Londres: Abacus, 2009. p. 222.

A estratégia

Na linha 10, o personagem Tim optou por manter o assunto da sua pergunta original (feita na linha 8) e não desistir do assunto. Tal estratégia é mesmo a melhor opção se o assunto tem

> **Paráfrase** é a reprodução de maneira diferente de algo dito anteriormente, normalmente para se obter clareza.

importância para o falante: desistir de um assunto importante por não saber o que ou como falar pode ser uma estratégia, mas ela deve ser evitada sempre que possível.

Uma forma de lidar com o impasse acima, em que uma pessoa não dá a resposta imaginada pelo autor da pergunta, é parafrasear o que foi dito, isto é, falar de outra forma. No exemplo acima, o personagem Tim usou a estrutura "No, I didn't mean that, I meant…." a fim de dizer o que tinha dito antes de outra maneira. Note-se que esta estratégia abrange duas outras estratégias ao mesmo tempo: há a construção de um reparo conversacional e também se inicia a articulação de mais esclarecimentos sobre o que foi dito (conforme discutido em seções anteriores dedicadas a essas duas estratégias).

Esta estratégia é importante sempre que sentimos que não estamos sendo muito claros, ou quando falamos de um assunto sobre o qual temos maior conhecimento do que nossos interlocutores. Às vezes somos obrigados a falar o que dizemos de outra forma a partir de um pedido de esclarecimento do nosso interlocutor (como discutido na seção "Esclarecendo o que foi dito"), mas muitas vezes é possível (e mesmo desejável) antecipar essas dificuldades e já apresentar uma mesma ideia de formas diferentes. Para tal, é importante estar atento a dificuldades inerentes ao que dizemos, bem como a pistas não verbais dadas por nosso interlocutor (um olhar indicando incompreensão, por exemplo).

As expressões a seguir podem ajudar o falante a articular seu refraseamento:

- ….I mean, …
- …that is….
- What I mean is…/What I meant was…
- In other words,…
- What I'm trying to say is…
- To put it differently, …
- To put it another way, …
- To make it clearer, …

A ordem usada para listar as expressões acima segue, aproximadamente, uma gradação do menos para o mais formal. Note-se que, no caso de *that is,* existe a possibilidade de usar uma expressão equivalente mais formal: *i.e.* Essa abreviação da expressão latina "id est" (isto é) era originalmente usada apenas no discurso escrito, mas atualmente é usada em discurso oral (em palestras, discursos políticos, aulas etc.).

Além das noções de formalidade e informalidade, outro aspecto importante é o caráter opcional do uso de formas explícitas (como as listadas acima) por um falante para sinalizar que está para dizer o que já disse de outra forma. Considere, por exemplo, uma mãe dizendo a seu filho: *We're having dinner first and after that you can watch TV. First, dinner; then TV.* A mãe poderia ter usado uma das expressões acima entre as duas frases, mas optou por não usar. Tal decisão pode ocorrer inconscientemente, ou pode ser deliberada, pretendendo ser mais enfática (no caso acima, a segunda frase, mais curta, causa um maior impacto no ouvinte) ou mais clara (por exemplo, falando com uma criança pequena ou alguém que não tem proficiência na língua, podem-se omitir as expressões para não causar mais dificuldade).

Saber dizer a mesma coisa de formas diferentes requer prática. Em falas preparadas (apresentações orais no trabalho, conferências, entrevistas de emprego) pode-se pensar previamente em formas de fazê-lo. Em situações de falas não preparadas (conversas entre amigos, situações informais no trabalho ou em família) é importante monitorar o que está sendo dito, avaliando-se se o conteúdo e a forma utilizados para construir sua fala são claros para o seu interlocutor. Ao achar que pode haver alguma razão para não entendimento, é aconselhável usar a estratégia.

Aplique a estratégia

1 > Numa estação de trem em Londres, perto das roletas por onde passam os passageiros que acabaram de chegar à estação, um funcionário do metrô está parado, falando em voz alta:

Ladies and gentlemen, if you're not sure, you can always ask. [pausa] If in doubt, ask. [pausa] Ladies and gentlemen, if you have a question, we're here to help.

a. Imagine que você é um desses passageiros. Por que você acha que o funcionário fala de formas diferentes?

b. Você consegue imaginar outras formas que ele poderia ter usado?

c. Pense numa situação do seu trabalho que se repete com frequência e o que você diz nessa situação. Liste pelo menos 4 formas diferentes de dizer a mesma coisa.

2 > Complete os diálogos abaixo conforme detalhes dados em parênteses.

a.
A I saw your brother on my way back home.
B Oh, really? And what did he say?
A (Esclarece que na realidade ele não falou com o irmão de B, apenas o viu.)

_____

b.
A Have you seen my handbag?
B Er…Yeah, I think it's on the dining table.
A (Esclarece que não está procurando a bolsa que está em cima da mesa, mas uma outra.)

_____

Sugestões adicionais

- Para praticar a estratégia, imagine que você tem de falar em inglês sobre um assunto que conhece muito bem (por exemplo, seu *hobby*, ou um livro que você acabou de ler, ou um aspecto de sua profissão) a alguém que não tem tanto conhecimento sobre o assunto. Prepare uma fala de 3 a 5 minutos sobre o assunto, durante a qual você deve incluir algumas das expressões apresentadas nesta seção. Grave sua fala e depois ouça-a e avalie: você fez bom uso da estratégia?
- Se você dá aulas de inglês, pratique a estratégia com seus alunos pedindo-lhes que simulem diálogos entre eles e um turista que fala inglês. O turista está perdido e quer informações sobre a cidade. Ele não entende bem o que você responde, e você tem de dar a mesma informação de várias formas diferentes. Enquanto os alunos apresentam seus diálogos, os "espectadores" devem observar o uso da estratégia: ela foi usada em momentos adequados? Seu uso facilitou a interação?
- O vídeo em <http://www.youtube.com/watch?v=oTsE-LRSo_M> apresenta sugestões sobre como fazer paráfrases, isto é, dizer o que foi dito ou lido anteriormente de outra forma, com suas próprias palavras.

32>> VARIANDO AS RESPOSTAS AFIRMATIVAS E NEGATIVAS

A situação

Numa aula de inglês, a professora faz uma pergunta que requer resposta afirmativa ou negativa. O que se ouve é uma sequência de *yes* e *no* por parte dos alunos. Observando a transcrição dessa interação, e reagindo negativamente à repetida forma de se responder ao questionamento, você se pergunta se seria uma boa ideia ensinar os alunos a expressarem tais afirmativas e negativas de formas diferentes.

A interação

1	S1	one one minute
2	T	can I play?
3	S1	no
4	S2	yes
5	S3	yes
6	T	yes Luiza?
7	S1	no
8	T	yes Gustavo? Julia? yeah?
9	S4	yes
10	S5	no
11	T	I'm going to play okay Luiza?
12	S1	okay

Arquivo pessoal da autora.

A estratégia

Para quem é professor, a cena acima é familiar. Em sala de aula, são comuns os cenários em que se quer iniciar uma atividade mas nem todos estão prontos. Como toda interação que envolve procedimentos e rotina de sala de aula, trata-se de um momento genuíno de comunicação entre os participantes. Neste sentido, é positivo o fato de que todos participam ativamente da conversa, usando a língua inglesa para sinalizar prontidão ou não. Em outras palavras, se considerarmos o propósito comunicativo da interação (verificar se os participantes estão prontos para iniciar algo), a interação foi bem-sucedida.

No entanto, a interação é "pobre", considerando-se sua sofisticação gramatical e vocabulário. Observando-se o uso linguístico dos alunos, vemos que ou eles usam palavras isoladas (das dez palavras produzidas pelos alunos, seis são *yes* ou *no*) ou uma locução simples que envolve repetição de uma palavra (linha 1).

Nesta seção retomamos a discussão da estratégia anterior ("Usando diferentes alternativas para expressar ideias similares") com foco em dois tipos de ideia: respostas afirmativas e negativas. Esse tipo de respostas é importante, dada sua frequência em interações orais; e mais: em língua materna temos um vasto repertório para expressar respostas afirmativas e negativas e raramente usamos apenas "sim" ou "não". Ao contrário, normalmente usamos expressões variadas que ajudam a construir a costura e o envolvimento interacional. É essa diversidade que devemos buscar, também, na língua-alvo.

A interação acima seria nitidamente mais envolvente (e plausível, sob o ponto de vista de uso do inglês por falantes mais proficientes) se tivesse se desenrolado mais ou menos assim:

1	**S1**	one one minute
2	**T**	can I play?
3	**S1**	no, hold on a minute
4	**S2**	yes
5	**S3**	I'm ready
6	**T**	OK Luiza?
7	**S1**	no, not yet
8	**T**	what about you Gustavo? Julia? Ready?
9	**S4**	yep
10	**S5**	nope
11	**T**	I'm going to play okay Luiza?
12	**S1**	okay

Como já discutido em outras seções, o uso de certas estratégias deve estar ancorado no apoio linguístico de certas formas que, por sua vez, devem ser usadas com variação e atenção a questões contextuais. Na revisão do diálogo acima, por exemplo, "I'm ready" (linha 5) e "no, not yet" (linha 7) ilustram como uma resposta afirmativa e uma negativa podem se ancorar no contexto.

Outros elementos contextuais abrangem nível de formalidade, poder interacional relativo entre os participantes, se a ideia está sendo dita pela primeira vez ou repetida etc. O quadro a seguir apresenta algumas formas de expressar resposta afirmativa em inglês:

- Yes
- Yes, sure
- Yeah
- Yep
- Yup
- Uh huh
- Absolutely
- Indeed
- You bet (You betcha)
- Certainly
- No problem
- By all means

Algumas dessas formas são mais formais que outras. *Indeed, Certainly* e *By all means,* por exemplo, são formais, ao passo que *Yeah, Yep, Yup, Uh huh, No problem* e *You bet* são informais (esta última forma é tipicamente americana). *Yes, sure* e *Yes* são uma espécie de "coringa" que servem para diversas situações, e é importante notar que o uso de *yes* não coincide com o uso de "sim" em português. Em outras palavras, enquanto no Brasil soa estranho responder a uma pergunta apenas com "sim" (A: "Você vai ao cinema hoje?"/ B: "Sim."), o uso de *yes* numa situação semelhante seria perfeitamente adequado.

Ainda falando de respostas afirmativas, uma outra distinção importante existe na interface do português e do inglês: ao passo que, em português, "absolutamente" significa "Não!", "De jeito algum!", *absolutely* significa "Sim!", "Com certeza!" em inglês.

Para se expressar ideia negativa em inglês existem também várias formas, conforme os exemplos da lista a seguir:

- No
- Unh unh
- Nope
- I'm afraid not
- I don't think so
- Negative
- Not really
- Not a chance
- Absolutely not
- No way

A dificuldade com o uso das expressões acima é que, na maioria das vezes, o uso de respostas negativas é ameaçador de face. Isso não acontece quando a resposta é factual e não envolve ameaça de face para nenhum dos dois interlocutores, como por exemplo em:

A Has your mother arrived yet?
B No.

No entanto, quando usamos negativas para discordar, recusar, desmentir, expressar um posicionamento que não é favorável, entre outros, estaremos produzindo atos ameaçadores de face; por isso temos de decidir como produzir tais ideias com cuidado. Algumas das expressões acima são consideradas mais fortes que outras e devem ser evitadas ou usadas com cautela, por exemplo *Not a chance*, *Absolutely not* ou *Negative*. *I'm afraid not*, *I don't think so* e *Not really* carregam *hedge* neles mesmos (em *I'm afraid*, *think* e *really*, respectivamente) e são expressões relativamente "seguras" em caso de situações mais sensíveis. *Uh huh, nope* são informais e podem ser razoavelmente "neutras", mas se ditas com sarcasmo podem criar problemas na interação. O mesmo acontece com *no*: sua força e percepção por parte do ouvinte dependerá muito da forma como for expresso — se agressivo, complacente, displicente, ameaçador, e assim por diante. A língua inglesa tem expressões divertidas para expressar ideia negativa. Os americanos usam com frequência *No way, José* (as palavras *way* e *José* rimam, dando uma sonoridade especial à expressão). Ouve-se também nos Estados Unidos a expressão *Not by the hair of my chinny chin chin* para indicar ideia negativa. Esta fala é original da história "O Lobo Mau e os três porquinhos", usada pelos porquinhos para dizer que não vão abrir a porta para o Lobo Mau.

A melhor forma de dominar o uso desta estratégia é através de muita prática: observando-se falantes nativos (em interações face a face, na TV ou no cinema) e avaliando as reações a diferentes usos. Um maior repertório de recursos, isto é, de formas linguísticas que podem ser usadas em diferentes situações, lhe dará mais segurança ao aplicar a estratégia.

Aplique a estratégia

1 > Responda às perguntas afirmativa ou negativamente, sem dizer *yes* nem *no*. Responda em voz alta, variando as formas utilizadas na sua resposta:

a. Do you like coconut?
b. Was your mother born in Brazil?
c. Have you ever danced the tango?
d. Would you like to do some volunteer work in Colombia?
e. Can you speak Spanish?
f. Do you want some water?
g. Do you want to change jobs?
h. How about moving to a different city?
i. Is this exercise difficult?
j. Do you want to read about another strategy?

2 > Numa cena do filme *American Beauty*, a personagem Carolyn faz uma proposta a seu colega, o agente imobiliário Buddy. Leia o trecho a seguir e responda:

Carolyn	[...] You know, I'd love to sit down with you and just pick your brain, if you'd ever be willing. I suppose, technically, I'm the "competition," but... I mean, hey, I don't flatter myself that I'm even in the same league as you...
Buddy	I'd love to.
Carolyn	(shocked) Really?
Buddy	Absolutely. Call my secretary and have her schedule a lunch.
Carolyn	I'll do that. Thank you.

Disponível em: < http://www.dailyscript.com/scripts/AmericanBeauty_final.html>. Acesso em: 8 jul. 2011.

a. A primeira resposta de Buddy é afirmativa ou negativa?

b. E a segunda?

Sugestões adicionais

- Repare que, na interação reproduzida no Exercício 2 acima, a personagem Carolyn expressou uma ideia afirmativa em *I'll do that* sem dizer explicitamente *yes, sure, of course*. Esta é uma forma de variar respostas afirmativas ou negativas: não usar os elementos que discutimos nesta seção. Para desenvolver sua conscientização sobre o uso desta estratégia, faça um trabalho de "Language Detective" em algumas interações apresentadas neste livro e observe como os falantes envolvidos expressaram ideias afirmativas e negativas.
- Para saber mais sobre o assunto, visite o *site* <http://www.engvid.com/polite-english-saying-yes-no/>.
- No *site* <http://www.english-test.net/stories/76/> você pode ler e ouvir a história "The language of yes".
- No *link* <http://www.youtube.com/watch?v=3zNjQecyjE8>, você tem acesso a um vídeo divertido, um pequeno trecho do seriado de TV *Scrubs*, em que o personagem Dr. Cox diz "não" de várias formas diferentes.
- Se você dá aulas de inglês, proponha atividades em pares ou pequenos grupos em que os alunos devem conversar usando *Yes/No Questions* mas não podem responder nem usando *yes*, nem usando *no*.

33>> CONSIDERANDO POTENCIAIS DIFICULDADES DO INTERLOCUTOR

A situação

Verbo é uma palavra que normalmente indica uma ação (*walk, work, run*), mas que também pode indicar um processo verbal (*say, tell, praise, respond*) ou mental (*think, like, feel, hear*).

Locução nominal (*noun phrase*, em inglês) é um grupo de palavras que descreve um substantivo, por exemplo, em *The very tall speaker on the left is my father* há duas locuções nominais: *The very tall speaker on the left* e *my father*.

Imagine a situação: você, que fala português e tem um conhecimento básico de inglês, conversa com um falante de inglês sobre a língua francesa. Você quer saber se seu interlocutor estudou francês na escola, e para tal constrói sua pergunta com três elementos básicos: o pronome *you*, o verbo *study*, e a locução nominal *in school*. Seu interlocutor, no entanto, não parece compreender sua pergunta. Você repete o que disse, sem sucesso, e outra pessoa (também falante de português, mas proficiente em inglês) tem de intervir para resolver o impasse na comunicação. Por fim, com a intervenção dessa terceira pessoa, você obtém a resposta que queria, mas não entende o que pode ter causado a incompreensão do falante de inglês. Você se pergunta se haveria alguma estratégia de fala que pudesse ter sido ativada para ajudá-lo a entender o que ocorreu e evitar incompreensões similares no futuro.

A interação

1	**You**	You study French in school?
2	**English speaker**	(*without understanding*) Huh?
3	**You**	You…studying French?… In school?
4	**English speaker**	In school?
5		(*Silence*)
6	**Portuguese/English speaker**	(*looking at you, but referring to the English speaker*) He's not in school anymore…
7		
8	**You**	(*addressing the English speaker*) But you study French in school?
9		
10	**English speaker**	(*looking at you, still confused*)
11	**Portuguese/English spearker**	Yes, he did have French classes when he was in school.
12		

Interação baseada em observação e posterior anotação da autora.

A estratégia

Ao fazer uma pergunta sem auxiliar (linha 1), o falante deixou de sinalizar algo fundamental: o tempo da pergunta. A língua inglesa não diferencia passado, presente ou futuro pelo verbo principal em uma pergunta (ou negativa), portanto essa noção temporal tem de ser dada pelo verbo auxiliar (por exemplo, *Do you study?* indica presente; *Did you study?*, passado; *Will you study?*, futuro). Dada a ausência do auxiliar, o falante de inglês sinalizou incompreensão (linha 2), e a estratégia usada pelo falante de português para lidar com tal impasse foi repetir o que tinha sido dito, desta vez mais pausadamente e com o acréscimo de uma equivocada terminação *–ing* ao verbo da pergunta (linha 3). Desta vez o falante de inglês ficou ainda mais confuso, pois o *–ing* sinalizou noção de continuidade (e, provavelmente, noção de continuidade no presente), e a locução *in school* remeteu à ideia de "frequentar a escola", o que para ele era uma experiência do passado, já que ele atualmente estava na universidade. O impasse gerou uma intervenção do terceiro participante (linha 6) com um comentário que não ameaçava a face de nenhum dos outros dois participantes mas também não respondia à pergunta original. E, mais uma vez, o falante original repetiu sua pergunta. Nesse ponto, fica claro que o uso da estratégia "Solicitando repetição do que foi dito" não vai resolver o impasse, e o terceiro participante responde à pergunta, enfatizando o *did*, talvez não apenas para prover a informação requerida mas também para sinalizar ao falante original a importância do uso do auxiliar *did* na situação.

A cena acima ocorreu muito rapidamente e parte dos comentários acima é baseada em interpretações subjetivas da transcrição e desta análise sobre ela. No entanto, pode-se afirmar, a partir do cenário descrito, que a omissão do *did* gerou uma quebra na comunicação, quebra essa que não foi resolvida com repetições e pausas. Se o falante tivesse tentado prever (ou compreender) potenciais dificuldades de seu interlocutor, haveria uma chance de reverter esse impasse mais facilmente.

Nesse ponto o leitor deve estar se perguntando: "Mas como podemos prever tais dificuldades? E, de forma mais prática, como podemos lidar com elas ao interagir com falantes de inglês?" Para responder a esta pergunta, há uma boa e uma má notícia. A má notícia é que, diante de tantas dimensões envolvidas nessas interações (familiaridade do falante de inglês com o sotaque

Fonologia é a área da Gramática que estuda o sistema de sons de uma língua e seus padrões de uso e organização.

de falantes de português, experiência e sensibilidade do falante de inglês com relação a interações com falantes não nativos, conhecimento do assunto, entre outras), não há como se preverem todas as dificuldades que podem ocorrer nesses encontros. A boa notícia é que há algumas áreas que causam frequentes dificuldades aos falantes de inglês ao interagir com falantes de português, e se tivermos um cuidado especial ao transitar por essas áreas podemos evitar alguns mal-entendidos.

O quadro a seguir apresenta e discute algumas dessas dificuldades:

Nomes de pessoas e lugares em português	Ao falar inglês, os brasileiros tendem a manter a fonologia da língua portuguesa ao pronunciar nomes de pessoas e lugares. Por exemplo, ao dizer "I'm from Recife" ou "My name is Claudia Pereira", os brasileiros costumam dizer Recife, Claudia e Pereira com a fonologia do português brasileiro. Isso causa uma difuldade para o falante anglófono, que não vai conseguir associar facilmente o que ouve com os nomes acima. Afinal, ao ler esses nomes com fonologia do inglês, eles soariam bem diferentes.
Nomes de origem estrangeira	Há muitas palavras de origem estrangeira no português, não apenas de origem do inglês (*Internet, chat, freelance, online, shopping* etc.), mas também de outras línguas como o francês (*matinê, buquê*), italiano (*carbonara, pancetta* etc.), entre outras. Muitas dessas palavras originárias de outras línguas também existem em inglês. Como acima, se essas palavras forem pronunciadas com a fonologia do português, poderá haver dificuldade para o falante de inglês; afinal, elas existem em inglês com uma pronúncia diferente!
Formas variadas no vocabulário em diferentes países anglófonos	Há muitas diferenças no emprego do vocabulário em países que falam inglês. Tomando-se a diferença entre o American English e o British English, por exemplo, alguns termos são, respectivamente: *elevator/lift; French fries/chips; chips/crisps; sneakers/trainers; backyard/garden*. Se, ao falarmos com americanos usarmos os termos usados na Grã-Bretanha, e vice-versa, poderá haver mal-entendidos.
Perguntas sem auxiliar	Como discutido acima, as perguntas em inglês formam-se com o apoio de um verbo auxiliar, e estes cumprem também a função de sinalizar o tempo da pergunta ou outras ideias tais como permissão (*may*), habilidade (*can*), entre outros. Como esses auxiliares aparecem antes do verbo principal, quando ouve o verbo o interlocutor já o associa com a noção dada pelo auxiliar. Sem esse elemento, o falante de inglês pode ficar perdido.

Palavras em português que têm mais de uma tradução em inglês	Há palavras polissêmicas em português, mas cujas ideias correspondem a mais de uma forma em inglês. Por exemplo, "sombra" traduz-se em inglês como *shadow*, se for a sombra de uma pessoa ou algo, ou *shade* se for uma área que está na sombra. Falantes de português podem não saber ou estar atentos a essas diferenças em inglês e tendem a usar essas palavras indistintamente. Outros exemplos são "receita" (*recipe, prescription*), "papel" (*paper, role*) ou "banco" (*bank, bench*).
Sons cuja pronúncia causa dificuldade aos brasileiros	Há alguns sons da língua inglesa que são particularmente difíceis para os brasileiros (ver "Observando a pronúncia de palavras que costumam causar dificuldades para os brasileiros" para uma lista). Palavras com esses sons tendem a ser pronunciadas de forma inadequada e isso muitas vezes gera uma não compreensão por parte do falante de inglês.
Tradução literal de expressões idiomáticas	Expressões idiomáticas não são entendidas literalmente, e se você tentar traduzi-las ao pé da letra há grandes chances de seu interlocutor ficar completamente perdido com o que você diz! Por exemplo, "A galinha do vizinho é sempre mais gorda" traduz-se como "The grass is greener on the other side of the fence".
Falsos amigos	Há muitas palavras em inglês que se parecem com palavras em português mas têm significados diferentes. Alguns exemplos são *parents* (pais), *lunch* (almoço), *comprehensive* (abrangente), *lamp* (abajur), *push* (empurrar). É importante conhecer essas palavras para evitar mal-entendidos.

Ao usar as palavras e estruturas discutidas acima, falantes estratégicos devem saber antecipar potenciais problemas de entendimento por parte de seu interlocutor. Para evitar esses problemas, pode-se, então, usar uma das seguintes estratégias de apoio:

- Em caso de problemas que envolvem aspectos fonológicos, deve-se tomar cuidado especial com a pronúncia, procurando-se seguir a lógica da pronúncia da língua inglesa e não a da língua portuguesa. Se o problema persistir mesmo assim, pode-se escrever o que se está tentando falar a fim de sanar a dificuldade.
- Em caso de problemas que envolvem aspectos lexicais, em primeiro lugar deve-se procurar empregar o termo adequado! Se isso não for possível, deve-se tentar dizer o que se quer de outra forma. Essa dica vale especialmente para as expressões idiomáticas.
- Para problemas que envolvem aspectos sintáticos, a melhor opção é aprimorar seu conhecimento das estruturas em questão e tentar corrigir o problema a médio prazo. Em outras palavras, em um caso semelhante ao da situação descrita na abertura desta seção, deve-se aprender mais sobre a formação de perguntas

Polissêmicas (palavras) são palavras que possuem mais de um sentido, por exemplo, *manga* em português ou *rock* em inglês.

Aspectos fonológicos são os aspectos relacionados à fonologia de uma língua, isto é, ao sistema de sons que a caracteriza.

Aspectos lexicais são os aspectos relacionados ao léxico de uma língua, isto é, ao conjunto de palavras, locuções e expressões que nela existem.

Aspectos sintáticos são os aspectos relacionados à sintaxe de uma língua, isto é, ao modo como palavras e locuções são agrupadas numa língua a fim de formar frases.

em inglês. Até a aprendizagem ficar sólida, a alternativa para deixar mais claro o tempo do enunciado é usar termos como *yesterday*, *tomorrow*, *now* etc. para indicar tempo.

Nesta seção concentramo-nos em aspectos gramaticais, mas aspectos sociopragmáticos, referentes a normas de uso, também podem gerar incompreensões e mal-entendidos em conversas entre brasileiros e falantes de inglês. Neste livro exploramos alguns desses aspectos ao tratar de estratégias de polidez nas seções "Respeitando normas de polidez: aceitando e recusando ofertas", "Usando *hedges*", entre outras.

A questão central nesta discussão é a consciência que um falante deve ter das necessidades e dificuldades do seu interlocutor. Quanto mais você entender essas necessidades e dificuldades, melhor uso poderá fazer desta estratégia!

Aplique a estratégia

1 > Ao se aproximar da estação de Paddington em Londres, ouve-se um aviso no sistema de comunicação interna. Leia o aviso (transcrito a seguir) e responda: o que provavelmente levou o falante a dizer "one-five" no final do aviso?

> Trains for Heathrow leave from Platforms 6 and 7, and they depart every fifteen, one-five, minutes.

2 > a. Traduza as seguintes frases para o inglês.

I. Você morou em Boston ou em São Francisco?

II. Meu nome é Fernando Rodrigues.

III. Filho de peixe peixinho é.

IV. O que você vai comer? Batata frita ou batata assada?

V. A Rainha Elizabeth II tem quatro filhos: Charles, Anne, Andrew e Edward.
_____

VI. Você visitou a Torre Eiffel?
_____

b. Identifique, nas frases acima, as áreas que podem ser potencialmente causadoras de dificuldade a um falante de inglês ao ouvir um falante de português.
_____
_____
_____
_____
_____
_____

c. Leia suas traduções em voz alta, imaginando que você as está usando numa conversa com um inglês.

Sugestões adicionais

- Produza frases ou pequenos monólogos oralmente em inglês, em que você use nomes de pessoas ou lugares cujo nome é em inglês (por exemplo Peter, California, Australia, Chris). Ao dizer esses nomes, tente fazê-lo sob a ótica da língua inglesa. Verifique sua pronúncia em <http://inogolo.com/>.
- Explore notícias atuais em jornais *on-line* que tenham áudio. Ao ouvir as notícias, repita os nomes de lugares e pessoas que você ouve.
- Compile uma lista de palavras em português que tenham mais de uma tradução em inglês (por exemplo, manga, recibo, sombra, papel) e vá acrescentando novas palavras conforme for se deparando com elas. Retorne à sua lista para rever as palavras sempre que possível.
- Uma boa referência para consulta e prática de expressões idiomáticas é o *site* <http://www.usingenglish.com/reference/idioms/c.html>.
- Para consulta e aprendizagem de falsos amigos, use o *site* <http://www.scribd.com/doc/5543219/False-Friends-English-and-Portuguese>.

34» MONITORANDO DIFICULDADES PESSOAIS: GRAMÁTICA

A situação

Você conversa com um amigo inglês sobre a série de filmes Harry Potter. Seu amigo não leu os livros, viu alguns filmes, mas não gostou de nenhum deles. Você acha que os filmes são muito compactos, e que a leitura dos livros é essencial para uma boa apreciação dos filmes. Você quer explicar isso ao seu amigo, em inglês, mas titubeia diante da estrutura sofisticada de que precisa para expressar essa ideia: afinal, como dizer em inglês "Se você tivesse lido os livros você poderia entender e apreciar melhor os filmes"?

A frase parece-lhe muito complicada, e você desiste da ideia. Mais tarde, você se pergunta se haveria alguma estratégia de fala que pudesse ter-lhe auxiliado a lidar com tal dificuldade.

A interação

1	**Your friend**	That was very boring.
2	**You**	What?
3	**Your friend**	The last Harry Potter film. And all the others.
4	**You**	(*surprised*) Boring??
5	**Your friend**	They are too long, and too complicated. I can't follow the plot.
6	**You**	Have you read the books?
7	**Your friend**	No…
8	**You**	(*thinking of how to say that reading the books might have helped
9		his friend to understand the films*) Hum… If hum…Er…. (*giving up*)
10		Shame, really. (*changing the subject*) How about some coffee?

A estratégia

Mesmo sem saber, você fez uso de uma estratégia na interação acima: monitorou uma dificuldade pessoal relativa a um tópico gramatical (linhas 8-9). Em outras palavras, você pensou sobre essa dificuldade, levou-a em consideração ao tentar articular sua fala, tentou produzir uma sentença usando a estrutura gramatical em foco, mas seu monitoramento parou por aí com sua desistência. Se você tivesse apoiado o monitoramento de sua dificuldade tentando, por exemplo, falar a mesma coisa de uma forma mais simples (por exemplo, *When we read the book we can understand the film better*), a sua comunicação teria sido mais eficaz!

Em outras palavras, é importante monitorar nossas dificuldades com a estrutura da língua inglesa. No entanto, idealmente, essa monitoração não deve nos levar a desistir de falar o que queremos, mas sim a outros dois resultados. A curto prazo, na interação propriamente dita, você deve lidar com a dificuldade de alguma forma: ou expressando-a explicitamente e pedindo ajuda ao seu interlocutor, ou falando o que você quer de outra forma. A médio prazo, você deve estudar mais sobre a área que lhe causa dificuldade a fim de evitar situações similares no futuro! Para tal, consulte gramáticas impressas ou *on-line,* faça exercícios, observe como falantes proficientes usam tais estruturas ao interagir.

Um ponto importante a ser mencionado acerca da implementação desta estratégia é que, por estarmos lidando com gramática da língua inglesa no contexto de produção oral (ou seja, com *speaking*) nessa língua, é importante levar em consideração não apenas categorias gramaticais convencionais, que encontramos nas gramáticas também convencionais, mas também características da *spoken grammar* dessa língua.

Assim como ocorre com outras línguas, o estudo da gramática do inglês foi historicamente orientado por uma ênfase em normas gramaticais baseadas em usos escritos dessa língua. No entanto, não é supresa para ninguém que escrevemos e falamos de forma diferente; se estivéssemos neste momento conversando oralmente sobre a gramática da língua inglesa, certamente estaríamos usando frases mais curtas, palavras mais informais, hesitações, reparos e outros recursos que, ao escrever, ou não usamos ou usamos de forma diferente.

No final do século passado, na década de 90, começaram a surgir alguns estudos sobre as caraterísticas da gramática do *spoken English*. Esses estudos, desenvolvidos pela Linguística de Corpus, tinham como base os resultados da análise de enormes amostras de *spoken language*, compiladas em grandes bancos de dados, tais como o *British National Corpus* na Grã-Bretanha e o *Brown Corpus* nos Estados Unidos. O estudo desses *corpora* revelou, e continua revelando, diversas características da gramática do *spoken English*, entre elas o uso frequente de:

- **elipses**, por exemplo em: A: *Where's John?*/B: *Haven't seen him* (O *I* é elíptico, isto é, não é usado na frase);
- **short forms**, como *cuz* no lugar de *because, dunno* no lugar de *don't know;*

Linguística de Corpus é o ramo da Linguística que compila e estuda bancos de dados de usos de linguagem em suas formas orais e escritas.

Elipses são omissões de certas partes de estruturas gramaticais, por exemplo, em *I'll ring her and remind her of the time,* estão elípticos *I'll* (antes de *remind her*) e também a informação sobre a que a hora mencionada se refere.

Short forms (contrário de *long forms*) são formas curtas, por exemplo, *he's, they're going, I've finished* (ao contrário de *he is, they are going, I have finished*). *Short forms* são comuns em interações orais e em gêneros escritos caracterizados por informalidade, como mensagens de texto, bilhetes, alguns *e-mails*.

False start é o movimento de iniciar uma fala e mudar abruptamente a direção do que é dito.

Heads são elementos utilizados no início da fala, antecipando o assunto principal.

Tails são elementos usados no final de uma comunicação, por exemplo, *okay* (*I'll get back to you tomorrow, okay?*), *right* (*This is the money she's left for us, right?*) ou *tag questions* (*She can cook, can't she?*).

- *vague language*, por exemplo, *stuff like that, those things, one or two*;
- *hedges*, como *perhaps, maybe, I guess*;
- *hesitation markers*, como *uh, er, hum, like*;
- repetições e *self-repairs*, incluindo false starts, como em *You should, you should, you know, there's nothing wrong in doing that!*;
- heads, por exemplo em *That guy, he should really look after his wife!*;
- tails, por exemplo em *You're not doing that, right?/ He'll be here, won't he?*

Em suma, ao falar em inglês você deve estar atento a essas formas que caracterizam o discurso oral, e tomar cuidado para não falar "como se escreve" e soar como um livro ambulante!

Diante dos pontos apresentados, podemos concluir que para desenvolver um monitoramento de dificuldade pessoal no âmbito da gramática há um pré-requisito: termos consciência dessas dificuldades. "E como isso pode ser feito?", você pode estar se perguntando. Uma forma é manter um diário registrando suas interações orais em inglês (como no modelo abaixo) e, com base nos seus registros, delinear um plano de ação para aprender mais sobre as áreas em que encontra dificuldade.

Data	Falei inglês com...	Em... (local, situação)	Dificuldades de gramáticas encontradas	O que posso fazer para lidar com essas dificuldades
6/1/2012	Meu amigo Bob	Pelo computador	Falar do passado; Usar marcadores do discurso	Rever passado de verbos irregulares; Pensar em voz alta com uma lista de marcadores do discurso ao meu lado como referência
etc.				

As ideias acima podem ajudá-lo a identificar suas áreas de dificuldade. Com base nessa identificação, monitore sua fala sempre que precisar usar esses elementos, prestando mais atenção ao que diz e/ou tentando achar formas alternativas de expressar sua ideia. Na próxima seção vamos tratar de um monitoramento similar, sobre dificuldades com o vocabulário.

Aplique a estratégia

1 > Observe os trechos sublinhados na fala a seguir e responda:

S1 don't copy it exactly <u>cuz</u>, that's not <u>in footnote, footnote format</u>. okay but all the information is there... so show me you know how to do <u>this stuff</u>. right for this last paper, cuz i've been letting it slide cuz i'm, more interested in you, <u>um</u> learning the other things that i've taught you. but uh you know you should learn this too. <u>okay</u>. take a look at uh one of these, handouts that i just gave you, the one that starts documents such as. you need one t- h- who else needs one? here take one of, (each of these.) hey we may get everyone here today. that'd be nice. it shouldn't feel like a reunion but, <u>it kinda does</u>. <u>how you been</u> since first day of class? (what do you know?)

Adaptado de <http://quod.lib.umich.edu/cgi/c/corpus/corpus?c=micase;cc=micase;view=transcript;id=SEM300MU100>. Acesso em: 30 jul. 2011.

a. Que características de *spoken English* eles ilustram?
___

b. Imagine que o falante precise escrever o que disse acima. Como ele poderia fazer isso? Reescreva a fala em seu bloco de notas.

c. Pense: se você tivesse de falar sobre o assunto acima, sua fala se aproximaria mais do texto original ou do texto que você escreveu? Se se aproxima do último, o que você precisa fazer para tentar tornar sua fala mais *spoken-like*?

2 > a. Identifique uma área da gramática tradicional (por exemplo, tempo verbal, pronomes, plural, concordância verbal) e uma área da *spoken grammar* que costumam lhe causar dificuldade.

gramática tradicional	spoken grammar

b. Improvise uma fala não muito longa (no máximo dois minutos) sobre um assunto de sua escolha e procure incorporar os elementos listados. Ao falar, monitore seu uso das características listadas da *spoken language* e das áreas da gramática tradicional, procurando lidar com as dificuldades de alguma forma. Grave sua fala em áudio.

c. Ouça a gravação e avalie seu uso das formas listadas, refletindo: elas foram usadas com eficiência? O monitoramento (isto é, o fato de você estar atento a elas) ajudou? Se sim, de que forma? Se não, por que não e o que pode ser feito para melhorar esses usos no futuro?

Sugestões adicionais

- Para ler mais sobre *spoken grammar*, vá a <http://www.speech-therapy-information-and-resources.com/grammar-of-spoken-language.html>.
- Para rever áreas da gramatical traditional, explore os seguintes *sites*: <http://www.englishgrammar.org/>; <http://www.englishclub.com/grammar/>; <http://www.bbc.co.uk/worldservice/learningenglish/language/> e <http://learnenglish.britishcouncil.org/en/english-grammar>.
- Leia *scripts* de interações orais (de filmes, de seriados de TV – veja algumas sugestões na página 235 deste livro) e analise as estruturas gramaticais mais convencionais usadas pelos falantes: por exemplo, como eles usam os tempos verbais? Os pronomes? Os plurais? Os elementos de coesão? Concordância de sujeito com verbo? Observe, também, como os personagens usam as características de *spoken grammar* listadas nesta seção (*elipses, short forms* etc.). Com base nessas observações, avalie seu nível de segurança a respeito do uso do inglês nessas áreas.

35» MONITORANDO DIFICULDADES PESSOAIS: VOCABULÁRIO

A situação

Você está com um amigo americano à porta do seu prédio, em que ambos vão entrar. Seu amigo vai à frente e tenta abrir a porta, empurrando-a. Você sabe que, para abrir a porta, deve-se puxá-la e não empurrá-la. Você quer dizer isso a seu amigo mas há um problema: você sabe que sempre confunde os verbos *pull* e *push* em inglês e fica com medo de dizer a palavra errada. Para lidar com esse bloqueio mental, você passa à frente de seu amigo bruscamente e abre a porta. Seu gesto abrupto gera uma reação de espanto no seu amigo e você fica aborrecido porque não conseguiu lidar com o problema.

O trecho a seguir ilustra a interação ocorrida durante a situação, incluindo os seus pensamentos durante o "bloqueio mental".

A interação

1	**Your friend**	(*pushing the door*) Oh!
2	**You**	(*thinking to yourself*) Ih… Ele está empurrando a porta….Como é
3		mesmo que se diz "puxar" em inglês? É *push* ou *pull*? Nunca sei. É
4		*push*. Não…. É *pull*… Não…. Argh!… Deixa pra lá. (*pushing your*
5		*friend to the side, getting to the door to open it*).
6	**Your friend**	Easy, man! What's the matter with you?

A estratégia

Seu "bloqueio mental" foi provavelmente consequência da ativação de um automonitor envolvendo seu conhecimento de vocabulário. Ao se achar em uma situação que provavelmente lhe causaria dificuldade, você "ligou" esse automonitor e ele lhe disse: "Essa é uma zona de perigo!" Em outras palavras, seu automonitor lhe avisou que o vocabulário de que você iria precisar incluía palavras que geralmente lhe causam confusão. Até aí, tudo bem, afinal, é uma boa ideia monitorar as áreas que lhe causam dificuldade em inglês!

No entanto, o uso da estratégia não envolve apenas a "ligação" do automonitor e consequente sinalização de que você está

Infinitivo é a forma básica de um verbo. Em inglês, os verbos são precedidos de *to* em seu infinitivo: *to go, to come, to speak*.

Particípio passado é a forma verbal usada em alguns tempos verbais em inglês (por exemplo, *Present Perfect, Past Perfect*) e também como adjetivo. Em listas de verbos, é a forma que aparece na terceira coluna. Por exemplo, *seen* é o *past participle* de *see*; *eaten*, de *eat*.

Present Perfect é o tempo verbal em inglês composto pelo verbo *to have* no presente, seguido de particípio passado do verbo principal. O Present Perfect não tem correspondência exata no português e por isso costuma causar dificuldades ao aprendiz brasileiro.

usando, ou está para usar, uma área de vocabulário que lhe causa dificuldade. É importante, também, saber lidar com essa dificuldade.

Na interação acima, seria possível argumentar que a desistência do uso da palavra causadora de problema teve um desenrolar positivo pois levou o falante a agir não verbalmente e a lidar com o impasse da situação abrindo ele mesmo a porta. No entanto, a reação do americano (linha 6) mostra que ele percebeu o movimento de abertura da porta como agressivo. E os pensamentos do brasileiro também indicam que, apesar de sua solução ter tido bom resultado prático, ela não lhe trouxe satisfação pessoal com relação à sua percepção de domínio da língua inglesa (note-se a interjeição de irritação *Aargh* na linha 4).

Portanto, para garantir um monitoramento de vocabulário mais eficaz, é necessário saber lidar com os impasses ocasionados quando o monitor sinaliza uma área de potencial problema. A criação de recursos mnemônicos é uma boa opção para isso. Por exemplo, se você memorizar os termos "*push*" e " empurre" como se fosse uma palavra só (algo como "pushempurre"), você pode se lembrar mais rapidamente de que deve utilizar a palavra "*push*" ao querer se referir ao movimento de "empurrar".

A seguir listamos algumas áreas de vocabulário em inglês que costumam causar dificuldade ao brasileiro, e também sugerimos algumas formas que podem auxiliar aqueles que têm dificuldades com essas áreas a saber lidar com elas.

Pares de "palavras confusas", tais como *remember/remind*; *steal/rob*; *section/session*; *lie/lay*	Use fichas para praticar esses pares: de um lado escreva uma palavra, seu significado e um exemplo com uma frase simples. O mesmo deve ser feito com a outra palavra, do outro lado da ficha. Releia as fichas com frequência, memorize as frases. Isso ajudará a lembrar que palavra significa o quê, quando você precisar de uma delas.
Formas verbais no infinitivo, passado e particípio passado	A memorização do "trio", na sequência, pode ajudá-lo a se lembrar mais rapidamente da forma do particípio passado ao conjugar, por exemplo, o Present Perfect. Portanto, ao praticar, repita *go-went-gone; bring-brought-brought; sell-sold-sold* etc.
Falsos amigos	Faça frases com falsos amigos (por exemplo, *Actually, my parents enjoy having lunch at the library*) e escreva-as em papeizinhos. Cole-os na parede e leia as frases em voz alta sempre que possível. Isso facilitará sua lembrança de que essas palavras são falsos amigos no futuro.

Duplas de palavras que remetem para conceitos opostos, tais como *before/after*; *buy/sell*; *former/latter*	Recursos mnemônicos podem ajudar aqui, e o ideal é que você crie os recursos com associações que lhe fazem sentido. Algumas sugestões: • Com *before/after*, é tudo "ao contrário": 6 letras em *before* equivalem a 5 letras em "antes"; 5 letras em *after* equivalem a 6 letras em "depois"; • *former* começa com *f*, sendo portanto *first*; *latter* começa com *l*, sendo portanto *last*; • *buy* começa com a letra *b*, que é perto de "c" (de "comprar"); *sell* começa com *s*, que é perto de "v" (de "vender").
Phrasal verbs	Esta é mesmo uma "zona de perigo" para os brasileiros e talvez seja a área lexical que causa maiores dificuldades para falantes de português. Para memorizar seus significados, lembre-se de que: *on* é oposto de *off*; *in* de *out* (isso ajuda a lembrar do significado de, por exemplo, *put on/take off*; *get on/get off*; *take in/take out*; *go in/go out*). *Up* pode sinalizar "completamente" (*cut up/tear up/blow up/clean up*). Muita prática em exercícios e leitura constante de exemplos pode ajudar na aprendizagem desses termos.

Para um automonitoramento eficaz das áreas de vocabulário que causam problemas a um falante (assim como é o caso para áreas de dificuldade em gramática), o primeiro passo é fazer um autodiagnóstico e identificar as áreas potencialmente causadoras de dificuldades, para poder acionar o monitoramento de vocabulário quando necessário.

Lembre-se: acionar o automonitor é importante, mas é igualmente importante saber dar "o próximo passo", criando "mecanismos solucionadores" para o impasse. Nesse sentido, algumas sugestões foram dadas nesta seção, mas você deve procurar aumentar o seu repertório vocabular continuamente, sempre. Até mesmo em sua língua materna essa busca constante é importante!

Aplique a estratégia

1 > a. Estude o seguinte vocabulário, criando recursos mnemônicos para se lembrar de cada uma das palavras que você desconhece. Use a coluna da direita para registrar os recursos mnemônicos criados.

Word	Translation	Mnemonic device
hip	quadril	
muzzle	focinheira	

macaw	arara	
graft	enxerto	
clog	tamanco	
rake	enxada	
wart	verruga	
stapler	grampeador	

b. Em seguida crie uma história oralmente usando o maior número das palavras acima. Use pelo menos três palavras que você desconhecia originalmente. Ao usar tal palavra, lembre-se do recurso mnemônico que você criou para ela.

2 > a. Na caixa abaixo encontram-se alguns itens de vocabulário que costumam causar dificuldade ao falante de português. Sublinhe dois itens que tendem a lhe causar muita dificuldade; circule dois itens que não lhe causam dificuldade.

after – afterwards – then
push – pull
educated – ordinary

put on – put up – put away – put out
borrow – lend
have – there is

b. Escolha um dos itens circulados e produza uma pequena narrativa oral em que tal item aparece. Quando terminar sua narrativa, pense: você precisou acionar o automonitor de vocabulário ao produzir tal item oralmente?

c. Agora escolha um dos itens sublinhados e produza com ele outra pequena narrativa oral. No momento de articular o termo sublinhado acione seu automonitor de vocabulário e pense numa solução para sua dificuldade.

Sugestões adicionais

- Para ler mais sobre *phrasal verbs*, vá a <http://www.eslcafe.com/pv/> e <http://www.usingenglish.com/reference/phrasal-verbs/> (este último contém exercícios além das explicações).
- Para exercícios sobre *confusing words*, explore os *sites* <http://www.learnenglish.de/mistakes/CommonMistakes.htm> e <http://www.bbc.co.uk/worldservice/learningenglish/language/askaboutenglish/2009/01/090216_aae_confusing_words_archive.shtml>.
- Se você dá aulas de inglês, crie situações em que o uso de vocabulário potencialmente causador de dificuldade é provável. Peça aos alunos que compartilhem com os colegas como monitoraram tal uso (evitando-o e dizendo o que se queria de forma diferente, mudando de assunto, recorrendo a recursos mnemônicos etc.).
- Explore o *site* <http://www.mnemonicdictionary.com/index.html> para ver definições de palavras e sugestões de recursos mnemônicos para aprendizes dessas palavras.

36» USANDO O INTERLOCUTOR COMO MODELO

A situação

Durante uma aula de inglês, os alunos fazem a correção do trabalho de casa. O exercício em questão pede que os alunos completem as lacunas em uma história, preenchendo-as com verbos conjugados no *Simple Present*. O exercício inclui a lista dos verbos a serem usados na tarefa em sua forma não conjugada (no infinitivo). Os alunos trabalham em grupo, sem intervenção direta do professor. Imagine que você observa a interação de um dos grupos e pensa: "Esse tipo de atividade pode ser útil para os alunos? Como eles podem ter certeza das respostas certas se o professor não está diretamente envolvido na interação?"

A interação

1. **S1** okay… go Leticia
2. **S2** no, I don't know
3. **S1** okay… when the man arrives back home from work in the evening he kisses
4.   / his wife
5. **S3** /repeat please
6. **S1** yes, when the man arrives
7. **S2** arrives back home from work in the evening he kisses his wife on the cheek
8.   and says, I hope you get the bird I sent you
9. **S3** yes, she screams cal-calmly
10. **S2** she what?
11. **S3** she screams
12. **S1** or replies
13. **S2** or replies

Arquivo pessoal da autora.

A estratégia

A cena acima demonstra que uma interação entre alunos, sem a participação direta do professor, pode, sim, oferecer a esses alunos "modelos de bons usos" da língua inglesa. Isso fica claro observando-se a interação a partir da linha 9: essa fala leva a um pedido de esclarecimento por parte do Student 2 na linha 10 e esse pedido, por sua vez, gera uma repetição do que havia sido dito (linha 11) e uma resposta alternativa (linha 12). A sequência interacional acaba por fazer com que o mesmo Student 2, na linha 13, seja capaz de articular sua resposta. Para conseguir isso, ele usa a fala de Student 1 como modelo.

Note-se que, na fala final, o Student 2 poderia simplesmente dizer *Okay, Thanks, Gotcha, Fine*, ou qualquer outra forma sinalizadora de entendimento. Mas ele opta por produzir a fala que anteriormente lhe havia causado problema. Em outras palavras, ele "se apropria" de tal forma, torna-a sua, articulando-a com segurança e competência.

Tipicamente, na aula de inglês, são os professores (ou o livro didático) que detêm o poder de oferecer modelos linguísticos aos aprendizes. O exemplo acima mostra que os próprios alunos podem aprender a desempenhar esse papel. Essa prática tem efeitos positivos não apenas para aqueles que estão aprendendo algo novo (como o Student 2 na situação acima), mas também para aqueles que detêm um conhecimento que podem ensinar aos seus colegas (como o Student 1 acima): afinal, poder ensinar algo que sabemos é garantia de que nosso conhecimento está solidificado.

É importante que os aprendizes de inglês procurem usar as interações de que fazem parte (em sala de sala ou fora dela) como fontes de novas aprendizagens. Para tal, pode-se tentar estabelecer algumas rotinas, por exemplo:

- Quando seu interlocutor produzir uma palavra, locução ou frase que você consegue entender mas sabe que não a produziria sozinho, procure repetir o(s) novo(s) termo(s) imediatamente, seja para tomar o turno, seja para oferecer *backchannelling* ao que foi dito. De uma forma ou de outra, você estará usando algo novo em contexto.
- Ao ouvir novas palavras, locuções ou frases durante uma conversa, tome nota delas e procure usá-las no futuro quando for apropriado.
- Volte a suas notas com frequência, relendo-as em voz alta e pensando em possíveis formas de usar os novos termos em contexto.

De certa forma, a estratégia discutida nessa seção envolve todas as outras estratégias discutidas neste livro porque, afinal, ao interagir oralmente em inglês podemos observar como nossos interlocutores fazem uso de suas próprias estratégias! Nem sempre é possível observar (e mais difícil ainda pode ser a possibilidade de se tomar notas durante uma conversa), mas vale o esforço e a procura de uma rotina nesse sentido. É mais fácil fazer essa observação se não estamos diretamente envolvidos na interação: por exemplo, ao assistir a um programa de TV você pode focar sua atenção "na forma" como os participantes interagem verbal e não verbalmente sem dar tanta atenção ao significado do que é dito.

Aplique a estratégia

1 > Complete o diálogo abaixo, procurando usar o vocabulário e as estruturas usadas pelo vendedor nas suas respostas, de forma espontânea e verossímil.

Salesperson	Hi, can I help you?
You	Yes, I'm looking for a…(*esquece a palavra "almofada" e aponta para uma*)…that thing.
Salesperson	A cushion?
You	_____.
Salesperson	What color are you looking for?
You	_____.
Salesperson	That shouldn't be a problem. You can find the cushions right over there.
You	_____? Near the curtains?
Salesperson	Yes. Do you want me to show you where they are?
You	No, thanks. I can find them. Thanks for your help.

2 > a. Veja o vídeo disponível em <http://www.youtube.com/watch?v=WVvKnq5XT-g&list=PL5EDAAA78BA90ABA3 >, como um observador não participante da conversa entre o professor e o aluno. Enquanto ouve a conversa, tome nota do vocabulário associado a rotinas escolares/universitárias.

b. Com apoio nas suas notas, manifeste oralmente sua opinião sobre a situação nos dois cenários a seguir. Em ambos use o vocabulário que aprendeu ao ver o vídeo:
I. Imagine que você está conversando com o aluno. O que você diz a ele? Leia suas respostas em voz alta.

_____
_____

II. Imagine que você está conversando com o professor. O que você diz a ele? Leia suas respostas em voz alta.

_____
_____

Sugestões adicionais

- Ao ver programas de TV ou filmes em inglês na sua casa, faça de conta que você participa da conversa e repita algumas formas produzidas no vídeo, como se estivesse manifestando entendimento através da sua repetição.
- Ao assistir a programas de TV ou filmes, anote algumas palavras e estruturas que você ouve no áudio (o uso de legenda pode ser muito útil nessa tarefa). Volte a suas notas com frequência e procure usar as formas anotadas sempre que possível.
- Em suas conversas em inglês, crie a rotina de "se forçar" a aprender um número mínimo de novo vocabulário por conversa. Registre esse novo vocabulário e procure voltar a ele sistematicamente.
- Se você dá aulas de inglês, crie oportunidades para os seus alunos poderem não apenas receber modelos linguísticos mas também oferecer esses modelos. Uma forma de sistematizar essa prática é pedir aos alunos que criem learning logs em que possam registrar o que aprenderam com diferentes interlocutores e quando. Os *learning logs* podem ter a forma sugerida a seguir e podem, também, ser usados como referência em todas as aulas, ficando em cima da mesa para serem consultados pelos alunos durante suas conversas em sala de aula.

Learning logs são registros orais ou escritos, sob a forma de *blogs*, diários, vídeos etc., em que um aprendiz comenta e reflete sobre sua aprendizagem.

Date	WHAT I LEARNED FROM MY TEACHER	WHAT I LEARNED FROM MY CLASSMATES
____ / ____ / ____		
____ / ____ / ____		
Etc.		

37>> PREPARANDO-SE PARA FALAR

A situação

Seu conhecimento de inglês é básico, e você acabou de chegar a Bath, uma cidade inglesa famosa por suas ruínas romanas e arquitetura inglesa típica do final do século XVIII. Você quer saber onde deve ir para ver as atrações principais e dirige-se a um posto de informação. No caminho, você pensa em algum vocabulário e/ou expressões que podem ser úteis ao pedir informações. Mas um pensamento cruza sua mente: "Será que estou perdendo meu tempo fazendo isso? Afinal, é bem possível que, ao iniciar a conversa, eu não entenda nada mesmo".

O trecho a seguir é uma simulação do "planejamento" que você elaborou em seu pensamento antes da conversa propriamente dita. Trata-se, desta forma, de uma interação com você mesmo.

A interação

1. Bem, eu preciso saber "onde são as atrações", então isso é fácil, devo
2. perguntar "Where is the attractions?" Será? "Where is" ou "Where are"?
3. Não sei bem a diferença… Ah! Acho que tem a ver com a noção de "plural"
4. ou "singular"…. Hmm, é isso mesmo. "Attractions" está no plural, então eu
5. devo dizer "Where are". Isso! Mas antes disso acho que tenho de pensar como
6. vou começar a conversa, não posso sair perguntando… Talvez dizer, "Good
7. morning?" Ah! E não posso me esquecer de usar "please" ao fazer meu pedido.
8. E, bem, vai ser preciso dizer também quais atrações eu gostaria de visitar, vai
9. ver que há várias outras na cidade, é melhor eu estar preparado para ouvir mais
10. informações do que preciso. Preciso dizer "termas romanas"; "romanas" deve
11. ser "Roman"ou algo assim, mas como será "termas" em inglês? Não faço ideia.
12. Hmm, é melhor eu pegar um panfleto primeiro que tenha um retrato das termas
13. e mostrar à pessoa que me atender. Isso. Boa ideia. E as casas do século XVIII?
14. Não sei dizer isso em inglês. Hmm. Vou ter de falar de outro jeito. Arquitetura?
15. É! "Architecture", isso eu sei. Mas como é mesmo a pronúncia? "Chi"ou "Qui"?
16. Acho que é "qui"- "arqui". E a sílaba tônica? Em "ture", tipo "architec<u>ture</u>"?
17. Ih.. Não sei, não tenho certeza. Ah, e tem Stonenhenge que eu gostaria de ver.
18. Será que é aqui perto. Vou perguntar. Mas como se pergunta isso? …

Sintaxe é a área da Gramática que estuda a formação de locuções e frases a partir de palavras.

É muito boa ideia usar o seu tempo a caminho da agência de informações para planejar o que vai ser dito. Você está usando seu tempo para se preparar para esse encontro, e isso em si já é uma estratégia de fala recomendável, que pode ajudá-lo a estabelecer uma "conexão mental" com a conversa antes mesmo de ela se inciar, deixando-o "mais ligado" com a interação que vai acontecer e, desta forma, tornando-o mais apto a lidar com potenciais dificuldades.

É importante notar que essa estratégia também tem vantagens a médio e longo prazo, pois a prática de "pensar sobre o seu uso de inglês" é uma importante estratégia metacognitiva que possibilita ao aprendiz da língua estrangeira ter maior controle sobre o que sabe, o que não sabe, em que precisa melhorar, o que precisa praticar ou aprender. Como já discutido, pesquisas recentes na área de estratégias mostram que falantes mais competentes fazem maior e melhor uso de estratégias metacognitivas do que falantes não tão bem-sucedidos.

Mas voltemos à situação acima. Ao se preparar para falar, o turista fez uso de diversas estratégias subsidiárias:

- Monitorou dificuldades pessoais nos âmbitos gramatical (sintaxe em "Where is" ou "Where are", linha 2; fonologia em "architecture", linha 15) e lexical ("termas", linha 10; "casas do século XVIII", linha 13);
- Planejou o uso de comunicação não verbal para se comunicar (com a ideia de usar um panfleto no apoio à sua comunicação, linha 12);
- Considerou necessidades do interlocutor ao cogitar a necessidade do uso do *please* (linha 7);
- Antecipou o uso da estratégia "Estabelecendo contato com um interlocutor" ao pensar em como iniciar a interação (linhas 5 e 6). Nesse sentido, outra alternativa seria começar a conversa com *Sorry, but I don't speak English very well*. Esse recurso sempre quebra bem o gelo, mostra a vontade de comunicar do falante e o seu esforço para falar a língua estrangeira! O interlocutor vai certamente apreciar tudo isso!

Em outras palavras, o falante na interação acima usou um tempo que poderia ter sido desperdiçado para planejar, ensaiar, prever dificuldades e considerar soluções para essas dificuldades numa interação em inglês que estava para ocorrer. Tudo isso é muito positivo. Mas você pode estar pensando se essa estratégia só é válida em casos de pouca proficiência na língua inglesa, como no exemplo acima. Pelo contrário. Falantes muito proficientes (e até mesmo falantes nativos) podem e devem fazer um planejamento em algumas situações que envolvam comunição de notícias desagradáveis, ou que requeiram uso de vocabulário especializado que precisará ser revisto antes da interação.

De qualquer forma, haverá interações orais que, por definição, precisarão de planejamento anterior, e apresentações orais formais (palestras, discursos, apresentações em conferências) são um bom exemplo. Suponhamos que você tem de fazer uma apresentação em inglês no trabalho ou numa conferência com o uso de *slides*. Inicialmente você irá pensar sobre os *slides* (quais e como serão, qual será sua sequência). Tal preparação envolve planejamento de conteúdo. Mas a preparação do que vai ser dito não é a mesma coisa; afinal, você não vai "ler os *slides*"! Nesse caso, é uma boa ideia iniciar a apresentação estabelecendo uma conexão com a plateia (apresentando-se, dizendo o que vai ser tratado) e ao falar é importante garantir uma continuidade entre um *slide* e o outro, para deixar claro à plateia como as ideias apresentadas se relacionam. Se seus *slides* têm pontos elencados com *bullets,* você deve considerar dar exemplos para especificá-los; se sua apresentação vem depois de outras, você deve retomar alguns dados e relacioná-los com o que diz. Há muitas coisas que devem ser consideradas durante uma apresentação oral, por isso uma preparação para essa fala, se possível, só vai ajudar!

Planejamento é especialmente recomendável em situações em que você vai dar uma má notícia (como discutido na estratégia "Expressando ideias potencialmente desagradáveis") ou em que normas de polidez sejam especialmente importantes (como discutido na estratégia "Respeitando normas de polidez"). Como sempre, ter outras estratégias em seu repertório pode facilitar a implementação desta estratégia, isto é, o seu planejamento para uma fala.

Obviamente não é sempre que podemos planejar o que vamos (e como vamos) falar. Tais situações "não planejáveis" ocorrem, por exemplo, no desenrolar de uma conversa, ou mesmo no curso de um evento para o qual você tenha se preparado mas durante o qual surge algum imprevisto. Mas é importante ressaltar que, além da preparação para a fala, há outras estratégias metacognitivas de monitoramento de *speaking:* automonitoramento durante a fala e autoavaliação depois da fala. Essas duas estratégias serão os tópicos das duas próximas seções.

Aplique a estratégia

1 > a. Imagine que você tenha de fazer uma apresentação oral sobre a sua cidade natal em inglês. Use o espaço abaixo para planejar sua fala, listando ideias que você julga importante considerar ao falar. As perguntas a seguir servem para ajudá-lo a pensar em alguns aspectos potencialmente relevantes para o seu planejamento. Use-as como referência.

- What main topics do I want to talk about? Can I say them in English? What can I do to get to know the things I don't know at this stage?
- Will I include statistics in my presentation? Do I know how to express them in English?
- Will I include images? Will I talk about them in my presentation? If yes, how?
- Will I include other people's quotes? If yes how will I present them?
- What can I say and do to create involvement with my audience?
- What will I say when starting my presentation? How will I finish it?
- What grammar and vocabulary items can cause problems to me during the presentation?
- How to make my pronunciation of place names in Portuguese understood by my audience?
- What aspects of non-verbal communication should I consider in my presentation?

b. Simule sua apresentação e, em seguida, reflita: a preparação facilitou a sua fala? Tornou-a melhor? Por que (não)?

2 > O trecho a seguir é parte do discurso do presidente norte-americano Barack Obama no Parlamento inglês em maio de 2011. Leia o texto e nele identifique algumas palavras, expressões e formas de falar em geral que, na sua opinião, devem ter sido cuidadosamente planejadas antes da fala. (Se preferir, veja o vídeo do discurso em <http://www.youtube.com/watch?v=7hyaTuo7QMM>.)

Of course, all relationships have their ups and downs. Admittedly, ours got off on the wrong foot with a small scrape about tea and taxes. There may have also been some hurt feelings when the White House was set on fire during the War of 1812. But fortunately, it's been smooth sailing ever since!

The reason for this close friendship doesn't just have to do with our shared history and heritage; our ties of language and culture; or even the strong partnership between our governments. Our relationship is special because of the values and beliefs that have united our people through the ages.

Centuries ago, when kings, emperors, and warlords reigned over much of the world, it was the English who first spelled out the rights and liberties of man in the Magna Carta. It was here, in this very hall, where the rule of law first developed, courts were established, disputes were settled, and citizens came to petition their leaders.

Over time, the people of this nation waged a long and sometimes bloody struggle to expand and secure their freedom from the crown. Propelled by the ideals of the Enlightenment, they would ultimately forge an English Bill of Rights, and invest the power to govern in the elected parliament that's gathered here today.

What began on this island would inspire millions throughout the continent of Europe and across the world. But perhaps no one drew greater inspiration from these notions of freedom than your rabble-rousing colonists on the other side of the Atlantic. As Winston Churchill said, the "...Magna Carta, the Bill of Rights, the Habeas Corpus, trial by jury, and English common law find their most famous expression in the American Declaration of Independence."

Disponível em: <http://articles.cnn.com/2011-05-25/politics/obama.europe.speech_1_magna-carta-english-bill-uk-parliament?_s=PM:POLITICS>. Acesso em: 8 jul. 2011.

Sugestões adicionais

- Discursos de políticos geralmente oferecem bons exemplos "ao contrário" desta estratégia: não podemos obviamente recuperar o pensamento desenvolvido durante o planejamento do discurso, mas podemos ver "vestígios" desse planejamento no texto falado. No *site* <http://www.americanrhetoric.com/moviespeeches.htm>, você encontra inúmeros *speeches* de políticos, personagens de filmes, entrevistas, entre outros.
- Pense em situações que aconteceram no seu dia e como você as contaria para outra pessoa em inglês. Em que é importante pensar para preparar tal fala (para algumas ideias, veja o quadro no Exercício 1 acima). Essa prática pode ser feita enquanto você está no metrô ou no ônibus, enquanto dirige ou faz exercícios físicos. Todo tempo é util para pensar em "como falar algo em inglês", mesmo que essas comunicações sejam hipotéticas.
- Se você dá aulas de inglês, estimule o planejamento da fala para tarefas mais ou menos desafiadoras. Esse planejamento pode ser feito em voz alta (nesse caso, é aconselhável gravar o planejamento) ou por escrito (nesse caso, podem-se fazer notas manuscritas ou no computador). Em ambos os casos é importante avaliar o uso do planejamento como estratégia de *speaking*: ele facilitou a fala? Sem ele, a fala possivelmente teria sido melhor ou pior?

38» FAZENDO AUTOMONITORAMENTO DURANTE A FALA

A situação

Numa aula de inglês, os alunos trabalham em conjunto na correção de um exercício de gramática que envolve escolha dos verbos adequados para completar algumas lacunas, bem como escolha do tempo verbal apropriado. Um dos alunos propõe uma resposta possível para um dos exercícios, mas sua resposta mais parece um pensamento em voz alta, expressando dúvida e hipóteses.

Sob o ponto de vista estratégico, uma participação tão insegura é uma boa opção? Vale a pena trazer ao grupo uma ideia quando não temos certeza? Ou é melhor ficar calado nessas horas?

A interação

1. **Edu** When he…take? Não! Break? (*tentando acertar*)
2. **Tania** Broke (*corrigindo a forma verbal*)
3. **Beto** **Broke** his way? (*espantado, não concordando*)
4. **Edu** No, when he **lost** his way.
5. **Beto** Yeh! (*concordando*)
6. **Edu** It's not break, it's lost (*negociando*)
7. **Turma** Yes!

Vaz, Laura Esteves; Pernambuco, Martha; Gardel, Paula. A interação de meninos e meninas em aulas de inglês: Qual o papel do gênero na aprendizagem de inglês como língua estrangeira?. In Ann Arbor, Curso de Idiomas. *Pesquisa, ação e colaboração: a busca de um entendimento sobre a aula de língua estrangeira*. Rio de Janeiro: Publit, 2007. p. 173.

A estratégia

A fala de Edu na linha 1, começando pela frase a ser complementada (*When he*), e continuando com hipótese e sua verificação (*take? Não*), seguida de outra hipótese (*Break?*), pode sugerir que o aluno não está no controle da sua fala. Mas é exatamente o contrário: ao se permitir "experimentar" soluções para um problema, decidir sobre a inadequação de uma solução, e jogar a pergunta no ar, esse falante faz um automonitoramento durante sua fala que envolve complexos processos cognitivos (ao lembrar-se de palavras potencialmente corretas, ao "retirá-las" da memória para uso), metacognitivos (ao avaliar sua fala) e afetivos (ao lançar uma dúvida no ar para ser respondida por seus interlocutores). O que se segue na interação é uma "orquestração" de ideias dos participantes, num processo que poderia ser descrito como um "monitoramento coletivo" sobre o que está sendo falado: na linha 2, Tania apoia-se no "*break*" proposto por Edu na linha 1 e lembra que eles estão à procura de uma forma no passado; na linha 3, Beto reage à colocação com "*broke his way*" e esse comentário (talvez a inclusão de "*way*" junto ao verbo procurado) faz Edu chegar à resposta certa, "*lost his way*" (linha 4). Essa sugestão é aceita por Beto (linha 5), confirmada por Edu (linha 6) e corroborada pelo restante da turma (linha 7).

Pode-se argumentar, portanto, que esse "pensamento coletivo" só ocorreu porque Edu "pensou alto" na linha 1, o que então permitiu que seu pensamento se tornasse público e fosse então construído colaborativamente com seus colegas. Se ele tivesse optado por não articular sua dúvida, tal processo de monitoramento da fala poderia não ter acontecido.

Mas há uma grande dificuldade atrelada à implementação do automonitoramento durante a fala: por definição, ao falar já estamos usando nosso aparato vocal para produzir sons (e palavras, e frases, e trechos mais longos) e é difícil articular um monitoramento oral ao mesmo tempo, isto é, dizer em voz alta em que estamos pensando, quais dificuldades estamos encontrando ao falar, quais soluções podemos dar a essas dificuldades. O que facilitou tal processo na interação acima foi o fato de que o assunto da fala era exatamente "o que falar, quais as dificuldades encontradas ao falar, quais as soluções". Portanto, o tópico da conversa era propício ao monitoramento, que aconteceu de forma coletiva (e não individual) porque naquele cenário os alunos estavam acostumados a trabalhar sempre em conjunto.

Muitas vezes fazemos automonitoramento de forma silenciosa ao mesmo tempo em que falamos, pensando:

- O que é mesmo que eu quero dizer?
- Como posso dizer isso?
- Essa palavra é apropriada?
- Pronunciei-a de forma certa?
- Estou dando as informações necessárias/relevantes/corretas para o que quero dizer?
- Estou usando nível de formalidade adequado?
- Estou atento para os princípios de polidez?
- Como posso prosseguir na articulação das minhas ideias?

A dificuldade com esse tipo de monitoramento é que ele normalmente acontece de forma silenciosa, no pensamento do falante. Por isso, é difícil estudá-lo e entender como ele se configura exatamente no processo da fala. De modo geral, esse monitoramento é estudado através de *self-reports* após a fala: nesses casos, pede-se aos falantes que descrevam em que estavam pensando ao falar, as dificuldades que encontraram, e as soluções que delinearam para tais dificuldades. Às vezes mostra-se um vídeo da interação, para-se num ponto e pergunta-se: você se lembra em que estava pensando aqui? Por que disse isso ou aquilo? Apesar das dificuldades associadas a esse método de pesquisa (afinal, não se pode garantir que o falante se lembre exatamente do que aconteceu), ele dá aos pesquisadores na área de estratégias importantes *insights* sobre como o automonitoramento ocorre e o que ele pode desencadear.

Uma dessas conclusões é que o automonitoramento envolve não apenas "*going backwards*" (monitorando o que foi dito), mas também "*moving forward*" (antecipando o que vai ser dito). Outras conclusões dizem respeito aos mecanismos utilizados no automonitoramento em si (por exemplo, as perguntas listadas no quadro acima) e às soluções construídas pelos falantes (por exemplo, mudar o assunto, pedir ajuda, ganhar tempo para pensar, passar o turno para outro participante).

É importante lembrarmos, ao falar, que estamos no controle da nossa fala e que podemos usar automonitoramento para identificar nossas eventuais dificuldades e achar formas de lidar com elas.

Aplique a estratégia

1 > Os balões a seguir reproduzem uma conversa entre um cliente e um açougueiro. Os numerais I a V indicam que houve automonitoramento naqueles pontos da fala. Numere os pensamentos abaixo de I a V, de acordo com os pontos na fala em que tal monitoramento possa ter ocorrido.

> Good morning, madam. How can I help you?

> Hi. Can I have one kilo of sirloin (I) in steaks, please?

> Certainly.

> And could you be so kind as to get me two kilos of skirt as well (II).

> And do you want the skirt in steaks as well?

> No, can you please, (III) er, hum, cut it in little pieces?

> Cut it up then.

> Yes, cut it up (IV). I'm going to use it for a stew tonight. All the family will be there for dinner. I can make a delicious stew, you know (V)…

> Here it is madam. It's 27.50 pounds altogether.

a. ( ) Será que pronunciei a palavra "sirloin" corretamente?
b. ( ) Acho que estou sendo formal demais.
c. ( ) Será que estou dando informações demais?
d. ( ) Vou me dar uma pausa para pensar na resposta.
e. ( ) Será que devo adicionar "please" aqui?

2 > Use as perguntas a seguir como estímulos de fala. Para cada uma delas, improvise uma resposta oral que dure cerca de um minuto. Ao falar, use o quadro abaixo como referência: ele lista áreas de automonitoramento que você deve fazer quando necessário.

a. Which do you prefer: life in a big city or in a small town?
b. How did you spend your last vacation? Where did you go? What did you do?
c. How do you see yourself in the five years' time? Where will you be living/working?
d. How does technology affect the way you live today? Consider personal and professional issues.

- Automonitoramento de pronúncia
- Automonitoramento de gramática e/ou vocabulário
- Automonitoramento de conteúdo (Estou dizendo o que é necessário e adequado?)
- Automonitoramento de forma (Estou atento para normas de polidez e níveis de formalidade ou informalidade?)
- Automonitoramento de compreensão (Estou seguindo a conversa? Estou sendo claro para o meu interlocutor?)

Sugestões adicionais

- Liste algumas estratégias de fala que você considera importantes (não mais que 8) e simule falas relevantes para você. Fale com você mesmo e use a lista para fazer seu automonitoramento. Tique as estratégias usadas.
- Amplie a sugestão acima gravando a sua fala. Ao terminar, ouça a gravação e tente se lembrar em que estava pensando durante o falar. Responda: seus pensamentos (isto é, seu monitoramento) contribuíram positivamente para a fala?
- Se você dá aulas de inglês, pratique a produção de *think-alouds* durante atividades de *speaking*. Peça a seus alunos que falem sobre as férias, sua cidade, ou seus *hobbies* e que, ao mesmo tempo em que falem (em inglês), expressem oralmente (em português) os pensamentos que cruzam sua mente. Essa prática é difícil mas pode dar ao professor e ao aluno acesso a informações importantes sobre seus processos de ensinar e aprender inglês!

39>> FAZENDO AUTOAVALIAÇÃO DEPOIS DA FALA

A situação

Em um corredor de uma universidade britânica, dois estranhos passam um pelo outro. Ambos são falantes não nativos de inglês. Um deles aproxima-se do outro, pedindo informações sobre a localização de um prédio no campus. O pedido gera um impasse comunicativo, pois mesmo após inúmeras repetições a pergunta não foi compreendida pelo outro falante. Após algum tempo, os dois desistem da comunicação, e cada um segue seu caminho. O que fez a pergunta pensa: "Preciso achar outra pessoa para pedir informação. Essa pessoa com quem falei não conhece bem a universidade." A outra pessoa, no entanto, conhecia a universidade muito bem, e depois da interação o pensamento que lhe ocorre é: "Mas que pessoa sem imaginação! Se ela tivesse feito seu pedido de informação de formas diferentes, eu teria entendido onde ela queria ir".

A interação

1 **Speaker 1**   Excuse me. Do you know where the admission building is?
2 **Speaker 2**   (*doesn't understand "admission"; hears "ammunition" instead*). I'm
3   sorry?
4 **Speaker 1**   The admission building. Where is it?
5 **Speaker 2**   (*still understands "ammunition"*) Er...Where is it again that you want
6   to go?
7 **Speaker 1**   The admission building.
8 **Speaker 2**   (*still understands "ammunition"*) No, sorry, I don't know where that is.

Interação baseada em observação e posterior anotação da autora.

A estratégia

Os falantes acima fizeram bom uso de algumas estratégias. Inicialmente, durante a conversa, Speaker 1 fez bom uso estratégico ao se aproximar do interlocutor observando elementos de polidez (*Excuse me*, linha 1) e ao usar alternativas diferentes, em termos estruturais, para expressar a mesma pergunta (linhas 1 e 3, sendo a segunda mais clara por envolver "blocos" menores).

Speaker 2 também foi estratégico ao pedir repetição e esclarecimento nas linhas 2 e 4.

No entanto, os dois falantes deixaram de fazer uso de estratégias possivelmente facilitadoras do impasse durante o evento comunicativo. O Speaker 1 poderia, por exemplo, ter tentado usar circunlóquio para descrever o prédio que tentava achar; desta forma, haveria uma chance de o Speaker 2 entender o que ele estava procurando. Ele poderia também, se possível, escrever o nome do prédio ou mostrar algum documento que apresentasse tal nome por escrito. O Speaker 2, por sua vez, poderia ter articulado a palavra que compreendia (*ammunition*) pois, fazendo isso, poderia sinalizar mais claramente para o Speaker 1 que seu problema era mais de compreensão do que foi dito do que falta de conhecimento da resposta (afinal, a chance de haver um "ammunition building" dentro da universidade era mínima ou mesmo inexistente!).

De forma similar, de acordo com a descrição da situação acima, ambos os falantes deixaram de fazer uso de uma outra estratégia importante: a autoavaliação depois da fala. Essa estratégia torna-se especialmente relevante no contexto acima, dado o impasse na interação e a incapacidade de ambos os interlocutores em construírem sentido para o que foi dito. O que os falantes fizeram depois da interação foi responsabilizar um ao outro pelo fracasso da conversa. Se, depois da interação, eles tivessem refletido sobre algumas das perguntas listadas a seguir, eles poderiam ter compreendido melhor o impasse e identificar o que poderiam ter feito para tentar solucioná-lo.

- Did I accomplish the purpose of the communicative event?
- If not, what went wrong?
- What did I do to deal with those problems?
- What could I have done in addition to what I did?

Mais que retornar ao evento acima, essa reflexão poderia trazer importantes conclusões sobre como lidar com impasses similares no futuro, funcionando, desta forma, como uma estratégia não apenas para fins mais imediatos da comunicação mas para fins mais amplos, envolvendo a aprendizagem da língua inglesa de ambos os participantes.

Algumas reflexões que podem ser feitas com esse objetivo são:

- Qual foi a causa do problema?
  - Falta de vocabulário ou conhecimento gramatical?
  - Pronúncia inadequada?
  - Falta de atenção ao nível de formalidade da situação ou a questões ameaçadoras de face?
  - Falta de conhecimento ou uso inadequado de alguma estratégia de fala?
- Eu preciso aprender mais sobre esse problema (por exemplo, relendo outras seções neste livro ou compartilhando minha dificuldade com outras pessoas para que elas possam me dar *feedback* e/ou mais informações sobre alguma estratégia de fala)?
- O que eu posso fazer de forma diferente da próxima vez que me achar numa situação semelhante? (Pense em um plano de ação específico.)

É importante ressaltar que não é só com relação a eventos comunicativos malsucedidos que esta estratégia é benéfica. Em casos de bom desempenho de sua produção oral, é conveniente fazer autoavaliação também, identificando o que foi feito de forma positiva, "recompensando" tal sucesso com comentários elogiosos (seja para você mesmo, seja para compartilhar com outras pessoas) e registrando os elementos que levaram ao sucesso da comunicação para referência e reaplicação no futuro.

Você pode, neste processo, usar sistematicamente uma ficha de avaliação como esta:

Breve descrição da situação de fala (participantes e relação entre eles; assunto dificuldades):
_____
_____

Data: __/__/__

Estratégias	Usei a estratégia? Y (yes) ou N (no)?	Se YES, usei como?	Se YES, a estratégia ajudou?	Se NO, por quê?
Solicitando repetição do que foi dito				
Usando *hedges*				
Realizando reparos conversacionais				
etc.				

A tabela da página anterior nos faz lembrar de que a autoavaliação depois da fala é uma estratégia metacognitiva que, por definição, envolve todas as estratégias discutidas neste livro. Afinal, esta autoavaliação envolve reflexão sobre "se" e "como" outras estratégias foram ou não implementadas. Ela é, desta forma, intrinsecamente relacionada com aspectos não apenas de avaliação, mas também de seleção e aplicação de outras estratégias. Este ponto será o assunto da próxima (e final) seção desta parte.

Aplique a estratégia

1 > O trecho a seguir reproduz uma interação em uma aula de inglês, em que cinco alunos participam de uma apresentação oral, sendo o Aluno 1 o falante principal. Leia a interação com atenção e preencha o quadro a seguir como se você fosse cada um desses alunos e estivesse fazendo uma autoavaliação de seu desempenho estratégico durante sua fala: o que você diria ou em que pensaria?

Aluno 1	People think that the elephants have the best memory among big animals. uh… In India they were trained to obey orders and one hundred words and sentences and that was possible because there is a special vocabulary used by the *mahouts*. *Mahouts* are the elephants'owners
Aluno 2	/hum-hum
Aluno 3	/owner?
Aluno 1	They own elephants.
Aluno 3	Ok.
Aluno 1	These bigger elephants, they are used as live coaches. Everybody know what coaches is?
Aluno 4	No.
Aluno 1	Coaches uh… there are two horses or more and.. coaches…uh.. (*rindo*) Cinderella coach.
Aluno 5	Yeah, yeah, to-to pull the… the…
Aluno 1	Yeah, the horses pull the coach!
Aluno 5	Yes.
Aluno 1	They are used to… uh… as cargo elevators and trucks. […] The mahouts especialized vocabulary is only used with the elephants and it's uh…passed, it's passed to all generations.

Fabrício, B. F. *Interação em contexto educacional: um novo referencial para a sala de aula de língua estrangeira.* Rio de Janeiro, 1996. 222 p. Dissertação (Mestrado no Programa Interdisciplinar de Linguística Aplicada) – Universidade Federal do Rio de Janeiro, p. 110.

Student	Autoavaliação depois da fala
1	
2	
3	
4	
5	

Sugestões adicionais

- Refaça tarefas sugeridas neste livro que envolvam produção oral de monólogos ou diálogos. Após a realização da tarefa, pense nas estratégias que usou e avalie-as, considerando as perguntas sugeridas acima nesta seção.
- Releia um ou mais *scripts* de diálogos apresentados neste livro, identifique as estratégias usadas pelos falantes e avalie-as como se fosse um dos partipantes da interação.
- Se você dá aulas de inglês, estimule seus alunos a refletirem sobre o uso de suas estratégias ao falar. Encaminhe essa reflexão de forma gradual, começando a chamar a atenção para poucos elementos (por exemplo, contato visual, uso de perguntas, uso de *backchannelling*) e estendendo a conscientização das estratégias (seu repertório, sua importância) cumulativa e ciclicamente.

40 » SELECIONANDO, APLICANDO E AVALIANDO AS ESTRATÉGIAS APROPRIADAS NUMA FALA

A situação

Você está numa aula de inglês, prestes a iniciar uma apresentação oral. Essas situações sempre lhe deixam um pouco apreensivo, pois apesar de ter se preparado para a apresentação e estar seguro do vocabulário e das estruturas a serem usados, você tem medo de que lhe "dê um branco" e não consiga iniciar ou dar prosseguimento à sua fala. Enquanto você se faz esses questionamentos, o professor incentiva a turma a refletir em conjunto sobre estratégias de fala potencialmente benéficas para a interação. Será que isso ajuda?

A interação

1	**Professor**	So, can we start now?
2	**Aluno 1**	**Yes**.
3	**Professor**	Speaking activity, ok?
4	**Aluno 2**	OK, teacher.
5	**Professor**	Some of your friends have read an article on animals […]. So, all the
6		others who… who… all the other students who haven't read anything…
7		let's help them. Let's pay attention, ask questions… show-show that
8		you are… involved, ok?
9	**Alunos**	OK.
10	**Professor**	How? **How** can you create involvement?
11	**Aluno 2**	Keep the eye contact!=
12	**Professor**	=eye contact, what else?=
13	**Aluno 3**	=facial expression=
14	**Aluno 4**	=body language.
15	**Professor**	Yes! What else? Eye contact, body language, facial expression…
16	**Aluno 5**	hum-hum, really!=
17	**Aluno 6**	=no kidding!
18	**Professor**	Yes, backchanneling. What else?
19	**Aluno 4**	Intonation!=
20	**Professor**	=Yeah=
21	**Aluno 7**	=questions, questions=
22	**Professor**	=**asking questions**, that's it! Asking questions, making comments.
23		They'll help you keep the ball rolling… Ok, you can start. Come on.

Fabrício, B. F. *Interação em contexto educacional: um novo referencial para a sala de aula de língua estrangeira.* Rio de Janeiro, 1996. 222 p. Dissertação (Mestrado no Programa Interdisciplinar de Linguística Aplicada) – Universidade Federal do Rio de Janeiro, p. 121-122..

A estratégia

Pensar *a priori* sobre estratégias potencialmente úteis numa situação de fala é uma ótima ideia. Na situação acima, a decisão do professor de trazer esse tópico à tona imediatamente antes da apresentação dos alunos tem o potencial de ajudar esses alunos a terem algumas estratégias mais prontamente disponíveis durante a sua fala.

Coloque-se no lugar do aluno acima, que está nervoso com a situação por vir. Para ele, é muito bom saber (ou lembrar) que seus interlocutores estarão de certa forma colaborando com sua apresentação, através de contato visual, perguntas, *backchannelling*, entre outros. Essa preparação tem outro aspecto positivo além de tranquilizar o apresentador: ela também ajuda a "plateia" a saber (ou lembrar!) que ela pode e deve fazer parte da interação de diversas formas possíveis.

É razoável argumentar que alunos que se acham na situação acima tornam-se mais preparados para enfrentar potenciais dificuldades ao participar de uma apresentação oral do que alunos que são convidados a interagir em sala de aula sem maiores esclarecimentos (como aconteceu, por exemplo, na interação reproduzida na Estratégia "Criando envolvimento através de reações positivas").

Além do "apoio" que uma lista de estratégias fornece aos participantes de uma interação oral, a situação acima permite outros comentários importantes. Em primeiro lugar, ela lembra a esses participantes que é possível (e recomendável) usar mais de uma estratégia durante um evento comunicativo oral. Portanto, falhando uma estratégia, ou não sendo ela lembrada durante a interação, o falante pode se tranquilizar ao saber que há outras estratégias que podem apoiar sua produção oral.

A questão então é saber como identificar quais estratégias devem ser selecionadas e implementadas num evento comunicativo. De certa forma, saber aplicar essas estratégias é mais fácil do que saber identificar as mais adequadas para uso naquele momento: afinal, para usá-las basta pôr em prática o que você aprendeu neste livro. Obviamente não podemos usar todas as estratégias todas as vezes que falamos; então, como identificar quais as mais apropriadas?

Para tal, o falante precisa ter clareza quanto às características contextuais do evento de fala em que participa ou está por participar. Por definição, o contexto de uma situação envolve uma série de fatores tais como: onde ocorre (numa sala de aula? num escritório? no meio da rua? num auditório? num parque?), quem são os participantes (amigos? desconhecidos? familiares? colegas de trabalho?), o nível de formalidade do evento, a urgência do que é comunicado, as expectativas culturais dos participantes, se a interação ocorre face a face ou não (pelo telefone, pelo computador) entre outros. Tudo isso afeta, de um jeito ou de outro, as decisões a serem tomadas ao falar.

Então, por exemplo, se você encontra um amigo no meio da rua e esse seu amigo lhe dá uma notícia supreendentemente boa, você não vai precisar planejar o que vai dizer, nem se preocupar em estratégias relativas à preservação de face. Nesse contexto, estratégias úteis estarão relacionadas à expressão de surpresa, a mecanismos de tomada de turno, a questões relativas a como iniciar e fechar uma conversa, por exemplo. Se, por outro lado, você vai fazer uma entrevista formal como parte do processo de seleção para um emprego, vai precisar lançar mão de estratégias relativas à noção de polidez, à realização de reparos conversacionais, à expansão e conexão de ideias, ao uso de linguagem não verbal apropriada, entre outras.

Cabe, então, ao falante, identificar quais *speaking strategies* são apropriadas num evento comunicativo, implementando-as e avaliando sua escolha e seu uso o máximo possível, tanto antes, quanto durante e depois da fala.

Saber selecionar as estratégias apropriadas num evento comunicativo requer prática. Para automatizar a lembrança de certas estratégias, tenha sempre que possível uma lista de estratégias por perto quando fala em inglês: isso pode ser feito, por exemplo, quando você está em sua casa e conversa no computador ou no telefone e/ou pratica a sua fala sozinho.

Para desenvolver seu domínio estratégico ao falar, troque ideias: converse com outras pessoas sobre suas preferências e dificuldades ao usar *speaking strategies*, procure entender melhor como pode maximizar os benefícios de certas estratégias. Na dúvida de como implementar uma certa estratégia, releia a parte correspondente a ela neste livro e faça mais exercícios aplicando-a. Após o uso de uma estratégia, procure sempre que possível perguntar-se se ela foi de fato útil, se você está sabendo utilizá-la adequadamente, até que ponto ela pode ser mais bem aplicada em futuras interações.

Esta questão traz à tona a importância da avaliação das estratégias, conforme discutimos nas seções "Fazendo automonitoramento durante a fala" e "Fazendo autoavaliação depois da fala". Lembre-se sempre: ao falar, você deve se sentir no comando de sua fala, decidindo o que – e como – dizer. As estratégias de fala têm a função de apoiá-lo neste processo, funcionando como recursos ao seu dispor para garantir a eficácia de sua fala. Cabe a você identificar quais estratégias deve usar, implementá-las e avaliar o seu uso a fim de, cada vez mais, estar no controle de sua produção oral em inglês.

Aplique a estratégia

1 > a. Veja a cena de um filme de sua escolha que envolva conversa entre duas ou mais pessoas (uma busca na Internet por "movies" "dialogue scenes" "video" pode ajudá-lo a achar alguns exemplos). Ao observar a cena, use a tabela a seguir como referência e tique as estratégias usadas por um dos participantes. Numa segunda vez, observe a participação de outro personagem.

Estratégia	Participante 1	Participante 2
Mantém contato visual		
Pede esclarecimento		
Expressa concordância ou discordância		
Varia respostas positivas e negativas		
Usa gestos		
Usa expressões faciais		
Expressa hesitação		
Usa self- e other-repair		

b. Observe a cena novamente focalizando sua atenção em um dos personagens. Anote "como" as estratégias que ele/ela utiliza são postas em práticas (com que palavras ou expressões, gestos, entonação etc.).
_____
_____
_____
_____
_____

c. Avalie o uso das estratégias: até que ponto elas facilitaram a interação?
_____
_____

2 > No quadro a seguir, descreva brevemente uma situação futura que vai envolver sua produção oral em inglês. Com base nesta descrição, liste algumas *speaking strategies* que considera apropriadas à situação, justificando-as.

Estratégias potencialmente úteis na situação	Justificativa

Sugestões adicionais

- Selecione uma ou mais interações ilustradas neste livro. Com uma lista de estratégias ao lado (por exemplo, o Sumário deste livro na página 6), identifique as estratégias usadas pelos falantes e em seguida avalie (1) se elas foram benéficas para a interação e (2) se foram implementadas adequadamente.
- Sempre que possível, identifique as estratégias potencialmente úteis numa situação de fala em inglês que está por acontecer. Use tais estratégias e após seu uso avalie-o.
- Para fornecer mais oportunidades de prática a seus alunos, peça-lhes que criem situações de fala hipotéticas como feito no Exercício 2, e que discutam as estratégias potencialmente úteis para o encaminhamento de tais situações. Os alunos devem justificar suas respostas.
- Se você dá aulas de inglês, procure fazer do uso de estratégias um "*topic for conversation*" sempre que possível, tanto antes de apresentações mais formais (como feito pelo professor na interação ilustrada nesta seção) quanto durante ou após tais apresentações. Para monitoramento durante as apresentações, você pode pedir aos alunos que completem tabelas como a sugerida a seguir, ticando as estratégias que ocorrerem. Tal registro pode então ser utilizado para discussões após as apresentações.

Speaking Strategies: Tarefa de Observação

Estratégias do falante principal	
Usa linguagem não verbal	
Monitora o entendimento dos participantes	
Justifica opinião	
Expressa diferentes graus de certeza	
Usa *fillers*	
etc.	

ESTRATÉGIAS DOS PARTICIPANTES	INTERLOCUTOR 1	INTERLOCUTOR 2	INTERLOCUTOR 3
Pede esclarecimentos sobre o significado de palavras			
Faz reparos conversacionais			
Reage à opinião do falante			
Pede repetição			
etc.			

- Amplie seu repertório sobre estratégias de fala. Neste livro, apresentamos algumas estratégias, mas há muitas outras que você poderia explorar para se tornar um falante em inglês cada vez melhor! Para aprender mais, use a Internet ou consulte a lista de referências ao final deste livro.

PARTE 3

COMPLEMENTOS

>> RESPOSTAS DOS EXERCÍCIOS

Estratégia 1

Exercício 1
a. Respostas pessoais.
b. Respostas pessoais.
c. Respostas pessoais.

Exercício 2
a. (2); (3); (1);
b. O pedido de esclarecimento inicial é feito de forma direta, com o uso de *What's* seguido de palavra desconhecida, sem comentários ou reações adicionais. O esclarecimento do significado é também dado de forma direta, iniciado por *That's* (em que *that* se refere a *PLEH*) e ampliado por comentário adicional iniciado por *so that*, indicando o propósito do uso do termo. A interjeição *Ah* indica reação ao esclarecimento, e é seguida por outro pedido de esclarecimento.

Estratégia 2

Exercício 1
a. Uso da locução *How do you say* + termo desconhecido em inglês; repetição do termo desconhecido (em inglês) de forma isolada para pedir esclarecimento; uso da locução *can you tell me how to say* + termo desconhecido em inglês; repetição do termo procurado (na língua-alvo) para confirmar entendimento.
b. *How do you say 'hospital' in Japanese?*
c. Sim, a pergunta é feita de forma similar considerando-se a ordem dos elementos. Além disso, o uso de *how* equivale a "como" em português. Uma diferença entre as duas línguas é que em inglês usa-se *do you say*, mas não se diz "você diz/fala" em português (nessa língua, usa-se o genérico "se"+ diz).

Exercício 2
a. A cena é engraçada pela sequência de eventos e culminância da interação. Inicialmente, as americanas imitam com certo deboche a pronúncia do inglês ao dizer *bottle* e *straw*. Em seguida, quando estão para fazer o mesmo ao dizer *table*, elas percebem, com certa surpresa, que tal palavra é pronunciada da mesma forma nas duas variantes linguísticas, como se esperassem que todas as palavras fossem pronunciadas de forma diferente em inglês americano e britânico.
b. *What do you call that?*
c. Não, a pergunta é feita de forma diferente nas duas línguas. Em inglês usa-se *what* e em português usa-se "como". Tal diferença frequentemente leva brasileiros a dizer (erroneamente) *How do you call that?*.

Estratégia 3

Exercício 1
Respostas pessoais.

Exercício 2
a. Várias respostas possíveis, por exemplo:
   [...]
   A: ...The Bob we met in E... Edin... What's the pronunciation of the capital of Scotland again?
   B: Edinburgh.
   A: Edinburgh! That's it. The Bob we met there.
   B: Ah! Bob... How do we pronounce his last name?
   A: Cullen.
   B: Yes, Bob Cullen.
b. Respostas pessoais.

Estratégia 4

Exercício 1
a. Várias respostas possíveis, por exemplo:
   You: OK then. So it's Mr...?
   Man: Yes. Mr.
   You: Right. And your last name?
   Man: Tonkyn.
   You: I'm sorry?
   Man: Tonkyn.
   You: Tonkyn?
   Man: Yes. That's T-O-N-K-Y-N
   You: T-O-N-K-I-N?
   Man: No. K-Y-N.
   You: K-Y-N. OK. And your first name?
   Man: Christopher.
   You: OK. And what's your address, Mr. Tonkyn?
   Man: 2354 Silver Springs Road
   You: 2354 Silver Springs...
   Man: Road. That's in Ridgefield, Connecticut.
   You: Sorry. Can you say the name of the town again?
   [...]
b. Respostas pessoais

Exercício 2
Respostas pessoais.

Estratégia 5

Exercício 1
Várias respostas possíveis. Por exemplo, para o Diálogo 1:
A: I can't find my car keys.
B: I've seen them somewhere in the kitchen.
A: Could you be more specific perhaps?
B: Hm... I'm not sure. I think they were on a shelf.
A: On a shelf? Do you mean the book shelf or the plate shelf?
B: The book shelf, I think.
A: Ah! Great! There they are!

Exercício 2

Várias respostas possíveis, por exemplo:
SK: The most important things are the hardest to say, because words diminish them.
You: I don't get it. What do you mean by that?
SK: I'm saying that words can't always express what we feel or have in mind.
You: So you're saying that we can't talk about important things?
SK: I'm saying that it's hard to talk about them.
[...]

Estratégia 6

Exercício 1

You follow me? (Repare a omissão do auxiliar na pergunta. Em linguagem informal e em alguns dialetos da língua inglesa essa omissão pode ocorrer.)

Exercício 2

a. Ele usa expressões para confirmar o entendimento: "Do you understand the words that are coming out of my mouth?"; "I'm FBI, do you understand?".

b. A estratégia não deu certo porque o agente se posicionou desde o começo partindo da premissa de que seu interlocutor não falava inglês. Além disso, falou alto desde o começo e acentuou suas sílabas (*Do-you-speak-an-y-Eng-lish?*) de forma exagerada e até mesmo ofensiva, como se seu interlocutor fosse surdo e/ou portador de alguma outra deficiência.

c. O chinês possivelmente considerou a situação inusitada e preferiu não dizer que falava inglês, guardando tal informação para um momento oportuno.

Estratégia 7

Exercício 1

Várias respostas possíveis, por exemplo:
a. Can you put 25 on the total, please?;
b. I'm sorry. Can you say that again, please?

Exercício 2

Várias respostas possíveis, por exemplo:
a. Can I have two tickets for Hangover at two-thirty, please?;
b. Sorry, can you repeat what you said about the homework?;
c. I was wondering if you could water my plants while I'm away. Could you do that?;
d. Can you remind me of that guy's name?

Exercício 3

a. I'd like a ham and cheese Whamlette, an order of Wham fries; I want breakfast; Could I speak to him, please?; I'd like some breakfast; I just want a little breakfast; I don't want lunch. I want breakfast; Rick, could I have my breakfast please?; Could I have a double Whammyburger with cheese… You getting this?… And an order of Whammy fries and, let me see. . .a Choco-Wham shake; Rick, could you get it for me, please?; Can anybody tell me what's wrong with this picture?

b. De um modo geral, as formas linguísticas usadas pelo personagem para fazer seus pedidos observam o Princípio da Polidez ao não impor (repare o uso frequente de *Could I….* e *please*). Mesmo as formas afirmativas fazem uso de elementos mitigadores (*I just want a little breakfast; I'd like some breakfast*). No entanto, o posicionamento de confronto diante do evento, bem como o fato de o cliente usar sua arma de fogo para apoiar o seu pedido constituem um total desrespeito ao Princípio da Polidez (tal comportamento não dá opções ao ouvinte, impõe, e não faz o interlocutor se sentir bem). O humor da cena está exatamente no contraponto entre a "suavidade" dos pedidos sob o ponto de vista linguístico e a agressividade imposta pelo uso da arma.

Estratégia 8

Exercício 1
Respostas pessoais.

Exercício 2
a. 4;
b. 2;
c. 8;
d. 1;
e. 7;
f. 6;
g. 3;
h. 5.

Estratégia 9

Exercício 1
a. /b. I'm so sorry I've dropped some water on your table; I've cleaned up everything but I'm afraid some papers are still wet…;
I just walked into the bathroom and there's a big puddle on the floor; if it was you, is it possible to clean it before I shower? I have the same problem sometimes as well, that shower just doesn't keep the water in!;
I just had a read of what you wrote for our presentation, and it looks good. I've made a few suggestions, do you want to have a read and see what you think?;
Listen, I'm really sorry but is it ok to postpone our coffee for another time? It turns out I have a lot more work to do than I imagined. I know you cancelled a prior arrangement for this, so I really hope it doesn't affect your plans too much.

Exercício 2
a. Ele se sente ofendido pelo fato de o gato não ter correspondido ao seu cumprimento e ainda por cima ter agido de forma ofensiva e arrogante. Em outras palavras, o gato Garfield feriu a face positiva de seu dono quando recusou a conexão proposta através do cumprimento. Feriu, também, sua face negativa ao não lhe dar chance de decidir como agir, comunicando-se através de um comando (*Read the T-shirt*) que não lhe dava opções.
b. Não, pelas razões expostas no item anterior.
c. Pode-se dizer *Sorry, I'm late for something else., Sorry, I really have to dash. I'll speak to you later*. O uso de *sorry* seguido de uma justificativa, e uma remediação do problema no futuro atenua a ameaça de face que tal recusa envolve.

Estratégia 10

Exercício 1
a. Sequência da chamada e resposta: (ring) / Hello; Sequência da identificação: Hi Ida? / Yeah/ [Hi,] this is Carla; Sequência do cumprimento: Hi,[this is Carla]/ Hi Carla; Sequência de *how are you*: How are you? / Okay / Good /How about you? / Fine.
b. Pré-fechamento: Right then / OK; (Recapitulação) ⟶ (Pré-fechamento): não há; Fechamento: Speak to you soon then / OK / Bye now / Bye

Exercício 2
a. Elementos presentes: Resposta à chamada; Sequência de identificação; Cumprimento. Elementos ausentes: Chamada; Sequência de cumprimento; Sequência de *how are you*.
b. Elementos presentes: Fechamento. Elementos ausentes: Pré-fechamento; Recapitulação ⟶ Pré-fechamento.
c. A chamada do telefonema; inclusão de cumprimento por parte de A após identificação de B; Sequência de *how are you*; Pré-fechamento para não deixar o fechamento tão abrupto.

Estratégia 11

Exercício 1
a. É inadequado chamar um garçom usando *Hey, buddy* (essa expressão denota uma familiaridade que não se encaixa à situação). É também inadequado usar *come over here*; mesmo o uso de *please* não atenua a força do imperativo. Seria mais apropriado dizer algo como *Excuse me, could you help us here (please)?*.
b. É considerado rude aproximar-se de um estranho sem o uso de *Excuse me*. Seria ainda melhor dizer algo como *Excuse me, sir, can you tell me where the cathedral is?*.
c. Mesmo sendo um encontro com um amigo, não é adequado aproximar-se dessa pessoa tão diretamente, através de um convite. Seria mais apropriado anteceder a pergunta com um cumprimento (*Hey, buddy, how's it going?*; *Look who's there!*).
d. Apresentar-se e esclarecer detalhes da sua consulta é recomendável quando se chega ao consultório de um dentista; no entanto, esse contato só deve ser estabelecido quando o/a recepcionista sinaliza (através de um olhar; ou através de um cumprimento) que está pronto/a para nos atender.
e. O uso de *Hi, good to see you* é adequado ao se estabelecer contato com um conhecido; porém, a interjeição de surpresa (*Gosh!*) seguida de comentário pessoal (*You've lost weight!*) é inapropriada.

Exercício 2
a. Trecho 1: *Do I know you?*. Trecho 2: *Oh, that's very nice of you, thank you.*;
b. Trecho 1: Ao ouvir o comentário direto *The killer gets shot in the chest. That's how it ends.* feito por um estranho, a pessoa que ouve o comentário reage deixando claro que a aproximação foi direta demais: sua reação é, pois, também direta e abrupta. Trecho 2: A aproximação desenvolvida pelo *Young Boy with Coffee* é mais apropriada que a do falante no Trecho 1: ele usa *Excuse me* ao abordar sua interlocutura, justifica sua presença na situação (*I happened to be passing*) e estabelece a conexão com o ouvinte de forma envolvente (*I thought you might like some coffee*). Tantos elementos positivos levam a uma reação positiva da moça que é abordada.

Exercício 3
Now: a palavra aqui funciona como um marcador do discurso que tem a função de tornar o início da conversa mais suave (uma outra alternativa seria usar *so*).

Estratégia 12

Exercício 1
a. Respostas pessoais.
b. Respostas pessoais.
c. A comunicação através do olhar é exagerada (olhar intenso, fixo, olhos abertos demais) e não condiz com a expressão socioculturalmente estabelecida para se pedir desculpas. Pelo contrário, a expressão usada pelo personagem é um pouco intimidadora e ameaçadora, levando os interlocutores a se sentirem desconcertados.

Exercício 2
a. Respostas pessoais.
b. Respostas pessoais.
c. Várias respostas possíveis, mas provavelmente a conversa faria uso menos frequente de gestos.

Estratégia 13

Exercício 1
a. Respostas pessoais.
b. Respostas pessoais.
c. Respostas pessoais.
d. Respostas pessoais

Exercício 2
a. O personagem tem dificuldade em pronunciar o som /h/ inicial, /r/ e o ditongo /ai/ (em *I*, *like*, *buy* e *a*).
b. Brasileiros também seriam inclinados a não pronunciar o /h/ inicial; falantes de algumas variantes do português brasileiro (por exemplo, cariocas) poderiam ter dificuldade em pronunciar o som /r/. Vale lembrar que a sílaba tônica de *hamburger* é *ham* (portanto, a primeira, e não a segunda sílaba da palavra como em português). Essa diferença também pode causar dificuldades a brasileiros.

Estratégia 14

Exercício 1
Respostas de acordo com o comando da atividade. Se possível, o leitor deve fazer a atividade com um colega para que um avalie a entonação do outro.

Exercício 2
Respostas de acordo com o comando da atividade. Se possível, o leitor deve fazer a atividade com um colega para que um avalie a entonação do outro.

Exercício 3
Respostas pessoais.

Estratégia 15

Exercício 1
a. Respostas pessoais.
b. 1. Well; 2. you know; 3. So; 4. I mean; 5. Oh.
c. A leitura provavelmente melhorou. *Well*, *So* e *Oh* marcam o início de suas falas de forma suave, além de terem outras funções comunicativas (*well* sinaliza posicionamento negativo; *oh* expressa surpresa). *You know* de certa forma minimiza o impacto da opinião negativa dada anteriormente; *I mean* permite ao falante articular de forma melhor o que foi dito antes de forma muito direta.

Exercício 2
a. Pela ausência de *discourse markers* no diálogo, pode-se inferir que o trecho foi retirado de um livro didático não recente. A fonte é: Nolasco, Rob. *American Wow!* Student Book 1. Nova York: Oxford University Press, 1992. p. 35.

b. Várias respostas possíveis, por exemplo:
Helen: So, what's your full name?
Tony: Anthony William Black.
Helen: And where are you from?
Tony: I'm from San Diego.
Helen: Right. And, hum, where do you live now?
Tony: I live in Los Angeles.
Helen: I see. What do you hate?
Tony: Oh, I hate alarm clocks.
Helen: OK. But why do you hate alarm clocks?
Tony: Hum, because I don't like the sound, you know, and I hate getting up in the morning.[…]

Estratégia 16

Exercício 1
a. Sim; a entrevista flui suavemente.
b. Não há pausas ou silêncios significativos na interação; quando pequenas lacunas ocorrem (por exemplo, após o entrevistado dizer *I'm always showing off, so...*), um dos dois participantes retoma o turno de forma suave.
c. Há duas interrupções na interação. A primeira delas ocorre quando o entrevistado diz *I play guitar in a band, and I write music*. Neste momento, a entrevistadora interrompe, expressando surpresa (*Do you?*), enquanto o entrevistado continua relatando seus talentos (*...poetry and stuff*). Há outra interrupção que expressa surpresa por parte da entrevistadora: quando o entrevistado diz *I've got quite a good voice as well*, ela comenta *yeah?*, e o entrevistado responde imediatamente *yeah*. Em ambos os casos as interrupções se integram ao fluxo da comunicação suavemente.
d. Formas verbais usadas pelo entrevistado: uso de *yeah* e *so* ao final da fala *(I really enjoyed it, yeah...; I'm always showing off, so...)*; formas não verbais usadas pelo entrevistado: olhar direcionado à entrevistadora; formas verbais usadas pela entrevistadora: perguntas diretas (*What's yours, James?*; *Weren't you?*; *What part did you play?*); olhar direcionado ao entrevistado.
e. Formas verbais usadas pelo entrevistado: repetição da pergunta (*What's mine?*); formas não verbais usadas pelo entrevistado: olhar direcionado ao chão; formas verbais usadas pela entrevistadora: reparo conversacional (*not Mum's mates, mates' Mums*); formas não verbais usadas pela entrevistadora: olhar direcionado à câmera ou ao chão.

Estratégia 17

Exercício 1
a. a. Forma de expressar hesitação usada pela Diretora: *hum...* (linhas 24 e 27); formas de expressar hesitação usadas pelos alunos: *Ééé...* (linha 9).
b. b. O uso de *ééé...* é inadequado porque se constitui em uma forma de se expressar hesitação em português, mas não em inglês; os usos de *hum...* são adequados, pois refletem forma estabelecida de se hesitar em inglês.

Exercício 2
a. I kept, I kept; of your, of your; Um, I just...
b. Sem as hesitações o trecho soa direto demais. As hesitações indicam a emoção do falante ao comunicar um assunto difícil, adicionando sentido ao texto.

Exercício 3
Várias respostas possíveis, por exemplo:
Susie: Can you help me with the dishes?
João: No, er, you see, this is not fair. You see, yesterday I did the cooking and the washing up.
Susie: OK, er... fine.
João: We need to buy a, um...=
Susie: =Dishwasher?
João: That's it. Then we can spend more time together!
Susie: (blushes, and smiles).

Estratégia 18

Exercício 1

kind of, just, you know. Os elementos associados a formas de se hesitar (um, uh, well) também funcionam como hedges na medida em que tornam o que é dito mais suave do que seria na ausência desses elementos.

Exercício 2
a. I. It seems to me.
   II. Perhaps; a forma interrogativa.
   III. I think.
   IV. you know, sort of.

b. Várias respostas possíveis, por exemplo:
   I. Uma reunião de trabalho em que um falante discorda de uma ideia proposta por um colega hierarquicamente superior.
   II. Uma professora se dirigindo a um aluno novo na classe, tentando ser acolhedora e evitar apreensões adicionais ao aluno.
   III. Jovem se dirigindo aos pais, ao dar-lhes uma notícia que pode causar uma reação.
   IV. Um amigo falando com outro, tentando expressar uma opinião negativa de forma amigável.

Estratégia 19

Exercício 1
a. Respostas pessoais.
b. Respostas pessoais.
c. Respostas pessoais.

Exercício 2
a. Várias respostas possíveis, por exemplo:
   Daniel: Well, I'm going to graduate next year.
   You: Yes, I know.
   Daniel: I might go back to my hometown, or I might specialize first =
   You: = Uh-huh...
   Daniel: I'm not sure yet. But I'm planning to work in the small village where I was born, helping the people there =
   You: = I see
   Daniel: That's really important to me – that's the reason I became a doctor
   You: (smiles and nods)
   Daniel: I'd like to start a children's clinic some day =
   You: = Right
   Daniel: Or a hospital for old people.
b. Respostas pessoais.

Estratégia 20

Exercício 1
a. Menciona algo semelhante feito por alguém da plateia; antecipa que pretende fazer algo novo, mas faz esse adendo com incerteza e modéstia (hopefully).
b. Pergunta a um dos interlocutores sobre sua experiência.
c. Pede a opinião de seus interlocutores, envolvendo todos (you all) e ressaltando a unidade do grupo (we, our).
d. Anuncia uma decisão, mas verifica se todos estão de acordo (Are we all OK with that?).
e. Pede detalhes (what exactly).

Exercício 2
a. Várias respostas possíveis, por exemplo:
   S1: [...] Lightnings hit the ground. (pausa longa). Do you know what "lightnings" are?
   S2: Yes.
   S3: No.
   S1: Lightnings. When you see a "line" of light in the sky
   S2: When there is a storm.

S3: Oh yes, okay.
S1: That's right. Lightnings hit the ground and can be with with snow storm, with dust strom, storm. Hum… Do you think they happen all year round?
S2: Yes?
S3: I'm not sure… That depends.
S1: Well, yes, they are normally in the spring… they say… they said it with spring storms.
S3: Really? In my hometown there is a lot of lightning in the summer.
[…]

b. Respostas pessoais.

Estratégia 21

Exercício 1
a. Apesar do uso frequente de uma estratégia de envolvimento (a formulação de perguntas), a tentativa de envolvimento não foi bem-sucedida porque não há desenvolvimento de costura interacional. As perguntas são "jogadas" na conversa e suas respostas não são integradas no fluxo da interação.
b. Várias respostas possíveis, por exemplo:
A: Where are you from?
B: Saint Louis.
A: Oh really? My mother is from Saint Louis, too. And what do you do?
B: I'm a teacher.
A: Is that so? Cool! And what do you teach?
B: Maths.
A: So you've got the brains! Good for you!
B: (Laughs) It's not that complicated, believe me…
A: I'm not sure about that! (laughs) Where do you work?
B: Springfield School.

Exercício 2
a. Sim, as perguntas são bem-sucedidas na criação do envolvimento de Iris na interação: ao perguntar *Have you seen this?*, o personagem procura se certificar de que sua interlocutora compreende sobre o que trata a música que ele toca. O mesmo acontece com a pergunta *Do you remember how great it was?*. Finalmente, vale notar o padrão Ask ⟶ Listen ⟶ Coment em *Is this a bad game? ⟶ No. ⟶ Okay*.
b. Sim, contribuem. Iris mostra interesse no assunto desenvolvido por Miles (*Loved it.*); mais adiante, pede-lhe que continue o que vem fazendo (*Keep going.*)

Estratégia 22

Exercício 1
a. Reações positivas: *That's lovely. I can see you've got all you need here.*; *Where?* (expressão de interesse a partir da formulação de pedido de esclarecimento); o mesmo ocorre com *What about that big building over there? What is it?*; *Sure.*; *This is amazing!*. Reações negativas: *Not very impressive huh?*; (sniffing): *It stinks in here…*
b. Yes, it's been badly destroyed, but we can see it was massive.; I can see why it's won a national award! It's amazing!

Exercício 2
a. Are you sure that shirt is appropriate? Wouldn't it be better to wear the black one?;
b. Well, hum, the people over there are great and the sights are breathtaking, but watch out for what you eat. When I was there I had some problems with the food.;
c. You know, there's always room for improvement. Your contribution to the project has been great, but you could perhaps return things more speedily. That would probably give you more time to be available for some other tasks.;
d. Oh, thanks, yes, the atmosphere is really great, and people seem to be having a lot of fun. Shame I don't know many people around…

Estratégia 23

Exercício 1
d; e; a; f; c; b

Exercício 2
a. Neither do I.;
b. And so did we.;
c. Mine can, too!;
d. So have we.;
e. I will too.

Exercício 3
Respostas pessoais.

Estratégia 24

Exercício 1
Respostas pessoais, por exemplo:
a. Do you think so? I'm not so sure about that... Why do you think it's a good idea?
b. I agree. Is there anyone in your family who's done that?
c. I couldn't agree more. I was there last year, it's really excepcional!
d. Well, in general, yes – but not always. Take, for example, the Texan accent. Do you think it's easy to understand Texans?
e. You're absolutely right! There are so many strategies we can use. My favorite strategy is observing other people speak and learning from them – what about yours?

Exercício 2
a. As personagens usam formas diferentes para discordar uma da outra. Andy expressa sua discordância de forma indireta, ressaltando o fato de que o comentário anterior era subjetivo e, portanto, propenso a diferentes interpretações. Miranda discorda de forma dogmática, sugerindo que o comentário envolvia um fato, e não uma opinião. As duas formas de discordar possivelmente levam a reações diferentes: a discordância de Andy levou Miranda a expressar sua opinião/fato de forma ainda mais categórica; a discordância de Miranda possivelmente levou Andy a sentir-se ressentida pelo que foi dito.
b. Várias respostas possíveis, por exemplo:
Miranda Priestly: You know, those clothes don't really go together...
Andy Sachs: Do you really think so?
Miranda Priestly: Well, yes, maybe you should try....
c. Várias respostas possíveis, por exemplo:
Miranda Priestly: ...You have no sense of fashion...
Andy Sachs: I think that depends on...
Miranda Priestly: Hmm, I'm not so sure about that...

Estratégia 25

Exercício 1
Várias respostas possíveis, por exemplo:
A: (reading the newspaper) This is an outrage! The government are going to spend millions on the construction of more roads around town.
B: Sorry?
A: It says here that there's a new plan for another ring road around town.
B: Well, I don't really care about that.
A: How come you don't care? Aren't you worried about how the government will use public money?
B: Well, not really. They'll end up doing what they want to do anyway...
A: What about that house they're putting down in the neighbourhood – in its place they're building 10 new houses? Aren't you worried about that?

B: Well, that's a different story! It's our neighbourhood! They can't do what they want to do without consulting us!
A: See? You do have an opinion on the topic!

Exercício 2

Várias respostas possíveis, por exemplo:
Dan: Heys guys, how about going out for a meal tonight?
Susie: Thats a great idea. I'm starving!
Kris: I'm not very hungry. A pizza or something would do for me.
Susie: To be honest I don't fancy a pizza. I'd like a proper meal. Preferably somewhere quiet where we could eat and talk.
Dan: Yes, I don't fancy a pizza either. Last time I had one I had food poisoning. How about some Asian food?
Kris: OK, but nothing spicy please. Some Chinese perhaps?
Dan: Oh no, anything but Chinese! What do you think about the new Vietnamese on Kings Road?
Susie: Mm… That's a thought. I've heard it's very good.
Kris: And it's good for vegetarians as well. And not too spicy… Sounds good to me!
Dan: Sorted, then. Let's book for, say, 8 pm? Is that allright?
Kris: Perfect!
Susie: That's good for me.

Estratégia 26

Exercício 1

a. Não. As ideias não são conectadas entre si; a leitura do texto parece uma sucessão de "soluços" desconectados.
b. Várias respostas possíveis, por exemplo: I had a terrible day yesterday. To start with, I woke up late. I was so late that I missed my bus. I had to wait for the next one and by the time I arrived at work the morning meeting had already finished. When I entered the room everybody looked at me with a funny look. I was embarrassed for oversleeping: I went to bed too late last night and I shouldn't have done that. I'm never late for work and I felt bad for the rest of the day. I kept thinking about how not to do that again in the future. It's impossible to go to bed early every day, but I'll try to be good in the future.

Exercício 2

Várias respostas possíveis, por exemplo:
Teacher: Hi, Pete. What happened? Why are you late for class?
Student: Hum… I'm not feeling well, you know. I couldn't sleep well this night and only managed to get to sleep around 4 a.m. When the alarm rang I didn't hear it….
Teacher: Never mind. Glad you've managed to come. Have you brought your assignment?
Student: Yes, here it is.
Teacher: That's great. But, uh, you haven't turned in the previous assignment yet…
Student: Er… I know... I'm not quite sure what I'm supposed to do there…
Teacher: OK, then. Come to my office at lunchtime and we can talk about it.

Estratégia 27

Exercício 1

Respostas pessoais.

Exercício 2

Incerteza: todos os exemplos poderiam ser substituídos por *I'm not sure*, mas não por *I don't have the knowledge*.

Estratégia 28

Exercício 1
a. III; IV; I; V; II
b. Respostas pessoais.

Exercício 2
a. Respostas pessoais.
b. Desinteresse (pelo olhar, pela ausência de comentários, pelo abandono à interação).
c. O desinteresse da personagem feminina contrasta com a animação do personagem masculino; tal contraste (que também se manifesta na quantidade de fala do rapaz e no silêncio da moça) gera efeito cômico na história.
d. Várias respostas possíveis, por exemplo:
Young Man: Would you like to say something? To my camera?
Young Woman: Well, er, not really...
Young Man: I've always thought how cool it would be to have a record of the first time I met all my friends – so now I film everyone I meet!
Young Woman: That's pathetic....
Young Man: If we should ever become friends, or lovers, we'll think this is really funny!
Young Woman: Well, I don't think so...
Young Man: ...Hello??
e. Várias respostas possíveis, por exemplo:
Young Man: Would you like to say something? To my camera?
Young Woman: Huh? Like what?
Young Man: I've always thought how cool it would be to have a record of the first time I met all my friends – so now I film everyone I meet!
Young Woman: That's an original idea....
Young Man: If we should ever become friends, or lovers, we'll think this is really funny!
Young Woman: This is funny. OK...[...].

Estratégia 29

Exercício 1
a. III.;
b. I. surpresa, espanto, estupefação; II. Hesitação, repetição, paráfrase;
c. Várias respostas possíveis, por exemplo, nesta ordem: Oh dear!; What?!?; My goodness!

Estratégia 30

Exercício 1
a. b.
S 1: uh number two (reading) compete the story
S 2: / complete the story (other-repair)
S 1: / complete the story I don't know
S 2: complete the story with the present simple form of the verbs of the box (other-repair), from the box (self-repair)
S 3: a man buys a... very ...unu- / unusual (self-repair) bird for his wife's birthday
S 4: (correcting pronunciation) /unusual (other-repair)
S 3: it speaks Spanish
S 2: speaks (other-repair)
S 1: Spanish (other-repair)
S 3: I said speaks. It speaks Spanish Italian Portuguese Hungarian Polish and Russian and costs five hundred pounds =

c. O primeiro exemplo de *other-repair* alertou S1 que a leitura do texto tinha sido errada, mas não o instrumentalizou a continuar a leitura após o ponto de impasse original. O próprio aluno que fez o reparo continuou a leitura, articulando um *self-repair* mais adiante para retificação de uma preposição. Os outros exemplos de reparo envolvem pronúncia: o *self-repair* de S3 é positivo: após o reparo o aluno dá continuidade à leitura (o reparo paralelo de S4 pode ter funcionado como apoio também). O *other-repair* feito por S2 (para *speaks*) parece ter sido desnecessário; o *other-repair* feito por S1 (para *Spanish*) ocasionou, de forma positiva, uma rearticulação do termo e subsequente continuidade da leitura.

Exercício 2
Respostas pessoais.

Estratégia 31

Exercício 1
a. Várias respostas possíveis, por exemplo: para evitar a monotonia de repetir sempre a mesma coisa; para garantir que os transeuntes ficassem atentos e prestassem atenção; para aumentar a chance de ser ouvido e compreendido.
b. Várias respostas possíveis, por exemplo: If you have a question, do ask; Any questions? Please ask them.; Don't hesitate to ask if you have a question.
c. Respostas pessoais.

Exercício 2
a. Várias respostas possíveis, por exemplo: Well, actuallly I meant was that I saw him. I didn't speak to him; I just saw him.;
b. I know... But I mean the blue handbag; not the brown one which is on the dining table.

Estratégia 32

Exercício 1
a. Respostas pessoais.

Exercício 2
a. Afirmativa.
b. Afirmativa.

Estratégia 33

Exercício 1
a. Em inglês britânico as pronúncias das palavras *fifty* e *fifteen* são muito parecidas e podem facilmente causar confusão ao ouvinte. Ao dizer *one-five* após *fifteen*, o falante esclarece a hora mencionada a fim de evitar mal-entendidos.

Exercício 2
a. I. Did you live in Boston or in San Francisco?;
II. My name's Fernando Rodrigues.;
III. Like father, like son.;
IV. What are you going to eat? Fries or a baked potato (AmE)/Chips or a jacket potato? (BrE)?;
V. Quenn Elizabeth has four children: Charles, Anne, Andrew and Edward.;
VI. Have you visited the Eiffel Tower?
b. I. A ausência ou uso equivocado do auxiliar na pergunta; a pronúncia dos nomes das cidades (se articulada com fonologia do português, pode não ser bem compreendida por um falante de inglês);
II. O nome próprio, se articulado com fonologia do português;
III. A ideia do provérbio em si (se esse for expresso com tradução literal do português não fará sentido em inglês);
IV. A escolha da variante linguística (se *American English*, se *British English*) deve corresponder ao contexto da interação;
V. Os nomes próprios, se articulados com fonologia do português;
VI. A pronúncia de *Eiffel Tower*, se articulada com fonologia do português.
c. Respostas pessoais.

Estratégia 34

Exercício 1
a. cuz (short form); in footnote, footnote format (repetition/self-repair); this stuff, it kinda does (vague language); um, okay (hesitation); how you been (elipsis).
b. Várias respostas possíveis, por exemplo: You should not copy exactly what is written there because it is not in footnote format. Nevertheless, you must keep in mind that all the information is there. So please make sure you know how to do that. Finally, there is this additional paper. I am aware that I have been postponing this but the reason for that is that I have been prioritising other jobs for you. But now is the time to learn this as well [...].
c. Respostas pessoais.

Exercício 2
a. Respostas pessoais.
b. Respostas pessoais.
c. Respostas pessoais.

Estratégia 35

Exercício 1
a. Respostas pessoais.
b. Respostas pessoais.

Exercício 2
a. Respostas pessoais.
b. Respostas pessoais.
c. Respostas pessoais.

Estratégia 36

Exercício 1
Várias respostas possíveis, por exemplo:
You: Yeah, yeah, a cushion, that's right.
You: What color? Mm... I'm not quite sure. Something blue-ish, green-ish.
You: Over there?

Exercício 2
a. I want to talk to you about my grade; Lunch break; I've been teaching classes all day; Office hours; Homework assignments; Turn in assignments; Pass your class; What grade did you get on your first essay?; Did you ask me for help or clarification?; Miss a class; Fail a course; Get extra credit; Take the final exam; I haven't graded the final yet; How did you do on your final; Before the time was up; Draft.
b. Respostas pessoais.

Estratégia 37

Exercício 1
a. Respostas pessoais.
b. Respostas pessoais.

Exercício 2
Várias respostas possíveis, por exemplo: Estrutura do trecho organizada ao redor de pontos negativos e positivos nas relações entre os dois países, começando-se por aqueles e desenvolvendo-se por estes, dando-lhes prioridade e ênfase; abordagem dos pontos positivos sob uma perspectiva ideológica (*values and beliefs*), e não apenas sob uma ótica mais circunstancial (*shared history and heritage, ties of language and culture, partnership between our governments*); uso recorrente de "três elementos" em sequência nos argumentos desenvolvidos (como o exemplo anterior, e outros: *when kings, emperors, and warlords, courts were established, disputes were settled, and citizens came to petition their leaders* entre outros); uso de linguagem figurada (por exemplo, *nation*

waged a long and sometimes bloody struggle to expand and secure their freedom from the crown) apelando para a emoção em detrimento da razão; menção de aspectos valorizados pelos interlocutores e uso desses aspectos para reforçar um ponto de interesse do falante (*As Winston Churchill said, the "...Magna Carta, the Bill of Rights, the Habeas Corpus, trial by jury, and English common law find their most famous expression in the American Declaration of Independence."*) .

Estratégia 38

Exercício 1
I. a; II. b; III. d; IV. e; V. c.

Exercício 2
Respostas pessoais

Estratégia 39

Exercício 1
Respostas pessoais.

Estratégia 40

Exercício 1
a. Respostas pessoais.
b. Respostas pessoais.
c. Respostas pessoais.

Exercício 2
Respostas pessoais.

ÍNDICE DOS TERMOS DO GLOSSÁRIO

Acentos 42
Anglófonos 81
Artigo...163
Aspectos fonológicos 179
Aspectos lexicais 179
Aspectos sintáticos 179
Aspiração..85
Ato de fala 28
Atos ameaçadores de face 65
Brainstorming..................................124
Circunlóquio 35
Codeswitching 26
Costura conversacional 41
Dialetos 42
Elementos de coesão 145
Elementos de transição 95
Elipses 183
Entonação..44
Face 40
Falante nativo 35
Falante primário 33
False start 184
Falso amigo 36
Fonemas 84

Fonologia 178
Gêneros textuais 90
Heads 184
Hedges 65
Infinitivo 188
Information question 122
Inglês como segunda língua 35
Interjeição...158
Interlocutor...30
Latches 26
Learning logs....................................194
Língua-alvo..30
Linguística de Corpus....................183
Locução 93
Locução nominal 176
Marcas de polidez 45
Mitigating devices 108
Modal verbs..97
Monitoramento 84
Onomatopeia 35
Overlaps...26
Palavra-chave 35
Palavra tabu 39
Paráfrase...168

ÍNDICE DOS TERMOS DO GLOSSÁRIO

Paralinguagem 26
Particípio passado 188
Poder interacional 65
Polissêmicas 179
Pragmalinguistic failure 75
Present Perfect 188
Princípio da Polidez 58
Processos cognitivos 26
Processos metacognitivos 26
Pronomes 40
Propósito comunicativo 26
Retórica 144
Role plays 46
Short forms 183
Sílaba tônica 85
Simple Present 92

Sintaxe 196
Sitcom 106
Sociolinguística Interacional 154
Sociopragmatic failure 57
Sociopragmático 61
Space bubble 75
Tag question 100
Tails 184
Tipos de texto 90
Turno da fala 53
Vague language 152
Variantes linguísticas 38
Verbo 176
Verbo auxiliar 131
Yes/no question 121

>> FONTES DE REFERÊNCIA

Nesta seção encontram-se sugestões de *sites* que podem ser utilizados para prática das estratégias apresentadas neste livro.

- http://www.ted.com/
    Aqui você pode ver e ouvir apresentações sobre diversos assuntos e observar como os falantes fazem uso de estratégias de *speaking*.
- http://www.onlinenewspapers.com/
    Neste *site* encontram-se *links* para jornais *on-line* de todo o mundo. Muitos deles incluem artigos de vídeo ou áudio que podem ser explorados para observação das estratégias usadas pelos falantes.
- http://www.imsdb.com/
    Excelente banco de dados de *scripts* de filmes.
- http://www.lazybeescripts.co.uk/play_script_collections/index.htm
    Neste *site* você tem acesso a *scripts* de peças de teatro organizados por faixa etária (crianças, adolescentes, adultos).
- http://www.talkingpeople.net/tp/library/scripts/scripts.html
    Aqui você encontra *links* para *scripts* de peças, filmes e programas de TV.
- http://www.corpora4learning.net/resources/corpora.html
    Neste *site* você encontra uma lista dos *corpora* mais importantes da língua inglesa. O *site* contém *links* para os diversos *corpora* e indica quais têm acesso gratuito.
- http://www.cde.state.co.us/cdeadult/download/pdf/ListeningSpeakingCorrelatedBESTPlusCASAS.pdf
    Aqui você encontra um documento intitulado *Listening and Speaking Activities* for *Adult ESL Learners* (de autoria de Jane Miller, do Colorado Department of Education). Nele há uma longa lista de atividades, com explicações detalhadas, sobre como trabalhar *Speaking* (e *Listening*) na aula de inglês como segunda língua para adultos.
- http://www.eslgold.com/speaking/topics_conversation.html.
    Útil para professores, este *site* contém *links* com sugestões de tópicos para conversação. Mas também contém *links* para vídeos, alguns incluindo perguntas, que podem ser usados pelo aprendiz autônomo.
- http://iteslj.org/Lessons/.
    Neste *site* vá à seção *Conversation/Oral English* e lá você encontra planos de aula para o trabalho de produção oral em sala de aula.
- http://www.englishclub.com/pronunciation/index.htm
    Visite este *site* para informações sobre diversos aspectos da pronúncia da língua inglesa.
- http://www.soundsofenglish.org/
    Excelente *site* para informações sobre os sons da língua inglesa, incluindo descrições (por escrito e de forma visual) de como esses sons são produzidos, além de vídeos e áudios ilustrativos.
- http://free-english-study.com/home/speaking.html
    Aqui você encontra "aulas" que abordam várias situações de *speaking*. O *site* é organizado por níveis de proficiência (*Beginner*, *Elementary*, *Pre-Intermediate*, *Intermediate*, *Upper-Intermediate* e *Advanced*).
- http://www.voki.com
    Neste *site* você pode criar personagens (avatares) e usá-los para gravar sua voz em situações de *speaking*.

BIBLIOGRAFIA E SUGESTÕES DE LEITURAS COMPLEMENTARES

Boxer, D.; Cohen, A. (eds). *Studying speaking to inform second language learning*. Clevedon: Multilingual Matters, 2004.

Brasil. Ministério da Educação. Secretaria de Educação Fundamental. *Parâmetros Curriculares Nacionais: Língua estrangeira*. Brasília, 1998.

Canale, M.; Swain, M. Theoretical bases of communicative approaches to language teaching and testing. *Applied Linguistics* 1(1), 1-47, 1980.

Chamot, A. U. The learning strategies of ESL students. In: Wenden, A.; Rubin, J. (eds.). *Learner strategies in language learning*. Englewood Cliffs, NJ: Prentice-Hall, 1987. p. 71-84.

Chamot, A. U. Language learning strategy instruction: Current issues and research. *Annual Review of Applied Linguistics* 25, 112-130, 2005.

Chamot, A.U.; Barnhardt, S.; El-Dinary, P. B.; Robbins, J. *The learning strategies handbook*. White Plains, NY: Addison Wesley Longman, 1990.

Cohen, A. *Strategies in learning and using a second language*. Londres: Longman, 1998.

Cohen, A.; Macaro, E. (eds.). *Language learner strategies: 30 years of research and practice*. Oxford: Oxford University Press, 2007.

Ellis, R. *The study of second language acquisition*. 2. ed. Oxford: Oxford University Press, 2008.

Faersch, C.; Kasper, G. Strategic competence in foreign language teaching. In: Kasper, G. (ed.). *Learning, teaching and communication in the foreign language classroom*. Aarhus: Aarhus University Press, 1986. p. 179-193.

Hughes, R. *Teaching and researching speaking*. Londres: Pearson Education, 2002.

Kasper, G.; Kellerman, E. *Communication strategies: psycholinguistic and sociolinguistic perspectives*. Londres: Longman, 1997.

Macaro, E. *Learning strategies in foreign and second language classrooms*. Londres e Nova York: Continuum, 2001.

Naiman, N.; Fröhlich, M.; Stern, H. H.; Todesco, A. *The good language learner*. Toronto: Ontario Institute for Studies in Education, 1978.

Nakatani, Y.; Goh, C. A review of oral communication strategies: focus on interactionist and psycholinguistic perspectives. In: Cohen, A. e Macaro, E. (eds.). *Language learner strategies: 30 years of research and practice*. Oxford: Oxford University Press, 2007. p. 207-227.

O'Malley, J. M.; Chamot, A. U. *Language learning strategies in second language acquisition*. Cambridge: Cambridge University Press, 1990.

Oxford, R. *Language learning strategies: what every teacher should know*. Boston: Heinle and Heinle, 1990.

Oxford, R. *Teaching and researching learning strategies*. Harlow: Longman. Pearson Education, 2011.

Rubin, J. Learner strategies: Theoretical assumptions, research history and typology. In: Wenden, A.; Rubin, J. (eds.). *Learner strategies in language learning*. Englewood Cliffs, NJ: Prentice-Hall, 1987. p. 15-30.

Santos, D. *A study of the textbook in literacy events: discourse, literacies and EFL in an educational community*. Unpublished PhD thesis. The University of Reading, 2004.

Selinker, L. Interlanguage. *International Review of Applied Linguistics* 10(3), 209-231, 1972.

Tarone, E. Conscious communication strategies in interlanguage: a progress report. In: Brown, H.; Yorio, C.; Crymes, R. (eds.). *On TESOL '77*. Washington D.C.: TESOL, 1997.

Thomas, J. Cross-cultural pragmatic failure. *Applied Linguistics* 4(1), 91-112, 1983.

Weinstein, C.; Mayer, R. The teaching of learning strategies. In: Wittrock, M. (ed.). *Handbook of research on teaching*, 3. ed. Nova York: Macmillan, 1986, p. 315-327.

Wenden, A. Incorporating learner training in the classroom. In: Wenden, A.; Rubin, J. (eds.) *Learner strategies in language learning*. Hemel Hempstead: Prentice Hall, 1987.

ANOTAÇÕES

ANOTAÇÕES

CONHEÇA TAMBÉM

Como ler melhor em inglês
Denise Santos

Este volume integra a coleção ESTRATÉGIAS e contempla estratégias relativas à habilidade de leitura. Algumas das estratégias apresentadas: Lendo um texto rapidamente para entendimento de sua ideia geral (*skimming*); lendo um texto à procura de informações específicas (*scanning*); identificando o gênero textual e compreendendo suas características; usando conhecimento de mundo para compreensão de vocabulário novo.

Este livro foi composto nas fontes
Eurostile LT Std, Frutiger LT Std e
Stempel Garamond LT Std
e impresso em fevereiro de 2012 pela
Yangraf Gráfica e Editora Ltda., sobre papel
offset 90g/m².